서강인문정신 | 022

계몽과 실존의 변주

루쉰 소설 세계의 재해석

저자 소개

이욱연

서강대학교 중국문화학과 교수이며, 저서로『포스트 사회주의 시대 중국문화』,『곽말약과 중국의 근대』,『포스트 사회주의 시대 중국 지성』,『시대의 어둠을 견디는 힘, 루쉰 인문학』,『루쉰 읽는 밤, 나를 읽는 시간』,『루쉰독본』,『홀로 중국을 걷다』,『이욱연의 중국수업』 등이 있으며, 루쉰과 위화, 모옌 등의 작품을 다수 번역하였다.

서강인문정신 022

계몽과 실존의 변주–루쉰 소설 세계의 재해석

초판 1쇄 발행 | 2024년 12월 16일

지 은 이 | 이욱연
발 행 인 | 심종혁
편 집 인 | 하상응
발 행 처 | 서강대학교출판부
등록 번호 | 제2002-000170호

주 소 | 서울특별시 마포구 백범로 35(신수동)
전 화 | (02) 705-8212
팩 스 | (02) 705-8612

ISBN 978-89-7273-398-0 93820
값 25,000원

서강인문정신 | 022

계몽과 실존의 변주

루쉰 소설 세계의 재해석

이욱연 지음

서강대학교출판부

책을 펴내며

공부 대상으로 루쉰 소설을 처음 읽은 게 학부 3학년 2학기 이충양 선생님 수업에서였다. 내게는 「아Q정전」보다 「광인일기」가 더 독특하게 와닿았다. 그 독서 경험을 「과학, 이데올로기, 문학」이라는 이름으로 보고서를 써서 학부 졸업논문으로 냈다. 당시 한국 문학계에서 떠오르는 별이었던 '우리 세대의 문학' 동인들 글쓰기를 흉내 낸 치기 가득한 글이었다. 루쉰 소설을 내 나름대로 분석한 첫 글이었던 셈이다. 루쉰 소설을 본격적으로 공부하고, 분석하는 글을 쓴 것은 박사학위를 받고 나서부터다. 그 중간에 루쉰 산문을 골라 번역한 『아침 꽃을 저녁에 줍다』라는 책을 내서 과분한 반응을 얻기도 했다. 삶과 현실의 허위를 겨냥하는 루쉰의 산문은 늘 매력적이다. 그래도 내게 루쉰은 무엇보다 소설가다. 하지만 그런 루쉰 소설 세계로 들어가는 일은, 더구나 나만의 시각으로 루쉰 소설 세계를 분석하는 일은 쉽지 않았다. 이미 산과 바다를 이루고 있는 기존 연구에 새로운 시각을 더한다는 게 너무 어려운 일로 보였다.

그래도 내가 희망을 품은 것은 루쉰 연구의 대가인 다케우치 요시미나 마루야마 노보루, 첸리췬, 왕후이 등을 보면서였다. 이들은 현란한 이론 없이도 루쉰의 핵심을 개성 있게 포착하는 연구적 힘을 지니고 있었다. 내가 보기에 그들 연구가 지닌 개성의 원천은 자기 삶, 그리고 자신이 발 딛고 있는 일본과 중국의 현실과 박투하는 거였다. 그들이 거둔 루쉰 연구 성과는 자신에게 절실한 고민, 그리고 자신이 사는 현실을 깊이 고민하는 일이 루쉰 연구와 만나 루쉰을 다르게, 개성 있게 해석하는 길을 연 선구적 사례였다. 그들의 루쉰 연구가 내게 준 가르침이다.

공부는 앞 사람이 낸 길을 따라가면서 시작한다. 우선 내 삶의 고민, 내가 사는 현실에 대한 고민에서 출발하여 그것과 연결되는 작품부터 하나하나 읽어 가기 시작했다. 그 첫 소설이 「고향」이고, 이어서 「광인일기」, 「아Q정전」으로 이어졌다. 삶의 푯대를 상실하고 신이 숨은 타락한 현실에서 사람은 어떻게 희망을 꿈꿀지를 고민하면서 소설 「고향」을 읽었고, 이데올로기 차원에서 이미 타락한 민중을 생각하면서 「광인일기」를 읽었고, 수직적 등급 질서가 지배하는 세계와 그 질서 속 노예의 삶을, 그리고 혁명은 과거의 되풀이인지 새로운 시작인지를 고민하면서 「아Q정전」을 읽었다. 현실이 참혹하고 비루할지라도 결국은 살아가야 하는 인간 삶에서 망각과 거짓이 지닌 의미, 그리고 삶에서 종교적 심리와 실존적 사유가 지닌 의미를 생각하면서 「애도」와 「복을 비는 제사」를 읽었다. 내 스스로 삶의 실존에 관한 고민이 점점 늘어난다는 걸 새삼스럽게 느낀다. 루쉰과 이광수를 비교하여 읽은 것은 한국과 중국 근대문학을 대표하는 두 작가가 근대 초기에 문학을 통해 추구한 새로운 인간형이 지닌 의미를 되돌아보기 위해서였다. 이런 이유로, 여기에 모인 글이 루쉰 소설 분석을 넘어 루쉰 소설 세계 분석이 되었다. 루쉰의 소설 세계가 비교적 1920년대 초반 작품의 경우에는 전통시대와 봉건주의를 비판하는 작품이든 현실 변혁을 강조하는 작품이든 크게 보면 계몽의 범주 속에 있었다면, 1920년대 중반부터는 계몽의 세계만이 아니라 실존적 문제에 대한 고민이 늘어가면서 계몽과 실존을 둘러싸고 다양한 변주가 이루어진다는 게 개인적인 생각이다. 「애도」라든지, 「복을 비는 제사」 등을 망각과 허위, 미신과 종교적 심리 등 실존의 차원에서 분석한 글을 쓴 것은 이런 배경에서다.

루쉰 소설 세계를 내 나름의 눈과 생각으로 분석하는 출발점은 이미 산과 바다를 이루고 있는 기존 루쉰 연구 성과를 비판적으로 검토하는 일이었다. 내가 루쉰 소설을 내 나름의 시각으로 분석하기 이전에도 훌륭한 루쉰 소설 연구 성과는 이미 너무도 많았다. 내게는 넘기 어려운 산이자 건너기 어려운 바다로 보였다. 하지만 인간은 결국 자기 시대 안에서 살기에, 루쉰 연구의 그 높은 산과 넓은 바다도 결국 그 시대에 갇혀 있기 마련이라는 생각도 들었다. 그런데 어떻게 그 산을 넘고 바다를 건널 것인가? 그 산과 바다에 압도당하지 않을 방법은, 그 산과 바다에서 출발하는 게 아니라 기본으로 돌아가는 것, 즉 텍스트 자체에서 출발하는 것이었다. 우선 꼼꼼히 작품을 거듭거듭 읽었다. 그동안 여러 루쉰 작품을 번역하여 출판한 것도 단순히 번역 과정을 넘어 작품을 꼼꼼히 읽는 일의 일환이었다. 때론 번역하면서 읽었고, 때론 번역하듯이 읽었다. 하지만 읽는 데도 방향이 중요했고, 좌표 감각이 필요했다. 기존 주요 연구 성과와 비교하면서 내 시각을 설정하는 게 필요했다. 기존 연구 성과를 나침반 삼아 내 독법의 방향을 잡았다. 그 작업이란 결국 다시 읽기, 다시 해석하기 과정이었다. 이 책의 제목을 재해석이라고 달고 글마다 기존 연구 경향을 많이 언급한 것은, 기존 연구를 공부하는 데서 출발하여 내 나름의 눈과 생각으로 루쉰 소설 세계를 새롭게 해명해 나가는 게 내 루쉰 소설 연구의 과정이자, 텍스트는 늘 새롭게 태어난다는 걸 실감하는 과정이기도 했다.

쓴 루쉰 소설 세계를 다룬 글을 한데 모아 놓아서 그런지, 그간 루쉰 소설을 읽으며 지낸 삶이 스쳐 지나가고, 지난 내 삶에서 나침이자 동력이 되어 주신 스승의 고마운 가르침을 다시 새기게 된다. 루쉰 소설 세계 속으로 들어가면서 무엇보다 작품을 꼼꼼히 읽으려 애썼는데, 내게 텍스트 꼼꼼하게 읽기라는 힘들면서도 좋은 강박이 생긴 건 두 분 덕분이다. 내가 문학 공부를 시작할 때는 정치의 시대이자 사회과학의 시대였다. 그 시대가 준 혜택도 많지만, 한편으로는 눈과 마음이 자꾸 텍스트 밖으로 뛰쳐나갔다. 그런 부박한 시대에 작품을 읽는 일이란 텍스트의 섬세한 결과 무늬 속으로 깊이 가라앉는 데서 시작한다는 것을, 당연하지만 늘 망각하는 기본을 일깨워 주신 분이 김인환 선생님, 성민엽(전형준) 선생님이셨다. 늘 부끄럽지만, 내 문학 공부의 영원한 스승이시다. 루쉰과 중국 현대문학을, 현대를 넘어 중국 문학이라는 큰 틀 속에서 사고하게 해주신 허세욱 선생님, 그리고 나를 창비로 이끌어 창비 편집위원 선생님과 문학인들에게 배우고, 그분들과 교유하면서 동아시아 근대 이중과제라는 문제의식으로 루쉰과 그의 문학을 보는 계기를 마련해 주신 백영서 선생님, 늘 이광수를 의식하고 동아시아 근대를 생각하면서 루쉰을 읽도록 가르침을 주신 김윤식 선생님께도 깊은 감사 인사를 드린다. 김하림 선생님께도 감사드린다. 김하림 선생님은 선배이자 스승으로서 루쉰에 입문하는 데 큰 계기가 되어 주신 고마운 길잡이셨다. 아울러 출판을 지원해 주신 서강대학교 인문과학연구소, 그리고 책을 편집하고 출판해 주신 도서출판 하우와 서강대학교 출판부에도 깊이 감사드린다.

이렇게 내 생에 또 하나의 매듭을 짓는다. 이 매듭이 출발점이 될 또 다른 매듭은 아마도 루쉰에 관한 보다 폭넓은 책이 될 것이다. 가르쳐 주신 스승의 은혜와 내가 번역하고 쓴 루쉰 책을 읽어 주신 독자들의 응원에, 그리고 내 삶을 늘 응원해 주는 학생들과 가족의 사랑에 보답하기 위해서, 다시 힘을 내서 정진하겠다.

2024년 덥고 습한 여름도 결국 물러나는 즈음에

저자 이욱연 씀

차례

1장

이데올로기와 주체
–「광인일기」 해석의 몇 가지 문제

1장

이데올로기와 주체 -「광인일기」 해석의 몇 가지 문제

1. 광인은 누구인가?

주지하듯, 루쉰(魯迅)의 「광인일기(狂人日記)」는 루쉰 소설 가운데 「아큐정전(阿Q正傳)」 다음으로 많은 연구적 조명을 받으며, 루쉰 연구에서 중요한 위치를 차지했다. 이 작품이 루쉰의 첫 백화소설일 뿐만 아니라 형식과 내용 면에서 근대소설이라는 이름에 값하는 중국의 첫 '근대'소설[1]이라는 점을 고려하면, 「광인일기」에 대한 연구적 관심은 한편으로는 당연하다.

그런데 그동안의 「광인일기」 연구를 되돌아볼 때, 「광인일기」가

1 이때의 '근대'의 함의는 중국에서 말하는 '근대'의 함의와 다르다. 문학혁명 이후의 신문학을 '근대문학'으로 부르는 것이 타당하다고 본다.

집중적인 연구 대상이 된 이유가 단순히 그런 문학사적 차원에서만은 아니었음을 쉽게 알 수 있다. 여기에는 또 다른 요인이 개재되어 있다. 그것은 이 작품의 해석을 둘러싸고 다양한 이견이 개진되었고, 그런 차원에서 연구가 활발했다는 점이다. 루쉰의 작품 가운데 연구자에 따라 텍스트 해석의 진폭이 가장 컸던 작품이 바로 「광인일기」다. 우선 텍스트 자체의 확정에서부터 논란이 되어 왔다. 「광인일기」는 매우 특이한 구조로 이루어져 있다. 문언의 서문과 백화의 본문으로 되어 있다는 점이 그것이다. 더구나 이 서문과 본문 사이에는 두 화자의 두 개의 시점이 교차하고 있다. 이에 따라 그동안 서문을 텍스트로 인정할 것인지, 아니면 백화문 부분만을 텍스트로 삼을 것인지에 관한 다소 안일한 문제의식이 장기간 폭넓게 있어 왔다. 이러한 문제의식을 두고 안일하다고 한 것은 근대문학의 텍스트를 표현 수단의 구어화라는 차원에만 얽매여 사고하고, 문언/백화 사이에 존재하는 두 개의 시점과 두 화자의 설정을 문학 장치 차원에서 해명하지 못한 치명적 한계를 지니고 있기 때문이다. 그런데 문언 부분을 텍스트 안으로 끌어들여 텍스트의 윤곽을 확정할 경우 작품의 결말을 '아이들을 구하라'라는 외침으로 볼 것이냐, 아니면 광인의 '현재'를 설명하고 있는 서문을 결말로 볼 것이냐는 문제에 직면할 수 있다. 프레드릭 제임슨(Fredric Jameson)이 「광인일기」의 결론은 최후의 외침과 서문 부분 둘이라고 한 것도 이와 관련이 있다.[2]

그렇지만 「광인일기」 텍스트 해석상의 다양한 분기는 주로 '광인'의 상징을 어떻게 해석할 것인가를 중심으로 일어났다. 작품의 결말을

2 Fredric Jameson, Third–World Literature in the Era of Multinational Capitalism, *Social Text*, Vol. 15, Fall, 1986, p. 77.

마지막 외침으로 볼 것인가, 서문으로 볼 것인지의 문제도 넓게 보자면 '광인'의 상징을 어떻게 이해할 것인지의 문제에 포함된다고 할 수 있다. 광인이 병이 나아서 기성 현실로 다시 귀의하는 것을 어떻게 볼 것이냐에 따라 작품의 결말이 유동하는 셈이고, 그 유동의 핵심적 동인은 광인이 누구이냐는 해석에 따라 크게 영향을 받기 때문이다.

마루야마 노보루(丸山昇)에 따르면 「광인일기」는 일종의 관념소설이다. 루쉰이 당시 파악하고 있던 현실의 추상화된 모습을 추상 그대로 투영하고 있는 작품이다.[3] 이러한 마루야먀의 지적은 「광인일기」가 그리 단순하거나 투명하게 해석되는 성질의 작품이 아니라는 사실을 환기한다. 그동안 「광인일기」 해석이 매우 다양한 양상을 보였던 것도 현실을 추상화한 이 작품이 띠고 있는 상징성을 해명하면서 각기 나름의 다양한 해석을 견지해 왔기 때문이다. 그리고 그 다양한 해석을 좌우하는 핵심적 요인은 물론 '광인'의 상징을 어떻게 해석하느냐는 점이었다.

여기서는 그동안의 「광인일기」 연구 검토를 통해, 기존 연구가 가지고 있는 긍정적 성취를 받아들이면서 동시에 그 결락 부분을 채우려는 의도로 바탕으로 크게 두 부분으로 나누어 광인의 상징에 관한 논의를 진행할 것이다. 먼저 기존의 연구에서 '광인'의 상징에 대한 각자의 해석에 따라 전체 텍스트 해석이 무엇이 다르며, 그러한 해석들이 갖는 장단점을 살핀 뒤, 그 기초 위에서 이데올로기와 주체의 문제를 중심으로 「광인일기」 해석을 시도한다.

3 丸山昇 저, 한무희 역, 『노신평전』(일월서각, 1982), 138쪽.

2. 기존 관점에 대한 검토

(1) 광인 = 반봉건 전사 관점

그동안 중국에서 진행된 「광인일기」 연구, 특히 개혁개방 이전의 연구에서 광인의 상징에 대한 이해는 대략 세 가지 입장으로 나뉜다.[4] 첫째는 광인은 정신병 환자일 따름이고 반봉건 투사가 아니라고 보는 견해로, 루쉰은 단지 광인의 입을 빌어 봉건 전통문화와 전투를 벌였다는 것이다. 둘째는 광인은 반봉건 전사이지 정신병 환자가 아니라고 보는 견해다. 광인은 진짜로 미친 것이 아니라는 것이다. 셋째는 정신병을 앓는 반봉건 투사로 광인을 보는 견해다. 이 가운데 둘째, 셋째 견해가 그동안 중심을 이루었고, 이 둘은 광인의 발광을 현실 속의 진짜 발광으로 해석할 것인지, 아니면 하나의 상징으로 해석할 것인지의 차이는 있지만, 광인을 반봉건 전사로 여기는 점은 같다.

광인을 반봉건 전사로 보는 관점은 「광인일기」는 강렬한 반봉건 사상을 담은 작품이고, 이 작품의 문학사적 의미 역시 이 점에 있다는 견해와 긴밀하게 연결되어 있다.

> 왕야오(王瑤): 「광인일기」는 박해를 받아 병이 난 정신병자 광인에 대한 묘사를 통해 봉건예교와 가족제도의 죄악을 폭로하고, 수천 년 동안의 봉건사회 역사를 '식인'의 역사로 정리하였으며, 철저한 반제반봉건 사상을 표현하였다. 「광인일기」는 봉건제도 및 그 예교

4 王富仁, 「狂人日記細讀」, 『魯迅研究年刊』 1991, 1992年 合刊, 1992, 266쪽 및 嚴家炎, 「狂人日記的思想和藝術」, 『魯迅研究學術論著資料匯編』 第4卷(北京: 中國文聯出版公司, 1987), 815−823쪽 참조.

전통에 대한 철저한 비타협적 비판 정신으로 중국 문학사의 새로운 시대를 열었다.[5]

류수이쑹(劉綏松): 「광인일기」는 형상적으로, 진실하게 착취계급 통치 사회제도의 식인 본질을 폭로하였고 중국 인민의 반봉건이라는 정의로운 요구를 체현하였다. (....) 루쉰은 「광인일기」에서 식인의 현존 제도에 대해 강렬한 분노를 표시하였고, 미래의 새로운 사회에 대해서도 무한한 희망과 동경을 토로하였다.[6]

「광인일기」에 대한 이들 평가의 중점을 재구성하면 이렇다: 「광인일기」는, 봉건사회란 식인사회이고, 그 식인의 원리는 가족제도에까지 적용된다는 점을 해부하였고, 결국 봉건통치제도와 가족제도 사회의 유기적 연관성을 제기했다는 점에서 이 소설은 탁월하다. 루쉰은 이런 식인사회가 철폐되고, 인간을 먹지 않는 참다운 인간들의 세상을 희망했고, 작품의 말미에서 미래 사회에 대한 희망을 표현했다.

이러한 해석은 텍스트 자체의 객관성 측면에서 보더라도 나름의 타당성을 갖는다. 「광인일기」의 구성을 주요 화소에 따라 나누면 다음과 같다: ① 광인의 발광(혹은 각성) ② '식인' 역사에 대한 발견 ③ 자기 형이 식인의 공모자라는 광인의 인식 ④ 식인 무리에 대한 설득과 훈계 ⑤ 광인의 훈계 실패와 대중들로부터의 격리·소외 ⑥ 격리 속에서 광인 자신도 사람을 먹었다는 자각 획득 ⑦ 인간을 먹은 일이 없는 아이를 구하라는 광인의 외침. 이 가운데 위의 해석은 텍스트의 ②, ③, ⑦에 해석의 중점을 둔 것으로, 이는 텍스트 내적 구조로 볼 때 나름

5 王瑤, 「中國新文學史稿」(上海: 上海文藝出版社, 1982), 98쪽.

6 劉綏松, 『中國新文學史初稿』(北京: 人民文學出版社, 1982), 41쪽.

의 정합성을 지니고 있다.

중요한 것은 전체 텍스트 중에서 왜 여기에 해석의 중점을 두느냐는 점이다. 반봉건적 해석이 텍스트의 ②, ③, ⑦에 중점을 두고 「광인일기」를 해석하는 것은 무엇보다 작가 루쉰의 의미를 미리 규정한 뒤에, 여기에서 연역하여 「광인일기」를 해석하기 때문이다. 루쉰을 5·4 시대 정신, 즉 반봉건 정신을 가장 적확하게 체현한 사람으로 상정하고, 그 루쉰이라는 상위텍스트 해석을 전제로 하여 「광인일기」라는 하위텍스트를 해석하는 것이다. 왕야오(王瑤)가 「광인일기」 창작 당시에 루쉰은, "철저하고 비타협적인 반제 반봉건 전투 열정으로 충만하였다"고 평가하고,[7] 류수이쑹(劉綏松)이 5·4시기 루쉰은 "혁명적 민주주의자이자 철저하고 비타협적인 반제 반봉건 투사로서 중국 신문화운동 사상 전선에 출현하였다."[8]고 평가하면서 "「광인일기」의 주제 사상은 철저한 비타협적 반봉건주의 신문화운동의 정신과 완전 일치한다."[9]고 한 것은 이러한 맥락에서다. 요컨대 5·4 반봉건 시대정신의 체현자로서의 루쉰, 그리고 그 반봉건 정신의 문학적 반영이라는 차원에서 「광인일기」를 읽고, 문학사적 의미를 부여하는 것이다.

「광인일기」에 대한 이러한 해석과 문학사적 의미 부여는 텍스트 내적 구조로 보더라도 그렇고, 작자 루쉰의 반봉건 사상의 측면에서 볼 때도 나름의 타당성을 갖는다. 그러나 이러한 「광인일기」 독법은 두 가지 측면에서 중요한 문제점을 지니고 있다. 우선, 광인의 상징을 반봉건 전사로 봄으로써 「광인일기」의 서두, 즉 문언문 부분을 텍스트

7 王瑤, 앞의 책, 98쪽.

8 劉綏松, 앞의 책, 39쪽.

9 劉綏松, 앞의 책, 40쪽.

에서 제외하는 결과를 낳는다는 점이다. 이는 광인을 반봉건 전사로 해석할 때 봉착할 수밖에 없는 필연적인 논리적 모순이다. 왜냐하면, 왕푸런(王富仁)의 적절한 지적대로, 광기가 치료되어 광인이 관리 임용 후보라는 문언 서문의 내용에 따르면, 광인은 결국 일련의 과정을 거쳐 자신이 부정하던 세계로 귀의하는 셈이고, 그럴 때, 이를 철저한 비타협적 반봉건 전사로서의 광인 상징과 연결할 수는 없기 때문이다.[10] 두 번째 문제점은 '광인'을 반봉건 전사의 상징으로 보고 「광인일기」에 담긴 반봉건사상을 수긍하더라도 「광인일기」가 반봉건이라는 단일한 의미만을 지니고 있는지에 대해서는 회의적이라는 점이다. 왜냐하면, 마루야마 노보루(丸山昇)의 적절한 지적대로 「광인일기」를 "단지 유교 도덕의 비인간적 본질을 폭로한 것이라고 보는 것은 「광인일기」가 간직한 문제를 단순화시켜 이 작품을 볼품없이 빈약한 것으로 만들어 버"[11]리는 일이기 때문이다. 「광인일기」를 봉건 예교에 대한 비판이라는 차원에서만 읽어내고, 그 차원에서 문학사적 의미를 부여하는 것이 "이 작품을 볼품없이 빈약한 것으로 만들어 버리"는 가장 중요한 이유는, 그러한 독법만으로는 작자 루쉰이 광인이라는 화자를 통해 시도하는 독특하고 개성적인 세계 해석 및 세계 변혁의 전망을 해명하는 데 무력하기 때문이다. 위의 해석은 이 작품이 광인이라는 반봉건 전사를 통해 5·4시대 시대정신인 반봉건 정신을 가장 잘 체현하고 있다는 점을 주로 평가하면서, 5·4 당시 "가족제도는 전제주의의 기반이다"라면서 봉건 예교와 가족제도 사이의 상관성을 주장하던 우위(吳虞), 천두시우(陳獨秀) 등의 주장과 동일한 지평에서 「광인일기」의 반봉건적

10 王富仁, 앞의 글, 앞의 책, 266쪽.

11 丸山昇, 앞의 책, 139쪽.

의의를 파악하는 것이다.

이러한 독법은 5·4 시대정신과 「광인일기」, 즉 '작품－세계' 사이의 연관성에 주목하여 작품을 해독하는 것이 그 장점이다. 그러나 문제는, 이러한 독법에서 지적하는 것처럼 전통 봉건 예교 비판이 5·4 지식인들의 보편적 시대정신이었다고 하더라도 그 시대 정신이 루쉰이라는 창작주체를 거치면서 어떻게 변주되는지의 문제를 제대로 해명할 수 없다는 점에 있다. 「광인일기」에 드러난 루쉰의 개성적 세계 해석과 세계 변혁 전망, 그리고 그것의 문학적 형상화를 문제 삼지 않은 채 단지 시대정신과 작품 사이의 유기적 대응에만 주목하는 것이다. 이 차원에서 「광인일기」에 의미를 부여할 때, 이는 참다운 문학적 인식에 기반한 문학사적 평가라 할 수 없다. 왜냐하면, 이 차원에서의 의미 부여는 말할 것도 없이 문학을 사회과학적 인식의 도해라고 여기는 통속 유물론 수준이고, 문학성의 차원에서 출발하여 세계에 대한 문학적 인식을 구명하는 문학 연구의 기본적 전제를 결여하고 있기 때문이다. 문학이란 시대 정신이라는 하나의 보편 이념의 단순한 도해인지, 아니면 그것을 작가가 해체·재구성하는 것인가라는－것인지, 작가와 문학의 존재 원리－이를 좀 더 확대하자면 이데올로기와 문학의 관계 문제－에 대한 섬세한 고려가 없다. 그런 까닭에 광인은 5·4시기 반봉건 전사의 일원일 뿐이고, '루쉰식'의 반봉건 전사는 아니다. 물론 「광인일기」는 반봉건 윤리를 다룬 소설임이 분명하다. 그러나 적어도 작자 루쉰의 문학을 논의할 경우, 더욱 주의 깊게 검토되어야 하는 것은 「광인일기」에서 광인이라는 형상을 동원해 봉건윤리의 본질이 식인 이데올로기라는 인식을 획득하는 과정, 그리고 봉건 식인 윤리가 현실 속에서 작동하고 있는 원리를 어떻게 개성적으로 형상화하는가의 문제 등, 식인의 세계를 파악·해부하고, 묘파하는 방식에 더 충분한 주의를 기울여야 하는 것이다. 이는 루쉰 문학의 개성을 확인하는 일이자, 「광인일기」의 문학적 성취와 개성을 확인하는 일에 다름아니다.

(2) '광인 = 계몽가' 관점

「광인일기」가 반봉건적 해석을 넘어 보다 풍부한 해석을 얻기 시작한 것은 중국에서가 아니라 일본에서였다. 이는 중국의 경우, 특히 문화대혁명 시기에 루쉰을 영웅으로 신비화하는 가운데, '철저하고 비타협적인 반제 반봉건 혁명가·사상가, 전투적 공산주의자'로 그 의미를 획일화시켰고, 루쉰과 루쉰 작품 해석 역시 천편일률적으로 이 주형에 맞추어 이루어짐으로써 텍스트에 대한 다양한 접근과 해석의 길이 차단되었기 때문이다. 텍스트 해석의 권위를 점한 소수 연구자의 독단적인 해석이 유행하던 시기로, 텍스트 해석에 있어 일종의 관료주의가 횡행했던 시기였다. 중국의 사정이 이러한 데 비해, 상대적으로 자유로운 관점을 투사하며 루쉰 문학에 다가간 것이 일본의 루쉰 연구자들이었다.

일본의 루쉰 연구가 마루야마 노보루(丸山昇)의 「광인일기」 해석은 선각한 혁명가와 민중의 문제에 착안하여 작품을 해석한 점이 그 특징이다. 「광인일기」에서 "루쉰이 쓰고 있는 것은 모든 민중을 포함하여 성립된 '식인'의 세계"로, 주목할 것은 "병태사회 속에서의 민중 상호간의 관계 및 이의 가장 비극적인 형태로 나타난 혁명가에 대한 민중의 관계"라는 것이다. 마루야마 노보루는 「광인일기」의 중점을 광인이라는 선각자와 광인 주위의 인물관계를 묘사한 대목에 두고서, 「광인일기」의 본질적 의미는 먼저 각성한 사람이 "사람이 사람을 먹는 인간관계를 지탄하는 것 자체를 그 인간관계 조직 속으로 휩쓸어 넣어 버리고 마는 어떤 '힘'"[12]에 대한 비극적 묘사에 있다고 주장한다.

이렇게 되면 「광인일기」의미는 한걸음 진전된다. 「광인일기」 의미의 핵은 단순한 봉건 식인 현실에 대한 묘파가 아니라 광인으로 상징되는 선각한 사람, 또는 혁명가의 권고가, 즉 사람이 사람을 먹지 않는 '참다운 인간'(眞的人)이 되라는 계몽의 권고가 민중들에게 전혀 받아들여지지 않은 채 선각자·혁명가의 몸무림마저 암흑의 현실 속에서 무화(無化)되어 버리고 마는 전망 없는 절망적 현실 구조에 대한 해부에 있게 된다.

리오우판(李歐梵)의 「광인일기」해석 역시 작품의 주요 대립을 선각자와 통속 대중의 대립 관계로 파악한다는 점에서는 마루야마 노보루의 견해와 유사하다.[13] 리오우판은 루쉰에게 있어서 대중이란 '통속 대중'이고, 추상적이건 구체적이건 모두 혁명적이 아니라고 본다.[14] 이러

12 위의 책, 138-140쪽.

13 이 두 연구자 사이의 유사성은 어디까지나 두 사람이 「광인일기」의 주요 대립을 선각자와 민중의 관계에 주목하면서 해석한다는 차원에 한정되는 것이다. 이 두 사람은 루쉰을 보는 관점, 루쉰의 혁명관 등에 있어서 중요한 차이를 지니고 있다. 일례로, 마루야마 노보루는 혁명가 루쉰이 어떻게 문학가 루쉰을 낳았는지 차원에서 루쉰과 그의 문학에 접근한다면 리오우판에게 루쉰은 우선 문학가이고, 계몽가이다. 리오우판의 루쉰관 그리고 80년대 중국의 대표적 루쉰 연구가들 중 첸리췬(錢理群)과 왕후이(汪暉)의 루쉰관은 마루야마 노보루의 루쉰관 보다는 다케우치 요시미(竹內好)의 루쉰관에 더 가깝다. 여기서 마루야마 노보루를 리오우판, 첸리췬, 왕푸런, 왕후이 등과 함께 논의하는 것은 단지 「광인일기」에 대한 해석과 관련하여 그럴 뿐이다.

14 Leo Ou-fan Lee, *Voices from the Iron House*(Indiana Univ. Press, 1987), 69쪽.

한 루쉰의 대중관의 연장에 「광인일기」 속의 민중이 놓여 있으며, 작품에서 광인은 선각자·계몽가의 상징이라는 것이다. 이렇게 보자면 「광인일기」의 주된 의미는 봉건예교에 대한 비판을 넘어서 선각자와 민중 사이의 관계와 선각자의 비극적 결말을 다룬 데 있다는 것이 리오우판의 풀이다.

그런데 리오우판은 마루야마 노보루와 달리 소설의 서장이 갖는 의미에 주의를 기울인다. 그에 따르면 문언으로 된 서장은 현실 세계이고, 백화로 된 본문은 소설 세계로, 광인이 완치되어 관리 후보로 갔다는 서장의 진술에 주목해야 한다는 것이다. 리오우판은 광인을 선각자의 상징으로 보고, 작품의 전개를 '광인의 새로운 역사 인식-광인의 대중 계몽-대중들로부터의 소외와 거부당함-현실로의 복귀'라는 일련의 과정으로 보는 것이다. 그는 이러한 입장에서 광인이라는 선각자 혹은 현실에 대한 반항아도 식인사회의 원리에 휩쓸리고 마는 현실 어둠에 대한 묘파가 「광인일기」의 참 의미라고 주장한다. 리오우 판(李歐梵)은 광인이 치료됨에 따라 그의 외침은 영향력을 잃게 되며, 결국 「광인일기」의 참다운 주제는 실패와 불완전함을 상징하는 작품 맨 마지막에 있는 말없음표, '……'라는 주장을 하기에 이른다.[15]

한편, 중국 대륙의 경우, 「광인일기」 해석에서 새로운 전환점이 마련된 것은 문화대혁명이 종결된 이후, 특히 1980년대 이후부터였다. 주지하듯, 문화대혁명 종결 이후 중국의 루쉰 연구는 혁명적 전환점을 맞이한다. 이 시기 루쉰 연구의 가장 큰 특징은 마오쩌둥(毛澤東)식의 '루쉰 신화'를 해체한 것이다. 왕푸런(王富仁)이 제기한 "루쉰에게

15 위의 책, 71쪽.

로 돌아가라(回到魯迅那裏去)"[16]라는 격정적 구호는 신화 속 박제된 루쉰 형상을 부수고, '인간 루쉰'으로 돌아가라는 촉구였다. 이러한 연구 조류 속에서 '인간 루쉰'의 형상으로서 계몽가 루쉰이 강조되었고, 루쉰 계몽 세계의 특징으로 '역사적 중간물 의식'과 참회 의식에 대한 집중적인 연구가 이루어졌다. 사실 루쉰을 계몽가로서 위치 짓는 한편, 루쉰 문학의 한 본질을 '속죄의 문학'으로 규정한 것은 1980년대 이후 중국의 독자적인 루쉰 연구 성과라기보다는 이미 일본 다케우치 요시미(竹內好)가 제출했던 것이다.[17] 다른 점이 있다면 1980년대 중국 루쉰 연구자들의 경우 문화대혁명때 수난을 겪은 세대로서 중국 현실에 대한 강한 비판의식을 루쉰 연구를 통해 표출했다는 점으로, 이런 점에서 볼 때 계몽가로서의 루쉰에 대한 의미 부여는 곧 연구자 자신에 대한 동일한 의미 부여이기도 했다.

중국에서 1980년대 이후 변화된 루쉰관은 「광인일기」 해석에서도 변화를 가져왔다. 가장 중요한 변화는 광인의 상징을 계몽가로 해석하는 가운데 「광인일기」의 기본 대립을 선각한 계몽가/대중의 대립으로 본다는 점이다. 1980년대 이후 중국의 루쉰 연구를 대표하는 첸리

16 王富仁, 『中國反封建思想革命的一面鏡子―'吶喊' '彷徨'綜論』(北京: 北京師範大學出版社, 1986), 9쪽.

17 일본 루쉰 연구의 개창자인 다케우치 요시미(竹內好)는 루쉰을 사상가로서 보다는 문학가로서 이해한다. 그런 가운데 "문학가 루쉰이 사상가 루쉰을 무한히 낳았다"고 보며, '계몽'과 '속죄의식'으로 루쉰의 문학을 해명한다. 竹內好, 『魯迅』(日本評論社, 1945), 5쪽 및 187쪽 참조. 일본 丸尾常喜 역시 1980년대 중국에서 나온 루쉰 연구가 다케우치 요시미의 루쉰관의 영향을 받았음을 지적하고 있다. 마루오 쯔네키(丸尾常喜), 「飜譯與讀解－魯迅文學在日本學者」, 한국중국현대문학회 주최 제3회 중국현대문학국제학술대회 자료집 『루쉰의 문학과 사상』(1993), 108쪽.

(錢理群), 왕푸런, 왕더허우(王得後), 왕후 (王暉) 등이 모두 이 관점에서 「광인일기」를 해석한다. 첸리췬과 왕더허우는 루쉰 소설의 서사구조가 '보는(看)/보여지는(被看)'의 이원대립 방식으로 구성되어 있다는 리오우판의 지적을 원용하면서, 이 이원 대립의 실질을 대중/선구자, 계몽대상/계몽가, 병자/의사, 희생자/수혜자의 관계로 풀이한다.[18] 이 이원 대립 구도 속에서 볼 때 광인은 선구자·계몽가의 상징이고, 선구자·계몽가가 대중에게 잡아먹히는 공포를 다루고 있다는 것이다. 왕샤오추(王曉初)는 보다 더 분명하게 「광인일기」에서 두 세계의 격막과 대립은 기실 광인으로 상징되는 민족 엘리트와 대중 사이의 대립이라고 정리한다.[19]

1980년대 이후 중국에서 나온 「광인일기」 연구 성과 중 가장 주목할 만한 성과인 왕푸런의 연구 역시 광인을 계몽가의 상징으로 해석하였다.[20] 왕푸런의 연구는, 「광인일기」는 "중국 전통봉건 문화에 반대하는 한 편의 격문이기도 하지만 한 편의 소설이기도 하다"면서 작품을 '의미 구조'와 '예술 구조'로 나누어 섬세한 읽기를 시도한 점이 우선 돋보인다. 그가 말하는 의미 구조란 일종의 상징구조로, 광인으로 상징되는 각성자가 각성에서 시작하여 인식의 심화와 계몽과 실망의 과정을 거쳐 마침내 자기 소외에 이르는 과정이다. 예술 구조란 광인의 발병에서 치유에 이르는 작품 표층의 전개 과정을 말한다. 왕푸런은 광

18 錢理群, 王得後, 「近年來魯迅小說研究的新趨向」, 『中國現代文學研究叢刊』 1991年 第3期, 21쪽.

19 王曉初, 「兩個世界的隔膜和對立: 狂人由瘋狂到康復的記錄－'狂人日記'之我見」, 『魯迅研究動態』, 1989年 11期, 66쪽.

20 王富仁, 「狂人日記細讀」, 『魯迅研究年刊』 1991, 1992年合刊(中國和平出版社, 1992), 265-285쪽.

인을 '계몽가', '정신 반역자'로 보는 것이다. 그런 가운데 「광인일기」는 이 계몽가·정신 반역자가 "현실 속에서 출로를 찾지 못하고, 어쩔 수 없이 환경·전통문화와 타협하는 비극"과, "중국 현대 계몽가의 자기 문화 환경 속의 고립적 상황과 고통스러운 운명을 상징적으로 표현했다"라고 해석한다. 요컨대, 「광인일기」는 계몽가의 세계에 대한 정확한 인식이 다수 피계몽자에게 인정받지 못함으로써 광인 취급을 받는 비극을 다루고 있는 작품이라는 것이다.

왕푸런의 연구에서 또 하나 주목되는 것은 광인의 상징을 "루쉰 마음속 깊은 곳의 또 다른 자아지만 그렇다고 해서 모방하거나 본받을 대상은 아니고 루쉰의 자아 전부도 아니다"라고 보는 점이다. 광인과 루쉰은 상당 정도 겹쳐 있지만 광인이 곧 루쉰은 아니라는, 둘 사이에는 분열도 존재한다는 지적이다. 이때의 겹침이란 철저한 정신 반역자의 형상을, 분열이란 광인의 현실 귀의를 두고 하는 말이다. "루쉰은 일생 동안 현실의 지반 위에서 이상을 위해 분투했고", 그런 점에서 볼 때 자신이 부정하던 세계로 귀의하고 마는 "광인과 루쉰은 서로 다르다"라는 것이다.[21] 왕푸런의 연구가 중국의 기존 연구보다 한층 진전되었다는 것은 중국의 기존 연구와는 달리 문언 서문과 백화 본문 사이의 분열과 긴장에 주목하면서 서문이 작품 해석에 결정적 중요성을 지닌다고 전제하고 전체 텍스트를 읽는 점, 「광인일기」를 한 편의 소설로 보고 이 소설이 현실을 어떻게 상징적으로 묘사하고 있는가에 주목하며 꼼꼼한 텍스트 분석을 시도한 점, 루쉰과 광인의 관계를 새롭게 재조정·재해석한 점 때문이다.[22]

---

21 王富仁, 위의 글, 283-284쪽.

22 王富仁 이전에 「狂人日記」의 서문이 갖는 중요성에 주의를 촉구한 대표적 연구

'광인'을 계몽가의 상징으로 보는 위와 같은 해석에서 더불어 주목되는 것은 광인이 자신의 식인성을 발견하는 부분과 '아이들을 구하라'는 마지막 외침을 루쉰의 참회 의식, 역사 중간물 의식과 연결하여 중요한 의미를 부여하는 점이다. 계몽적 지식인이 자신이 부정하던 역사와 자신 사이의 연계를 발견하고, 역사 발전 과정에 있어서 중간 고리 역할을 자임하게 된다는 것이다. 천쓰허(陳思和)는 "루쉰의 「광인일기」는 위대한 참회록으로 볼 수 있다"라면서 중국 신문학에 보이는 참회 의식의 원형으로 간주한 바 있다.[23] 또한 첸리췬은 작품의 '4천 년의 식인 역사를 가진 나'라는 부분을 루쉰의 자아 비판과 자아 부정, 자아 회의의 정신이 드러나 있는 부분으로 들고, 이를 "전통에 반항하는 선각자가 '자아'와 '전통'의 대립 속에서 마침내 둘 사이의 연계와 침투를 발견하고 전통과 역사에 대한 부정 속에서 자기의 역사 책임을 발견한 것이다."[24]라고 해석한다. 그런가하면 왕후 (汪暉)는 광인도 식인의 이력을 가지고 있다는 자각을 "반전통의 과정 속에서 자신의 역사성을 통찰하"여 "전통의 부정성에 대한 가치판단이 자신에 대한 부

로는 원루민(溫儒民), 콩신녠(曠新年)의 「狂人日記: 反諷的迷宮－對該小說'序'在全篇中結構意義的探討」(1990)가 있다. 이 연구는 서문과 일기 부분이 모순과 대립의, 긴장된 아이러니의 관계를 맺고 있다면서, 서문은 일기 부분에 대해 강한 압력을 행사하며 일기의 세계를 부정하는 역할을 하고 있다고 지적한다. 매우 소략한 연구로, 전체 「광인일기」에 대한 해석과 더불어 그러한 대립과 모순이 갖는 의미에 대한 깊이 있는 분석을 시도하지는 않았지만, 서문과 본문 사이의 분열과 대립이 「광인일기」 해석에서 중요하다는 점을 지적한 데 그 의미가 있다. 『魯迅研究月刊』, 1990年 第5期 31-34쪽 참조.

23 陳思和 지음, 박재우 감수, 한국외대중국현대문학연구회 역, 『20세기 중국 문학의 이해』(서울: 청년사, 1995), 225쪽.

24 錢理群, 『心靈的探尋』(上海: 上海文藝出版社, 1987), 198쪽.

정적 가치판단을 낳는" "역사적 중간물의 자아부정의 정신"[25]이라고 본다. 역사적 과도기에 처한 '역사적 중간물'[26]로서 "자기가 인습의 무거운 짐을 지고 암흑의 갑문을 열어 그들을 드넓은 광명의 세계로 내보"[27]내는 루쉰의 역사적 중간물 의식의 한 단초를 광인의 자아부정과 역사적 선택에서 찾을 수 있다는 것이다.

마루야마 노보루가 촉발하고, 리오우판과 1980년대 이후 중국 학자들에 의해 시도된 이와 같은 해석은 광인 상징을 계몽가·선각자로 보고 광인의 민중에 대한 계몽과 그것이 실패할 수밖에 없는 암흑의 현실에 대한 묘파라는 차원에서 작품을 해석한다는 점에서 계몽주의적 해석이라 이름할 수 있다.[28] 이와 같은 계몽주의적 해석은 반봉건적 해석이 세계－작품 사이의 연관에만 주목한 것과 비교하면, 세계－작

---

25 汪暉, 『反抗絕望』(上海: 上海人民出版社, 1991), 61쪽.

26 왕후이(汪暉)에 따르면, 루쉰은 자기를 역사 발전 또는 진화의 고리 속의 중간물로 간주했다. '중간물(中間物)'이라는 말에는 루쉰의 자아와 사회 전통, 현실 사이의 관계에 대한 깊이 있는 인식이 내포되어 있다는 것이 왕후이의 견해다. 汪暉, 『反抗絕望』 제3장 "歷史的'中間物'與魯迅小說的精神特徵" 참조.

27 魯迅, 「我們現在怎樣做父親」, 『魯迅全集』 1卷, 140쪽.

28 물론 마루야마 노보루(丸山昇)가 「광인일기」의 주요 대립을 민중과 계몽가에서 찾는다고 하여, 마루야마가 루쉰을 근대의 보편적 계몽가, 즉 미각성한 대중을 위에서 내려다 보는 식의 계몽가로 본다는 것은 아니다. 마루야마는 반제 반봉건이라는 과제 속에서 민중의 활력이 해방되지 않고서는 올바른 근대를 기획할 수 없었던 제3세계 근대 문제의 핵심에 접근했던 사람이 바로 루쉰이라고 보고 있다. 즉 선각자의 우월한 위치에서 내려다보는 자로서의 계몽가의 이미지를 루쉰에게 부여하고 있지 않다. 이 점은 리어우판(李歐梵) 및 일부 1980년대 중국의 루쉰 연구자들과는 구분되는 루쉰관이다. 여기서 지적한 마루야마와 여타 연구자들과의 유사성은 민중과 계몽가의 관계에서 「광인일기」 해석의 실마리를 찾는다는 점에 한정되는 것이다.

가-작품에 주목한다는 점이 장점이다. 즉 루쉰의 개성적 세계 인식을 「광인일기」에서 찾으려 시도하였다. 그 개성적 인식은 선각한 지식인 계몽가와 민중의 대립, 그리고 계몽 지식인의 비극과 관련된 것이다. 그리하여 「광인일기」는 단순한 반봉건 소설의 차원을 넘어서서 '식인'이라는 하나의 상징을 중심으로 민중/선각한 지식인(또는 계몽가)의 문제 등, 근대 계몽 기획에서 매우 중요하고 민감한 문제를 다루고 있는 소설이 되는 것이다. 마루야마 노보루가 앞에서 살핀 대로, 「광인일기」를 "단지 유교 도덕의 비인간적 본질을 폭로한 것이라고 본다는 것은 「광인일기」가 간직한 문제를 단순화시켜 이 작품을 볼품없이 빈약한 것으로 만들어 버"리는 일이라고 한 것은 이러한 맥락에서 해석되어야 옳다.

광인 = 계몽가 관점이 계몽가/민중의 대립 구도 속에서 작품을 해석함으로써 「광인일기」 해석에서 하나의 중요한 전기를 마련했지만, 한편으로 바로 그 지점에 또 다른 문제점이 내장되어 있다. 이같은 관점은 계몽가의 상징인 광인이 민중들에게 소외당하고, 자신의 식인 경험에 대한 자각과 더불어 참회 의식, 속죄의식 속에서 미래 역사의 주역인 아이들을 구하라는 외치는 데서 이 작품의 참의미를 해명한다.

그런데 문제는 계몽가와 민중의 대립이 핵심축이라고 할 때, 그 계몽가로서의 광인의 실질이 보편적 의미의 근대적 계몽가와 동일하느냐는 점이다. 만약 광인을 식인이라는 봉건적 가치의 폐해를 일반 민중들보다 먼저 깨달은, 근대적 선각자로 광인을 해석한자면 식인을 하지 않은 사람이 작품 속의 '참다운 인간(眞的人)'이고, 곧 광인인 셈이다. 그런데 "인간이 야만이었을 무렵에는 누구나 인간을 먹었지요. 그런데 후에 생각이 달라져서 어떤 자는 사람을 먹지 않게 되어, 오로지 좋게 되려고 노력하였기 때문에 사람이 되었습니다. 참다운 인간이 된 셈이

지요"라는 소설 속 광인의 언급에 주목하자면 이 세상에는 사람을 먹지 않는 인간들이 이미 분명히 존재하고 있다. 그 식인하지 않는 인간들은 인의도덕이라는 봉건예교 전통의 밖에 있는 어떤 사람들일 것이다. 이럴 경우, 자칫하면 식인하지 않은 사람 = 근대인·광인·선각자라는 등식 속에서, 루쉰이 중국밖에 이미 성립되어 있는 식인하지 않은 사람들의 근대적 세계를 이상적으로 상정하고 있다는 논리로 나아갈 수 있다.[29] 그러나 루쉰이 중국밖에 이미 성립되어 있는 근대세계와 그 속의 인간들을 이상으로 상정했다는 점은 회의적일 수밖에 없다.[30] 따라서 광인의 상징을 단순히 근대적 계몽 지식인으로 보는 견해는 재고되어야 하는 것이다.

아울러 광인에 대한 작가의 시선이 어떠한지에 대해 보다 섬세한 독법이 필요하다는 점이다. 광인과 루쉰이 얼마나 겹쳐 있고 분열되어

29 서구 근대 소설에서 근대의 입장에서 미개척된 원주민들의 '야만'의 세계를 비판하면서 '식인'이라는 모티프를 사용하는 경우가 종종 있어 왔다. 최근 탈식민주의 논자들의 지적에 따르면 『로빈슨 크루소』 등이 그러한 작품이다. 이는 제국이라는 중심의 시각으로 아프리카나 아시아 등 서구 근대에 의해 미개척된 세계를 식인하는 야만 세계로 바라보는 전형적인 제국주의 담론이다. 만약 「광인일기」에서 '식인하지 않은 인간'이나 '광인', '참다운 인간'을 단순히 반봉건 근대인이라고 해석한다면 이는 결국 「광인일기」와 루쉰을 근대주의의 입장에서 해석하는 일이 될 것이다.

30 루쉰이 단순히 서구적 근대와 근대인을 이상으로 설정하지는 않았으며, 루쉰이 고민했던 것은 봉건과 서구 근대를 동시에 극복하는 것이었다고 해야 옳을 것이다. 이 점은 루쉰 사상과 문학을 규명하는 매우 중요한 부분으로, 섬세한 연구가 필요한 부분이다. 이에 대한 초보적 연구로는 왕후이(汪暉), 앞의 책, 24쪽의 루쉰 생각했던 '사람의 나라(人國)'에 대한 해석과 이토 토라마루(伊藤虎丸)의 「亞洲的 '近代'與'現代'」 및 「魯迅與西方近代的相遇」, 『魯迅, 創造社與日本文學』(北京: 北京大學出版社, 1995), 3-19쪽, 77-102쪽 등을 참조.

있는지, 만약 겹침과 분열이 존재한다면 그것의 의미는 무엇인지 등도 납득할 수 있게 해명되어야 한다. 또한 광인과 루쉰의 관계에 대해서 왕푸런이 이를 본문/서문의 관계 속에서 광인은 루쉰 자아의 일부이지만 전부는 아니라고 정리한 점도 문제가 있다. 현실에 저항하는 광인의 모습, 각성하지 못한 대중들에게 이해받지 못한 사상적 선구자로서의 비극과 연결된 광인의 형상은 루쉰이지만, 결국 현실에 귀의하여 관리후보로 간 광인은 루쉰이 아니라는 해석은 매우 자의적이고, 안일하다. 물론 루쉰이 일생동안 어둠과 억압에 대한 불굴의 저항정신, 자기희생 정신 등을 견지했던 것은 사실이고, 그것이 범인(凡人)이나 당시 다른 중국 문학가·사상가들과 구별되는 루쉰의 개성으로서 높은 도덕적 의미를 지니고 있음은 분명하다. 그러나 하나의 텍스트 해석은 작가 해명(도덕적 의미에 대한 해명은 그것의 일부일 것이다) 작업이기도 하지만 텍스트에 투영된 세계에 대한 해명작업이라는 점을 고려하면, 왕푸런의 해석은, 텍스트 자체에서가 아니라 루쉰에게서 연역하여 작품을 해석하는 것이라고밖에 보이지 않는다. 왕푸런의 이러한 해석은 루쉰을 이상화하거나 루쉰 삶에 도덕적 의미를 부여하는 데는 효과적이지만, 「광인일기」의 문학적 세계를 객관적으로 조명함으로써 작품을 통해 루쉰을 되비추고 루쉰의 세계 인식을 해명하는 데는 역부족이다.

(3) '광인 = 루쉰' 관점

이 관점은 광인이 루쉰과 얼마간 겹쳐 있다는 차원이 아니라 「광인일기」는 루쉰의 자전적 작품이고, 따라서 광인은 바로 루쉰이라고 본다. 일본 이토 토라마루(伊藤虎丸)의 연구가 바로 그렇다.

「광인일기」의 주인공 즉 작자 본인은 자기의 청춘－철과 피, 화염과 독기, 회복과 복수의 피비린내 나는 노래소리－을 객관화하기 위해, 청춘의 '공허화'로 인해 자라난, 작자가 '적막'이라 이름했던 생존 위기를 벗어나기 위해, 새로운 자아를 획득하기 위해 어쨌든 자전적(?) 작품을 창작할 수밖에 없었다. 이렇게 이해해야만 작자가 이후에 「콩이지(孔乙己)」에서 시작하여 「아큐정전(阿Q正傳)」을 정점으로 한 일련의 작품을 연속 창작한 점을 이해할 수 있다. 이 점에서 「광인일기」는 비유하여 말하자면 부채의 '산안(扇眼)'[31]같은 것이다. 「광인일기」의 주인공, 즉 작자는 새로운 위치(자유)에서 '광인'의 눈으로 중국 사회 암흑의 내막을 총체적으로 파악하고 그것을 각종 형상으로 변형시키고, '각성한 리얼리즘'(즉 과학적 방법)으로 하나하나 재현(재창작) 해냈다. 이는 루쉰이라는 리얼리즘 작가의 탄생을 의미한다.[32]

이토 토라마루(伊藤虎丸)가 「광인일기」에서 주목하는 것은 이 작품이 루쉰 전체 창작과 사상, 넓게는 루쉰의 삶의 행로에서 갖는 의미다. 광인이 바로 루쉰 자신이라는 언급도 이 맥락에서 나온 것이다. 요컨대 「광인일기」의 전개를 루쉰이 「광인일기」를 창작하기 전의 그의 삶과 사상, 그리고 「광인일기」를 창작할 당시 루쉰의 현재에 대응시켜 해석하는 것이다. 그는 「광인일기」라는 자전적 소설은 루쉰이 '독자(獨自) 각성'의 단계에서 평범한 개인으로서의 자기를 발견하는 새로운 자

31 '산안(扇眼)'은 부챗살을 한데 묶는 부챗살의 꼭지 부분을 말한다. 루쉰의 기타 작품은 「狂人日記」를 기점으로 창작되었으며, 그런 의미에서 「狂人日記」를 루쉰 전체 작품을 묶는 관건적인 작품이라는 얘기다.

32 伊藤虎丸, 「「狂人日記」－'狂人'康復的記錄」, 『魯迅, 創造社與日本文學』(北京大學出版社, 1995), 151쪽. 이하 따로 출처를 밝혀 인용하지 않은 것은 모두 위의 논문에 따른 것이다.

아의 탄생 과정을 다루고 있다고 본다. 그리하여, 작품에서 광인 자신도 식인을 했다는 자각 이전의 광인을 '독자(獨自) 각성' 단계의 광인이라고 본다. 이 단계의 광인은 루쉰이 「마라시력설(摩羅詩力說)」에서 언급한 '정신계의 전사(精神界之戰士)'와 상통한다. 즉 대중들에 아랑곳하지 않고 기존 세계를 철저히 대상화하며 세계를 저주하는 한편, 회개와 각성을 촉구하는 -「광인일기」로 보자면 '식인'을 하지 말라고 계몽하는 - 정신계의 전사의 상징이 바로 광인이고, 다른 한편으로는 「광인일기」 창작 이전 시기 루쉰 자신이기도 하다는 것이다. 주지하듯, 루쉰은 의학에서 문학으로 전환한 뒤 중국을 개혁하기 위해서 '급한 것은 중국인의 정신을 개조하는 것'이며 이를 위해서는 문예가 제일이라고 생각했다.[33] 그리하여 외국 소설을 번역하고, 「마라시력설」 등 갖가지 논설을 쓰고, 뜻이 통하는 사람들을 규합해 「신생(新生)」이라는 잡지 출판을 기획하기는 등 '정신 개조'를 통한 중국 현실의 변혁을 위해 활동했다.[34] 이토 토라마루는 루쉰의 이러한 활동을 대중보다 먼저 각성한 광인이 대중을 각성시키기 위해 수행하는 계몽활동과 같은 의미로 파악하는 것이다. 이러한 활동을 하던 시기 루쉰 - 소설로 보자면 광 - 은 자신이 홀로 먼저 각성했다는 '독자 각성' 의식을 지니고 있었다는 것이다. 이 '독자 각성' 의식은 자신의 객체화를 거치지 않은 '자기 겸손(自謙)'이라는 일종의 지도자 의식을 수반하고 있고, 이 지도자 의식은 흔히 피해자 의식과 표리를 이룬다.

그런데 후에 루쉰은 「신생」 등의 출판에 실패하고, "적막감이 나날이 자라나 커다란 독사와 같이 내 영혼에 달라붙어 떠나지 않을 때"

33 『吶喊』 서문 참조.

34 이에 대해서는 「范愛農」 참조.

"나는 팔을 들어 한 번 외치면 호응하는 자가 구름처럼 모여 든다는 식의 영웅은 아니라는 사실"을 자각하게 된다.[35] 그리하여 루쉰은 "정신계의 전사 즉 '초인'을 만들어 낼 수가 없었고, 첫 소설 「광인일기」에서 '각성한 광인'의 고투와 좌절을 써낼 수밖에 없었다"라는 것이, 이토 토라마루의 해석이다. 루쉰 삶의 이러한 좌절은 소설에서 광인이 식인하지 말라는 권고가 실패하는 과정이다.

그런 가운데 작품에서 광인은 자신도 식인을 한 적이 있다는 자각을 획득한다. 이는 자신의 '유죄에 대한 고백'으로, 광인이 "자기, 주체를 획득"하고 "자유를 획득"하는 과정이다.

> 루쉰이 자기도 가해자라는 것을 알았을 때, '독자' 각성의 정신계 전사의 '자겸(自謙)'에서, 피해자 의식에서 해방된다. 영웅도 아니고 피해자도 아닌 그저 평범한 보통사람의 세계로 어렵게 들어가는 것이다. 이는 이렇게 재차 각성한 '광인'이 사회로 '복귀'할 수 있다는 것을 말한다.[36]

요컨대, 이토 토라마루는 광인의 식인에 대한 자각을 "남들은 다 취해 있고 나 홀로 깨어 있다"는 "'독자(獨者)' 각성의 교만과 우월감(자주 자비감을 수반하는)에서 벗어나 이 세계의 일상생활 속으로 돌아와 세계에 대해 진정으로 자유스러운 책임 의식을 갖는 주체", "진정한 개성을 획득"하는 과정으로 해석하는 것이다. 이는 자신의 식인 사실에 대한 자각이 광인에게 지니는 의미이자 동시에 루쉰에게 갖는 의미이기도 하다. 이렇게 볼 때, 광인은 개혁을 시도하다가 좌절당하고, 자신

35 『吶喊』 서문 참조.

36 伊膝虎丸, 앞의 책, 148쪽.

의 식인 경험에 대한 자각을 통해 자유로운, 새로운 주체로서 사회로 복귀하는 것이고, 결국 이 작품은 작자 루쉰이 청년 시대의 자아에서 벗어나 새로운 자아를 획득하는 기록이 되는 셈이다. 이토 토라마루는 「광인일기」를 자전적인 작품이라고 규정하고, 루쉰이라는 현실주의 작가의 탄생을 의미하는 작품이라고 한 것은 이와 같은 의미에서다.

이토 토라마루의 이러한 「광인일기」 해석은 「광인일기」에 담긴 반봉건 사상이나 계몽가의 비극을 해명하기보다는 「광인일기」가 루쉰에게 무엇이고, 루쉰 전체 문학의 전개 과정에서 어떤 의미를 지니는지를 해명하고 있다. 그러나 이토의 이같은 해석에서 갖게 되는 의문은, 광인이 곧 루쉰이고 「광인일기」는 자전적인 작품인 까닭에 루쉰과 광인 사이에는 진정 거리가 존재하지 않느냐는 점이다. 이토의 해석을 수용할 때, 서문과 백화의 두 세계와 두 화자 사이에는 대립과 긴장이 존재할 수 없다. 또한 광인이 식인 경험을 자각하고 새로운 자아를 획득하는 지점에서 사회로 복귀할 수 있는 가능성이 마련된 셈이다. 이렇게 보자면 서문의 관리 후보로 갔다는 언급은 있어도 좋고 없어도 좋은 하나의 부연 설명에 불과하다. 그러한 소설적 장치는 무의미하다. 만약 그렇다면 루쉰이 굳이 백화도 아닌 문언을 사용하여 서문을 붙인 이유가 있었을까. 이러한 소설적 장치가 진정으로 아무런 의미가 없느냐에 대해서는 이론의 여지가 있을 수 있다는 것이다. 무엇보다 텍스트의 모든 구성물을 하나의 의미 있는 구조물로 볼 때 그러하다. 더군다나 서문과 본문 사이의 소설적 장치는 서로 긴장 관계를 이루고 있다. 이토의 관점은 이러한 의문점들을 제대로 해명할 수 없는 한계를 지닌다.

3. '이데올로기와 주체'의 문제를 중심으로 한 해석

(1) '광인 = 이상적 인격 주체'

「광인일기」는 주인공 광인의 '발광'이 소설의 출발점이다. 그 발광의 계기는 '달'이라는 초월적인 것이다.[37] 광인은 "달을 보지 못한 지가 30여 년이나 되었(我不見他, 已是三十多年)"지만, '오늘' 달을 보고 기분이 좋아진다. 그런 뒤 "이제까지 30년 이상 전혀 제 정신이 아니었다는 것을 알았다(才知道以前的三十多年, 全是發昏)"고 말한다. 이는 주인공 광인이 '달'이라는 초월적인 계기에 의해 그동안 자신이 안주해 왔고, 또 자신과 하나였던 세계를 대상화하는 것이다.[38] 이것은 일종의 광인의 세계 인식 과정이고, 그 인식의 결과 세계와 광인은 분리된다. 「광인일기」는 이렇게 광인이라는 세계와 분리된, 진리를 담지한 문제적 개인이 타락한 세계와 벌이는 박투와 그 좌절을 다룬 소설이다.

'발광', 혹은 각성을 통해 세계와 분리된 이후, 광인에게는 공포가 엄습해 온다. 광인이 공포를 느끼는 것은 광인 주위 사람들의 '눈길(眼色)' 때문이다. 이후, 소설은 그 눈길의 정체를 간파해 내는 과정을 중심으로 전개된다. 물론 이 과정은 동시에 광인이 자신이 느끼는 공포

37 이를 신화론적으로 해석할 경우, '달'의 라틴어 luna와 정신착란을 뜻하는 영어 lunacy, lunatic 사이의 상관성을 지적할 수 있다. 하정옥과 리어우판(李歐梵)의 해석이 바로 그러하다. 하정옥, 「중국 신문학 운동과 루쉰」, 『전환기의 동아시아 문학』(서울: 창작과비평사, 1985), 344쪽과 李歐梵, 「五四文學與魯迅－傳統與創新」, 『李歐梵: 中西文學的徊想』(香港: 三聯書店, 1986), 10쪽 참조.

38 伊藤虎丸, 앞의 글, 앞의 책, 131쪽.

의 정체를 해명하는 과정이다.

그 '눈길'의 정체를 해명하기 위해 광인은 '연구(研究)'를 시작한다. "만사는 모름지기 연구해 보아야 알 수 있다(凡事須得研究才會明白)"는 것이 광인의 지론처럼 작품에서 두 차례 반복된다. 한번은 마을 사람들의 눈길에서 공포를 느낀 뒤이고, 다른 한 번은 광인이 식인의 역사를 발견하는 대목에서다. 작품에서 이 '연구'는 구체적 행위의 차원에서 볼 때 역사책을 뒤지는 일이다. 처음 광인이 역사책을 뒤졌을 때, "이 역사에는 연대가 없고, 삐뚤삐뚤 어느 페이지에나 인의도덕이란 글자뿐이었다(這歷史沒有年代, 歪歪斜斜的每葉上都寫着仁義道德'幾個字)". 역사의 연대가 없다는 것은 어느 시대나 동일한 역사의 반복이었다는 것이다. 광인에게는 조대(朝代)의 구분, 집권 세력의 교체 등은 아무런 의미가 없다. 왜냐하면 지금까지의 모든 역사는 많은 집권자의 교체에도 불구하고 '인의도덕'이라는 오직 하나의 원리와 이념에 의한 역사였기 때문이다.

그런데, 광인은 여기에 만족하지 않고 "잠을 이룰 수가 없어 밤중까지 자세히 책을 들여다 본다(我橫竪睡不着, 仔細看了半夜)." 그러자 "글자와 글자 사이에서 글자가 보였다. 책에는 온통 식인이라고 씌어 있었다(從字縫裏看出字來, 滿本都寫着兩個字是吃人)." 광인이 글자와 글자 사이에서 '식인'이라는 글자를 발견한다는 점은 중요하게 해석되어야 한다. 왜냐하면 이는 하나의 상징이기 때문이다. 앞에서 광인이 역사책에서 발견한 것은 인의도덕이라는 글자였다. 이는 대개의 역사적 서술이 그러하듯이 역사에 기록된 공식의 역사, 현상의 역사이고, 지배이데올로기에 의해 묘사된 표면의 역사를 상징한다. 그렇지만 이제 광인은 그 글자들을 "자세히 들여다 본" 끝에, 인의도덕이라는 글자들 사이, 틈새로 식인이라는 글자를 발견한다. 역사가 인의도덕이라는 고상한 이념으로 현실을 포장해 놓았지만, 그 포장의 해진 틈새로 역사의 내면을 들여다본 뒤, 인의도덕의 본질이 결국 식인이라는 인식을 획득하는 것이다.

「광일일기」에서 광인이 시도하는 봉건윤리의 해체는 격렬하고, 철저하다. 전통 사회 운영 과정에서 나타날 수 있는 모순을 문제 삼는 것이 아니라 '인의도덕'이라는 봉건 시대의 기본 이념, 핵심적 이데올로기를 문제 삼으면서 그것의 본질이 식인의 윤리일 따름이라고 폭로하고 있기 때문이다. 이는 공식적으로 기록된 역사의 이면에 대한 광인의 투시와 현실을 지배하는 이데올로기에 대한 전복적 상상력을 통해서 얻은 인식이다. "자세히 들여 보는 것"은 현실을 지배하는 이데올로기에 대한 투시의 행위이고, 그 투시를 통해 광인은 인의도덕의 이면, 보다 정확히 말하자면 인의도덕의 본질이 식인임을 발견한다. 그것도 글자가 아니라 글자와 글자 사이, 즉 이데올로기의 '틈새(縫)'로부터 인의도덕이라는 이데올로기에 의해 화려하게 채색되고 은폐된 역사의 진실을 간파해 낸다. 이는 현실에 대한 전복적 상상력을 통해 현실의 진실을 통찰해 내는 것이다. 이렇게 보자면, 광인에게 있어서 '연구'란 현상의 거푸집을 걷어내고 이데올로기에 가려진 실재에 대한 통찰력을 구비하는 과정이자 그 수단으로, 그 결과로 광인은 현실 너머의 진실에 도달하고 현상의 본질을 간파해 낸다. 광인은 '연구'를 통해 이데올로기와 박투하여 마을 사람들이 자신들에게 보낸 적대적 '눈길'의 정체를 해명해 내고, 그들이 자신을 잡아먹으려 한다는 사실을 깨달으며 그런 식인의 '눈길'의 역사성을 간파해 내는 것이다.

일반적으로 사람들이 객관 세계와 소통하는 것은 이데올로기의 매개를 통해서다. 이데올로기는 주체가 객관세계를 인식하고 해석하는 창이다. 그렇지만 그 이데올로기라는 창은 투명하지 않다. 이데올로기가 본질적으로 계급적으로 규정되는 특수적 이데올로기의 성격을 띠는 한 이데올로기는 본질적으로 허위의식(false counsciousness)일 수밖에 없고,[39] 그런 까닭에 이데올로기는 세계의 진상을 보여 주는 것이 아니라 세계를 왜곡하고 은폐하여 주체의 올바른 세계 인식을 기만한다. 따라서 세계의 본질에 대한 정확한 인식을 위해서는 이데올로기의 본질에 대한 정확한 투시력이 먼저 확보되어야 한다.

이 맥락에서 보자면, 광인의 세계 인식에서 주목되는 것은 그가 더는 이데올로기라는 창을 통해서 세계를 인식하지 않는다는 점이다. 광인은 30년 만에 세계에서 자신을 분리하여 세계를 대상화하고, '연구'를 통해 자기의 눈으로, 자기의 사고로서 세계를 본다. 그는 일반인의 관점으로 세계를 바라보는 것이 아니라 자기 개인의 주관적 시야 속에서 바라보는 것이다.[40] 광인의 이러한 세계 인식은 현실의 공식적, 지배적 세계 인식을 전복시켜 그 본질을 투시하는 것이다. 그리하여 광인은 이제 더는 '이데올로기적 주체'가 아니다. 이데올로기에 포로가 되어 이데올로기라는 시좌(視座)를 통해서만 세계 인식이 가능하고, '나'는 단지 이데올로기의 대명사에 불과할 때, 개인은 더 이상 세계의 참다운 주체가 아니다. 나의 모든 인식은 이데올로기를 통해 이루어지고, 그런 의미에서 보자면 개인은 이데올로기적 주체일 따름이다. 그런데 광인은 그러한 '이데올로기적 주체'에서 벗어나 있다. 광인의 발광, 각성의 참 의미는 바로 여기에 있다.

39 만하임에 따르면, 특수적 이데올로기는 상대방이 지니고 있는 일정한 이념이나 표상을 자신으로서는 믿지 않으려는 경우에 사용하는 용어다. 그 특수적 이데올로기의 특징은 허위조작성이다. K. 만하임 지음, 임석진 옮김, 『이데올로기와 유토피아』(서울: 청아출판사, 1991), 103쪽.

40 伊藤虎丸, 앞의 글, 앞의 책, 131쪽.

그런데 한 가지 주목할 것은 광인의 상징이 갖는 이상과 같은 의미는 루쉰이 이 당시 다른 글들에서 언급하고 있는 과학자의 정신과 맥락을 같이 하고 있다는 점이다. 루쉰에게 있어 과학이란 형이상적학적 개념이고, 그것은 차라리 과학 정신 또는 과학자의 정신이라고 이름해야 타당하다. 왜냐하면 루쉰에게 있어서 과학이란 세계에 대한 습관적, 모방적, 이데올로기적 인식에서 벗어나는 정신을 뜻하기 때문이다. 루쉰은 「과학사교편(科學史教篇)」에서 희랍 과학의 발단과 그 성취를 설명하면서, "그(과학–인용자) 정신은 단호하게 옛사람들이 몰랐던 것에 의문을 제기했으며 자연을 연구하고 탐색하는 데 있어 피상에 머물지 않아서, 근세와 비교할 때 우열을 가리기 힘들다(然其精神, 則毅然起叩古人所未知, 研索天然, 不肯止於膚廓, 方諸近世, 置無優劣可言)"[41]고 한 바 있다. 루쉰은 이어 희랍의 과학이 쇠락한 원인에 대해 옛것에 대한 모방(摹古), 거짓 지혜(僞智), 습관에 구속당함(泥於習), 상식에 미혹됨(惑於常) 때문이라는 베이컨의 지적을 인용하고 있다. "모르는 바를 탐색하는 것"이 아니라 "단지 모방만을 알았"기 때문이라는 지적이다.[42] 과학의 기본 정신에 대한 루쉰의 언급의 요체는 '상'(常)과 '습'(習), '모'(摹), '위'(僞)의 세계를 넘어 자연으로 상징되는 객관 세계의 진실을 탐구하는 것이 과학 또는 과학의 정신이라는 것이다. 루쉰에게 있어서 과학은 이토 토라마루의 타당한 지적대로 이미 정신의 문제, 인간의 주체적 정신 태도의 문제이고, 루쉰이 「마라시력설(摩羅詩力說)」 등의 글에서 소개한 '시인'과 '정신계의 투사'의 형상은 바로 이

41 「科學史教篇」, 『魯迅全集』 1卷, 26쪽.

42 「科學史教篇」, 『魯迅全集』 1卷, 26쪽.

러한 '과학자' 형상의 연장이다.[43]

루쉰의 과학과 과학자에 대한 이해를 이렇게 정리하고 보면, 위에서 언급한 광인의 형상은 「광인일기」 창작을 전후하여 루쉰이 자주 언급했던 '시인' '과학자' '정신계의 투사' 등과 한 맥락에서 이해되어야 하는, 루쉰이 이 당시 설정하고 있던 이상적 인격의 체현자임을 알 수 있다. 세계를 습관적, 현상적, 이데올로기적으로 인식하는 것이 아니라 그것들을 넘어 스스로의 주체적 의식 속에서 세계의 본질을 투시하고, 인식하는 독립적 인격의 소유자로서의 주체를 상징하는 것이다. 「파악성론(破惡聲論)」에서 "무릇 소리가 자신의 마음에서 나오고 사람들이 각자 자신에게로 돌아가며 사람들이 각자 자기됨이 있게 되면 사회의 큰 각성이 곧 이루어질 것이다(蓋惟聲發自心, 朕歸於我, 而人始自有己, 人各有己, 而群之大覺近矣)"[44]라며, 중국에 "사람의 나라(人國)"을 건설해야 한다고 한 중국 변혁의 전망도 결국은 루쉰이 당시 상정하고 있던 이상적 주체의 건설, 즉 '사람 세우기'(立人)와 같은 맥락에서 이해되어야 할 것이다. 물론 이때의 사람이란 "자기됨이 있는" 주체적 인간이고, "각자 자신에게로 돌아가는" 인간, 즉 자기 소외 상태를 극복한 인간이다.

결국, 광인은 이 당시 루쉰이 상정하고 있던 자기 소외 상태[45]를 극복한 이상적 인격의 체현자를 상징하는 것이다. 광인의 상징을 이렇

43 「破惡聲論」, 『魯迅全集』 8卷, 24쪽.

44 「破惡聲論」, 『魯迅全集』 8卷, 24쪽.

45 루쉰이 특히 주목하는 것은 사상과 의식에 있어서의 자기소외다. 물론 루쉰은 중국 민중들의 그러한 사상적, 정신적 자기소외가 물적 토대와 관련되어 있음을 지적한다. 그렇지만 루쉰이 여기서 '자기됨'을 강조하면서 주로 문제삼고 있는 것은 사상과 의식 영역에서의 식민화, 노예화다.

게 해석할 때, 광인일기의 주요 대립축 가운데 하나인 〈광인/식인하는 민중〉 사이의 대립은 기실 종래의 계몽주의적 해석에서처럼 〈선각한 근대적 계몽가/각성하지 못한 민중〉 사이의 대립을 넘는 성질의 것임을 알 수 있다. 〈식인하지 않는 계몽가로서의 광인/식인하는 민중〉 사이의 대립으로 이해하는 것은 작품을 너무 표피적으로 읽는 것이고, 이보다는 세계에 대한 주체적 자기 인식을 구비한 이상적 인격, 루쉰식으로 표현하자면 〈'자기됨'을 지닌 주체적 인격/그렇지 못한 사람들, 즉 자기 소외에 빠진, 노예화·식민화되어 마비된 주체〉 사이의 대립으로 읽는 것이 옳다.[46]

(2) '이데올로기적 주체'로서의 민중

「광인일기」에 나타난 루쉰의 중요한 개성적 세계인식 가운데 하나는 루쉰이 광인을 통해 '식인'사회를 해부하면서 지배/피지배라는 정치경제적 관점에서가 아니라 이데올로기의 시야 속에서 해부했다는 점이다. 루쉰에게 있어 현실 속의 지배층과 피지배층을 나누어 인식하는 것은 때론 무의미하다. 보다 정확히 표현하자면 적어도 (지배) 이데올로기가 현실세계 속에서 어떻게 작동하고 있는가를 문제 삼을 경우, 지배(층)/피지배(층)이라는 이분법적 인식은 루쉰이 보기에 현실을 해석하는 유용한 문제틀일 수 없다. 「광인일기」는 지배층과 피지배층이 어

46 루쉰의 문학과 사상에서 다양하게 변주되어 나타나는 주인(의식)/노예(의식)의 문제도 이 대립의 지평 위에서 이해되어야 할 것이다. 루쉰이 천착한 주인(의식)/노예(의식)의 문제를 단순히 물적 토대의 지배/피지배의 차원으로 환원하여 해석할 수는 없다. 루쉰에게 있어서 노예란 인간 의식의 자기소외 상태, 식민화·노예화되어 마비된 주체를 상징한다고 보아야 한다.

떻게 하나의 이데올로기적 세계를 공유하고 있는지를 적확하게 묘파하고 있다. 광인이 집을 나섰을 때 광인에게 이상한 눈길을 보낸 사람은 자오구이(趙貴) 영감이나 구지우(古久) 선생만이 아니다.

> 그들 가운데는 현지사에게 불들려 칼을 쓰고 옥에 갇혔던 사람도 있고 유지에게 빰을 얻어맞은 사람도 있으며 하급관리에게 아내를 겁탈당한 사람도 있고 부모들이 고리대금업자의 빚독촉에 시달리다 못해 생죽음을 당한 사람도 있다.[47]

당시 루쉰이 파악한 민중들의 실체다. 이 민중들은 비극적 민중이다. 이데올로기에 침투력에 감염되어, 그것의 포로가 되어 있다. 루쉰이 여기서 문제 삼고 있는 것은 체제의 이데올로기를 민중들이 어떻게 자신의 피와 살로 육화시키고 있느냐는 점이다. 이러한 민중은 체제 밖에 있는 것이 아니라 체제 안에 있다. 그리고 자신의 삶을 파괴하는 체제에 자진 부역하고 그 이데올로기를 수호, 재생산하는 데 참여하기도 한다. "그러나 그때 그자들의 낯빛조차도 어제처럼 흉악하고 무시무시하지는 않았다"라는 언급은 지배자와 민중이 하나의 이데올로기(작품에서는 식인의 이데올로기)적 세계를 공유하고 있으며, 이데올로기를 이미 자기 것으로 육화시킨 민중들이기에 지배층에게 수난을 당할 때보다 더 흉악한 낯빛으로 그 이데올로기적 세계의 예외자·이단자를 쳐다보는 것으로 해석된다.

민중들이 '식인'의 이데올로기를 체득하여 자기 것으로 육화하는 과정은 「광인일기」에 따르면 교육과 전통, 윤리에 의해서다. 광인이 구지우 선생의 장부를 짓밟아 버렸을 때 태어나지도 않았을 아이들까지

47 『魯迅全集』 1卷, 423쪽.

"이상한 눈길로 노려보"며 광인을 경계하는 것은 "제 아비어미가 가르쳐 준 때문이"고, 광인의 형은 광인에게 책을 가르쳐 주면서 "자식을 바꾸어 먹는 일"에 대해 설교했다. 또한 "옛날부터 그러했(從來如此)"기 때문에 그 전통 때문에 계속 식인을 하며, "이젠 아주 습관이 되어서 잘못인 줄을 모른다(還是歷來慣了, 不以爲非呢)." 그런가 하면, "부모가 앓아 누울 때는 자식은 자기 살을 한 조각 잘라 잘 삶아서 부모에게 먹이는 것이 훌륭한 인간이다(爺娘生病, 做兒子的須割下一片肉來, 煮熟了請他吃, 才算好人)"는 형의 말대로 효라는 윤리를 위해서 식인이 정당화된다.

이러한 것들은 교육과 전통, 윤리에 의한 이데올로기적 교화(敎化)다. 이 이데올로기적 교화 작용을 거쳐 개인은 비로소 사회에 통합되고, 현실의 사회적 존재가 된다. 그러나 다른 한편으로 이데올로기적 교화는 자기 소외의 과정이기도 하다. 현실의 이데올로기에 부합되도록, 또는 이데올로기가 요구하고 승낙하는 방식에 따라 자신을 조정·변형한다는 점에서 그러하다. 이러한 주체들은 세계에 대한 주체적 의식이 없다. 이데올로기의 본질에 대한 반성적 거리를 상실한 존재이고, 이데올로기를 통해서만 세계를 이해한다. 그들은 이데올로기의 포로들이고, 자기 소외에 빠진 인간들이다. 주체의 자리를 차지하고 있는 것은 '나'가 아니라 이데올로기다. 이데올로기가 주체 의식을 대신하고 있다는 의미에서의 이데올로기적 주체, '자기됨'이 없는 자기 소외 상태의 인간이고, 식민화·노예화되어 마비된 주체다. 이러한 민중의 모습이란 루쉰이 "중국인들은 여지껏 사람의 자격을 얻은 적이 없다. 기껏해야 노예였고, 지금도 그러하다"[48]라고 지적할 때, 그런 사

48 魯迅, 「燈下漫筆」, 『魯迅全集』 1卷, 212쪽.

람의 자격을 결핍한 인간과 노예의 모습이고, "중국 사람은 인간이 되기 위한 중요한 요소 중의 무엇인가를 결여하고 있는 것은 아닌가?"라는 이 당시 루쉰이 지니고 있던 의심과 불안[49]에 관련되는 인간의 모습인 것이다.

(3) 두 세계의 대립과 절망

광인과 기성 식인세계 속의 사람들을 이렇게 이해하고 보면, 작품에서 〈광인/식인 세계 속의 사람들〉의 대립의 실질은 〈세계에 대한 주체적 자기 인식을 구비한 이상적 인격/자기소외 상태에 빠진 이데올로기적 주체〉 사이의 대립이다. 그리고 다음의 광인과 마을 사내 사이의 대화는 그 두 주체 사이의 대립을 상징적으로 보여 준다.

> "그야 그런 일(식인하는 일)이 있는지도 모르죠, 옛날부터 그랬었으니까요(有許有的, 這是從來如此)..."
>
> "옛날부터 그랬었으니까 옳단 말인가(從來如此, 便對麽)?"[50]

사내는 세계에 대한 반성이 없으며 습관적 인식에 사로잡혀 있다. '나'의 주체적 세계인식은 여기에 없다. 나는 더는 세계인식의 주체가 아니다. 광인은 사내의 그러한 세계인식을 정면으로 겨냥하여 그러한 세계인식의 정당성을 기저에서부터 따져 묻는 것이다.

위와 같은 대립 속에서 광인은 자기 소외 상태에 빠진 이데올로기

49 丸山昇, 앞의 책, 71쪽.

50 『魯迅全集』 1卷, 428쪽.

적 주체를 향해 계몽을 시도－작품의 표현에 따르면 개심(改心)의 권유－한다. 그러나 그 계몽은 실패한다. 그 실패의 원인은 두 가지 차원에서 규명해야 한다. 하나는 광인이 사람들에게 시도하는 계몽구도 자체의 문제 때문이고, 다른 하나는 광인 자신의 식인 경험에 대한 자각 때문이다.

먼저, 계몽 구도 자체의 문제점을 보면, 광인이 지닌 소박한 낙관이 문제가 된다. 광인이 보기에 식인의 이데올로기가 지배하는 세계를 벗어나는 것은 "좋게 되려는(要好)" 생각을 가지고 "한 걸음 나아가(跨過一步)"면 가능하다.

> "이는 문턱 하나, 한고비를 넘는 것일 뿐이다. 그러나 놈들은 부자, 형제, 부부, 친구, 사제, 원수, 게다가 보지도 못한 남남까지 한패가 되어 서로 격려하며, 서로 견제하면서 죽어도 이 한 걸음을 나아가려 하지 않는다."[51]
>
> 인류가 야만이었을 때 누구나 인간을 먹었었지요? 그런데 후에 가서 생각이 달라져서 어떤 사람들은 인간을 먹지 않게 되어, 오로지 좋게 되려고 노력하였기 때문에 그래서 인간이 되었습니다. 참된 인간이 되었습니다. 그런데 어떤 사람들은 계속 인간을 먹었지요. 버러지도 마찬가지입니다. 어떤 것은 고기가 되고, 새가 되고, 원숭이가 되고, 마침내 인간이 되었습니다. 어떤 자는 좋게 되려고 하지 않았기 때문에 아직도 버러지로 그냥 있습니다.[52]
>
> 다만 한 걸음만 방향을 바꾸면, 지금 곧 잘못을 고친다면 모두가

51 『魯迅全集』 1卷, 429쪽.

52 위와 같음.

마음놓고 살 수 있습니다. 예로부터 그랬었는지는 모르지만, 우리는 오늘부터라도 열심히 노력하여 마음을 고쳐먹고, 안 된다고 한마디만 하면 됩니다.[53]

광인은 노력하여 개심(改心)한다면 사람을 먹지 않을 수 있고, 마침내 인간이 될 수 있다고 권고한다. 개인의 결단력과 의지에 의한 '인간'으로의 진화다.[54] 그렇지만, 이러한 광인의 전망은 지극히 순진하고, 소박하다. 왜냐하면 개인의 주체적 결단이나 의지의 역량만으로는 '식인'이라는 이데올로기의 사슬을 끊고 진정한 세계 주체로 서는 것을 기대하기 어려운 까닭이다. 이는 광인 스스로의 각성 과정을 되돌아보더라도 알 수 있다. 광인 자신은 '연구'를 통해 이데올로기와 박투하면서 세계에 대한 주체적 인식을 확보했다. 그런데 광인처럼 역사의 이면에 대한 투시력을 지닌 지식인도 아닌 이데올로기에 철저하게 노예화된 사람들이 생각을 일시에 바꾸어 개심하는 게 쉬울 것인가. 더구나 모든 이데올로기가 그러하듯이 '식인'이라는 이데올로기 역시 물적 토대와 연계된 상부구조라는 점을 고려하면, 이데올로기적 세계인식에서 탈출하는 것이 단순히 '마음 고쳐 먹기(改心)' 차원만으로는 불가능한 일이고, 이런 점에서 보자면 광인의 전망이 얼마나 소박한 것인가를 짐작할 수 있다. 또한 물적 토대의 새로운 변혁 후에도 왕왕 낡은 이데올로기가 계속 현실과 인간을 지배하는 경우가 많은 이데올로기의 지체성에 상도할 때 더더욱 그러하다. 아울러 식인세계는 식인의

53 『魯迅全集』 1卷, 22쪽.

54 루쉰의 이러한 '의지' '노력'에 의한 진화라는 견해는 「수감록 41」에서도 동일하게 반복된다. 그에 따르면, 원숭이와 사람의 조상이 같지만 원숭이들이 노력을 하지 않아 사람이 되지 못했다는 것이다. 『魯迅全集』 1卷, 325쪽 참조.

본질을 폭로한 사람에게 "미치광이라는 간판을 씌워(豫備下一個瘋子的名目罩上我)" 매장하고, "서로 격려하고 견제하면서 한 걸음 나아가지 않으려는(互相勸勉, 互相牽掣, 死也不肯跨過這一步)" 사람들로 이루어져 있다. 이런 식인세계 속의 인간들이 '식인'이데올로기의 본질을 투시하며, 세계에 대한 주체적 인식을 확보한 진정한 주체로 선다는 것은 사실 지극히 무망한 것이다. 이렇게 보자면 광인의 계몽 구도는 지나치게 소박한 낙관주의에 속하고, 그런 만큼 현실에서 무기력하게 실패할 수밖에 없는 것이다.

실패의 두 번째 원인은 광인 자신의 식인 경험에 대한 자각이다. 광인은 작품의 마지막에서 자신도 식인을 했을지 모른다는 회의에 사로잡힌다. "그(형)가 몰래 음식에 섞어 우리에게 먹이지 않았다고 할 수 없다(他未必不和我飯菜裏, 暗暗給我們吃)"는 회의 속에서 "나도 무의식중에 누이동생 고기 몇 점을 먹었다고 아니할 수 없다(我未必無意之中, 不吃了我妹子的幾片肉)"고 말한다. 이 광인의 언급에서는 두 가지가 중요하다. 하나는 식인이라는 이데올로기가 가족제도를 통해 지배력을 행사한다는 점이다. 이는 루쉰이 중국 전통사회의 작동 원리에 대한 깊이 있는 총체적 인식에 도달하였다는 것을 반증한다. 유가적 전통 사회에서 '가'(家)는 축소된 '나라'이고, 그 작동 원리는 동일하기 때문이다. 다른 하나는 광인이 "나도 무의식 중에(無意之中)" 식인했을지도 모른다고 생각하는 점이다. 이데올로기가 제도를 통해 개인에게 침투력을 행사하는 과정에서 개인의 의지·선택과는 상관없이 이데올로기는 개인에 침투하고 개인을 지배한다. 이데올로기는 개인이 선택하기 전에 이미 존재하고 있다. 그리하여 이데올로기에 의한 감염, 또는 교화작용은 의식과 무의식의 교차에 따라 이루어져, 궁극적으로는 체제 속 개인들의 무의식으로 전화된다. 이데올로기는 이제 무의식이다.

광인이 "나도 무의식 중에" 식인을 했을지 모른다는 자각은 바로 이데올로기가 현실 속에서 개인을 어떻게 감염시키는지에 대한 자각, 뒤집어 얘기하자면 개인의 이데올로기에 대한 감염이 어떻게 의식과 무의식의 교차 속에 이루어져 끝내는 무의식으로 전화되는지에 대한 자각인 셈이다.

광인 자신의 식인 경험에 대한 자각은 광인과 세계 사이의 관계에 중요한 전환을 가져온다. 광인의 각성, 또는 발광은 세계에 대한 대상화, 세계로부터 광인의 분리에서 시작하였다. 광인은 기존 세계의 예외자였고, 그 예외적 위치에서 기존 세계의 타락을 고발했다. 그런데 자신의 식인 경험을 자각함으로써 광인은 더는 세계와 자신을 분리하여 세계를 대상화할 수 없게 되었다. 자신이 곧 세계이기 때문이다. 세계도 타락했고, 자신도 타락했다. 광인이 비록 이데올로기와의 박투를 통해 그 본질을 간파해 내는 주체 의식의 소유자이지만, 그 역시도 이전 30여 년 동안 이데올로기 속의 개인이었고, 그런 까닭에 그에게도 이데올로기는 귀신처럼 서려 있는 것이다. 식인 경험에 대한 광인의 자각을 두고 그동안 많은 연구에서는 광인의 참회의식, 죄의식이라는 측면에서 높은 윤리적 의미를 부여해 왔다. 그렇지만 이는 「광인일기」 텍스트 자체에 대한 성실한 독법에서 나왔다기보다는 '광인 = 루쉰'이라고 보는 입장에서 출발하여 루쉰의 참회의식과 그것을 연결하려는 관점에서 나온 것이다. 루쉰의 전체 사상, 또는 루쉰의 삶의 태도에서 참회의식이 고귀한 사상적, 윤리적 의미를 갖는 것은 사실이다. 그렇지만 「광인일기」 텍스트 해석에 한정할 경우, 우선 중요한 것은 이 대목을 가치판단보다는 사실인식의 차원에서 해석하는 일이다. 그럴 때 식인 경험에 대한 자각은 일차적으로 이데올로기의 침투력과 개인 사이의 관계에 대한 루쉰의 적확한 인식이라는 차원에서 그 의미를 읽어야 하는 것이다.

식인 경험에 대한 자각이 있고 나서, 11장까지 "4천 년의 식인 역사를 가진 중국"을 문제 삼았던 광인은 12장에서 "4천 년의 식인 역사를 가진 나"라고 진술한다. 자신을 역사 및 그 역사의 집적으로 이루어진 현실 세계와 동일시하는 것이다. 이제 자신이 곧 세계다. 자신이 바로 세계인 이상, 그전까지 광인이 견지해 온 세계 해체 전략, 즉 세계를 대상화하여 그 세계의 이데올로기에 대한 해체를 진행해 온 전략은 새롭게 수정되어야 할 곤혹에 직면할 수밖에 없다. 1장에서 30년 만에 정신이 들었던 광인이 12장에서는 "생각할 수 없게 되었다(不能想了)"라고 한 것은 광인이 직면한 그러한 곤혹을 반영한다. 세계와 자신이 하나인 이상, 이제 광인에게 필요한 것은 세계와 자아의 동시적 해체와 부정이다.

이 점에서 볼 때 작품에서 광인의 선택은 충분히 문제적이다. 광인은 마지막 장에서 "사람을 먹은 적이 없는 아이들이 혹시 아직도 있을까(沒有吃過人的孩子, 或者還有)?"라고 말한다. 이는 "있다"라는 확신이 아니다. "혹시 아직도 있을까(或者還有)?"라는 그 가능성에 대한 부정적 판단에 기초한 회의다. 작품의 모두에서 광인에게 적대적 시선을 보낸 사람들의 무리 속에 아이들도 이미 포함되어 있었던 사실을 상기한다면, 여기서 광인이 "혹시 아직도 있을까"라며 그 가능성에 회의적인 까닭을 이해할 수 있다. "사람을 먹은 적이 없는 아이"는 이데올로기에 아직 감염되지 않았거나 덜 감염된 인간들이다. 「광인일기」에서 광인이 파악한 바에 따르면 이데올로기의 교화작용, 혹은 감염은 교육과 전통, 윤리에 의해 이루어졌다. 이렇게 보자면 광인이 여기서 왜 아이를 구하라고 외치는지가 이해된다. 아이들이란 교육과 전통, 윤리에 아직 덜 침윤된 인간들, 체제의 이데올로기적 욕망에 아직 덜 감염된 인간들이기 때문이다. 이러한 어린이들에 대한 기탁이란 뒤집어 얘기하면 기존 세계와 그 속의 인간(광인을 포함하여)들에 대한 절망의 표현이다. 기존 세계의 인간들은 예외없이 체제 이데올로기에 감염되어 그것의 포로가 되어 있으며, 그것으로부터 탈출의 가능성이 희박하다는 기존 세계 인간들에 대한 절망이 그것이다.

그 절망 속에서 광인은 "아이를 구하라(救救孩子)"고 외친다. 이 외침에 대해 계몽주의적 독법에서는 루쉰의 역사적 중간물 의식과 관련하여 의미를 부여해 왔다. 물론 당시 루쉰의 여타 글들에서는 왕후이(汪暉)가 역사적 중간물 의식이라고 불렀던 루쉰의 의식이, "자기가 인습의 무거운 짐을 지고 암흑의 갑문을 열어 그들을 드넓은 광명의 세계로 내보"내는 미래 세대를 위한 자기 희생의 정신이 드러나 있는 것은 사실이다. 그러나 「광인일기」만 볼 경우, "아이를 구하라"는 외침을 곧장 루쉰의 역사적 중간물 의식과 연결하는 것은 무리이다. 왜냐하면 우선, 작품에 나타나 있는 것은 외침 그 자체일 뿐이고, 아이들을 위해 희생하겠다는 어떤 암시도 없다. 더구나 광인은 그 뒤 병이 치료되고, 관리 후보로 가게 된다. 이를 자기희생으로 볼 수는 없다. 「광인일기」 자체만 볼 때 "아이를 구하라"는 외침을 곧장 작가 루쉰의 역사적 중간물 의식과 연결하는 것은 광인=루쉰으로 해석하는 데서 연유한 것으로 텍스트 내적 구조에 기반하지 않은, 과잉된 해석이다.[55] "아이를 구하라"는 외침은 일차적으로 일종의 절망적 현실 인식에서 나오는 절규 차원의 절박한 외침으로 보아야 한다.

그 외침으로 작품은 끝난다. 작품에는 아이를 구할 아무런 현실

55 이러한 지적이 루쉰에게서 보이는 역사적 중간물 의식을 부정하는 것으로 받아들여져서는 곤란하다. 「광인일기」 자체만 놓고 볼 때 그러하다는 얘기다.

적 전망과 방책도 마련되어 있지 않다. 기성 체제의 예외자인 광인마저 식인의 경험을 지니고 있으며, 광인의 계몽은 실패했다. 민중들은 여전히 식인 이데올로기의 노예가 되어 있다. 현실이란 절망의 공간일 따름이다. 이 절망 속에서 기존의 모든 것, 광인의 각성과 계몽의 시도 등은 무화된다. 이는 곧 백화로 된 본문 세계의 무화다. 백화 부분이 보여 주는 것은 절망적인 어둠의 현실 자체이다. 만일 백화 부분을 이렇게 해석하지 않는다면 광인이 다시 관리 후보로 가는 것을 해석할 여지가 없게 된다. 광인이 절망적 현실 속에서 현실로 어쩔 수 없이 복귀하는 문언 부분을 적절하게 해석할 수 없는 것이다. 백화문의 세계가 무화되는 지점에 문언의 세계가 있다. 이 문언의 세계에서 우선 주목할 것은 문언과 백화가 각기 다른 두 사람의 화자로 이루어져 있으며, 백화 부분이 1인칭 화자 시점으로 되어있는 데 비해 문언 부분은 3인칭 관찰자 시점으로 되어 있다는 점이다. 이는 하나의 문학적 장치다. 여기에는 소설적 대상으로서의 광인과 그 대상을 인식하는 작자 '루쉰' 사이의 관계가 반영되어 있다. 루쉰은 광인을 3인칭으로 만들어 거리두기를 하면서 광인을 바라보는 것이다. 이는 광인과 백화의 세계에 대한 객관화다. 루쉰은 광인을 바라보면서, 광인과 그의 실패와 절망, 광인이 관리 후보로 간 것 등을 객관화하는 것이다. 그것을 표현하는 문언의 어조는 담담하고 침착하다. 만약 앞서 살펴본 「광인일기」가 루쉰 삶에서 한 전환점에 위치하는 작품이라는 이토 토라마루(伊藤虎丸)의 지적을 이 논의에 맞추어 개독(改讀)하자면 그 전환점의 주춧돌이 바로 그 담담한 거리두기와 바라보기이고, 세계에 암흑과 허무만이 실재한다고 할지라도 그 절망을 향해 감행하는 루쉰의 '절망적 항전'이 시작되는 지점인 것이다. 요컨대, 문언 서문은 고전 화본소설의 '입화(入話)'같은 성격일 수도 없고, 있어도 좋고 없어도 좋을,

백화 본문에 대한 부가적인 성격도 아닌, 백화의 세계를 규율하는 의미 있는 문학적 장치이다.

4. 여론

「광인일기」는 매우 관념적이고 상징적인 텍스트이다. 「광인일기」 해석을 두고 다양한 관점이 제기될 수 있는 여지가 많은 것도 이 때문이다. 하지만 그동안 루쉰 연구사에서, 특히 중국 「광인일기」 연구에서는 비교적 단순하게 해석하였다. 그 주요 이유는 텍스트 자체에 주목하기보다는 작품이 발표된 당시의 사회 배경과 시대 조류에 대응하여 작품을 해석하거나 작가 루쉰의 사상과 연결하여 해석한 때문이다. 이로 인해 「광인일기」가 담고 있는 개성적 세계인식을 구명하는데 한계가 있었다. 「광인일기」 속 개성적 세계 인식을 해명하는 여러 연구적 시각이 있을 수 있지만, 이데올로기와 주체의 문제를 중심으로 이 작품을 해명하는 것은 「광인일기」 텍스트 자체만이 아니라 작가와 텍스트 사이 관계를 동시에 구명할 수 있는 유효한 연구적 시각일 수 있다. 「광인일기」만이 아니라 루쉰 소설 세계를 해명하는 데도 하나의 관건이 될 수 있을 것이다.

2장

숨은 신의 현실과 기억의 서사
– 「고향(故鄕)」의 경우

2장

숨은 신의 현실과 기억의 서사 -「고향(故鄉)」의 경우

1.「고향」 해석을 둘러싼 몇 가지 문제

루쉰의 소설 「고향(故鄉)」(1921)은 작품 말미에 있는 '희망'에 관한 경구에 힘입어 더욱 유명해졌다고 해도 과언이 아니다. "희망이란 본디 있다고도 할 수 없고 없다고도 할 수 없다. 그것은 지상의 길과 같다. 본래 지상에는 길이 없었다. 걸어가는 사람이 많아지면 그것이 곧 길이 되는 것이다"라는 구절은 소설 자체보다 더 유명해져 버렸다. 그런데 지금까지의 「고향」에 대한 해석을 검토해 보면 바로 그 마지막 구절이 「고향」의 의미 해석에 있어 다양한 차이를 낳는 원인이기도 했다. 그 마지막 구절이 전체 서사에서 어떤 의미를 지니는지에 대해, 서사적 측면과 주제적 측면에서 다양한 해석의 차이가 존재해 온 것이다.

예를 들어 쓰마창펑(司馬長風)의 경우는 말미의 그 구절을 두고, "있어도 좋고 없어도 좋은" 부분으로서 "때문에 주제와 그리 관련이 없다"라고 본다.[1] 쓰마창펑의 이 언급을 전후 문맥에 따라 풀어 보면, 이 소설의 주제는 "현실의 냉혹함으로 인해 아름다움이 훼손되는 비극적 전환"이며, 작품의 주제가 그런 비극을 드러내는 데 있는 이상, 나와 룬투(閏土) 사이에 넘을 수 없는 격절이 존재하며 예전의 아름다움이 이미 훼손되었음을 확인한 화자 '나'가 길을 떠난 데서 소설의 서사는 기본적으로 끝난 것이다. 그러므로 희망에 대한 마지막 구절의 언급은 주제와 상관없이 쓴 불필요한 부분이다.

쓰마창펑의 이러한 견해에 비해 중국대륙에서 나온 대다수 연구는 「고향」의 참다운 가치가 바로 그 끝부분에 있다는 입장이다. 즉 "작자는 현실의 (즉 '나'와 룬투 사이의-인용자) 격막 속에서 탄생한 비애를 이상 추구를 위한 결심과 역량으로 바꾼 것이고, 이것이 바로 루쉰의 위대한 점이다"[2]라고 보는 것이다. 심지어는 "작품의 중점은 지난날에 대한 그리움이 아니라 현실에 대한 도전에 있다"면서, 끝 구절은 "사람들을 전도(前途)에 대한 확신으로 이끄는" 역할을 한다고 적극적 의미를 부여하기도 한다.[3] 이러한 해석은 「고향」은 두 부분, 즉 "사람과 사람 사이의 격막의 비애를 반영한" 부분과 "그러한 격막이 다음 세대에 해소될 수 있기를 희망한"[4] 다른 한 부분으로 구성되어 있으며, 희망에 대해 언급한 부분에 작품의 참다운 주제와 루쉰 사상의 핵심이 응

1 司馬長風, 『中國新文學史』(上)(香港: 昭明出版社, 1983), 107쪽.

2 周音, 「也談'故鄕'的主題思想」, 『中國現代文學硏究叢刊』 1985年 1期, 211쪽.

3 唐弢 主編, 『中國現代文學史』 1卷(北京: 人民文學出版社, 1979), 118쪽.

4 安永興, 「故鄕的思想和藝術特色」, 『中國現代文學硏究叢刊』 1982年 1期, 355쪽.

결되어 있다고 보는 입장이다. 「고향」은 현실의 비극을 여실히 묘파했을 뿐만 아니라 그런 비극적 현실을 딛고 새로운 시대를 개척하겠다는 희망과 확신에 찬 전망까지를 다룬 작품으로 보는 것이고, 그러기에 "리얼리즘이 도달할 수 있는 최고의 예술 경계에 다다른 작품"[5]이라고 극찬하는 것이다.

이에 대해 중국의 왕후이(汪暉)는 "그 구절(희망에 관한 구절-인용자)이 말하는 것은 많은 평론가들이 지적한 바와 같은 희망에 대한 긍정이 아니다"라면서, "역으로 희망에 대한 부정이고, 절망에 대한 반항이며, 이러한 두 가지 주관 감각 위에 초연해 있는 진실한 생명의 형식이 바로 '발걸음(走)'을 내딛는 행동"이라고 본다. 이 맥락에서 그는 "이 부분을 희망에 대한 추상적 긍정이라 해석하게 되면 객관적으로 실증된 현실의 엄혹함을 루쉰이 객관적 근거가 전혀 없는 경박한 낙관으로 전환시킨 셈이 되어 버린다"라고 비판한다.[6] 왕후이는 루쉰의 인생철학을 '절망에 대한 반항(反抗絕望)'으로 규정하고 있기 때문에 그 연장에서 「고향」의 끝 부분을 절망적 현실을 딛고 반항하는 한 형식으로 보는 것이며, 말미의 화자의 '발걸음(走)'은 그 구체적 실천적 행위라고 보는 것이다.

결국 이렇게 보자면, 소설의 끝부분을 어떻게 볼 것이냐에 따라 소설의 전체 의미와 가치 평가가 크게 달라지는 셈이다. 그런데 한 가지 공통된 사실은 두 가지 입장 모두 그 희망에 관한 경구를 전후로 하여 소설 서사에 균열이 존재한다고 보는 점이다. 쓰마창펑은 서사의

5 安永興, 앞의 논문, 앞의 책, 357쪽.

6 汪暉, 『反抗絕望－魯迅的精神結構與 '吶喊' '彷徨'研究』(上海: 上海人民出版社, 1991), 275쪽.

종결 이후 불필요한 부분으로 보는 데 비해, 사회주의 리얼리즘적 독법은 현실의 비애를 드러낸 부분과 미래에 대한 희망을 표한 두 부분으로 보고 있고, 왕후이는 절망적 현실과 그러한 절망에 대한 반항의 두 부분으로 본다는 점에서 그러하다. 쓰마창펑은 앞부분에 작품에 핵심이 놓였다고 보고 있고, 사회주의 리얼리즘적 독법과 왕후이는 그 반대다.

그러나 이러한 기존의 해석들은 다음 몇 가지 점에서 문제가 있다. 먼저 쓰마창펑 식의 해석의 경우, 이 작품의 중점을 룬투에 두고서 화소들의 고리식 연결에 의한 서사의 전개라는 고전적 서사 방식을 기준으로 작품을 읽고 있다. 때문에, 아름다운 룬투의 모습과 더불어 아름다운 고향이 훼손되었음을 확인하고 화자가 고향을 떠나 현실로 복귀하는 여정에 오르면서, 즉 원래 소설 서사를 가능하게 했던 핵심 모티프인 귀향의 여정이 완료됨으로써 소설은 끝났다고 보는 것이다. 그래서 그 이후는 당연히 소설의 서사 문법에서 일탈한 사족이다. 그리고 희망에 대한 언급에도 불구하고 작품의 전반적 분위기는 매우 비관적이고 절망적이라고 본다. 이 점에 있어서는 리어우판(李歐梵)의 해석도 마찬가지다. 작품의 주조를 비관적인 것으로 보고, 마지막 희망에 관한 언급에 과도한 의미를 부여하는 것을 부정적으로 본다는 점에서 그렇다.[7]

그러나 문제는 룬투의 비극과 그로 인해 '나'와 룬투 사이에 조성된 비극적 격막을 표현함으로써 비극적 현실을 드러낸 점이 「고향」 작품 세계의 전부인지, 그 여부다. 「고향」이 그러한 비극적 현실을 드러

7 Leo Ou-fan Lee, 『*Voices from the Iron House–A study of LU XUN*』(Indiana Univ. Press, 1987), p. 81.

내고 있는 점은 분명하고 이는 부정할 수 없는 사실이다. 그리고 이 점과 관련한 「고향」의 성취는 충분히 존중되어야 한다. 그런데 단지 위와 같은 입장에서 '소설 「고향」의 세계는 이것이다'라고만 말하게 되면 「고향」은 매우 평범한 작품이 되어 버린다. 사실 일반적인 차원에서 보더라도, 근현대 소설에서 뿌리 뽑힌 자들의 고향 상실의 모티프, 그리고 유년 세계를 공유하며 일체감을 느꼈던 친구들 사이의 분열이라는 모티프는 매우 보편적인 것으로, 그리 새로울 게 없다. 다만 「고향」에서 그것이 소중한 것은 아름다운 고향의 상실, 룬투의 비극과 그로 인한 룬투와 '나' 사이의 격막의 원인을 구명하는 데 있어 실존적 차원에서보다는 봉건 체제의 비극이라는 사회적 차원에서 그것을 해부하고 있다는 점, 그리고 룬투의 비극을 자신의 아픔으로 안으려는 소중한 삶의 자세와 절망적 현실로 인한 화자의 고뇌를 여실히 드러낸 데 있다. 그러나 이런 점들만으로 「고향」의 참다운 가치와 여타 귀향 소설과 구별되는 「고향」의 개성을 이야기하기에는 부족하다. 「고향」의 참다운 가치는 「고향」에 대한 그러한 단순한 해석을 넘어서는 데서 찾아져야 한다는 것이다.

그럴 때 다시금 중요하게 고려해야 할 것이, 이 작품의 제목이 「룬투」가 아니라 「고향」이라는 새삼스러운 사실이다. 룬투를 중심으로 작품을 읽는 쓰마창펑 식의 견해는 아름다운 고향과 룬투를 등가로 보고 아름다운 룬투의 모습이 사라짐으로써 아름다운 고향 역시 사라졌고, 그래서 서사는 종결되고 작품의 분위기는 절망적이라고 본다. 이러한 독법은 룬투를 중심에 두고서, 즉 '나-고향'을 축으로 작품을 읽는 것이 아니라 '나-룬투'를 축으로 작품을 읽는 것이다. 그러므로, 뒷부분은 불필요한 부분이 되고(司馬長風), 희망에 대한 언급은 억지스럽게 보이는 것(李歐梵)이다. 결국 작품 뒷부분에 대해 전혀 타당한 해석을 하지 못하고 있는 셈이고, 그 핵심적 원인은 룬투를 중심으로 고전적 서사 문법에 따라 작품을 읽기 때문이다.

다음으로, 사회주의 리얼리즘적 독법의 경우 두 개의 중심, 즉 현실의 비극을 묘파한 부분과 미래에 대한 신념을 피력한 두 중심이 작품을 구성하고 있다고 보는 점이 특징이다. 그런데 그 두 개의 중심은 등가가 아니다. 작품의 중심은 후반부에 있다. 작품 말미의 '희망'에 관한 전망에 힘입어 「고향」은 비로소 하나의 작품이, 그것도 좋은 작품이 되었다는 것이다. 미래에 대한 전망성을 작품의 필수 요소로 보는 지극히 사회주의 리얼리즘적 독법이다. 그런데 이러한 해석이 타당성을 지니기 위해서는 절망적 현실로 인해 화자가 느끼는 비애와 고뇌가 어떻게 이상 추구를 위한 신념으로 전환되는지, 그 계기와 과정을 명확히 해명하여야 한다. 작품을 놓고 볼 때 화자인 '나'는 객관 현실 속에서 어떤 희망적 징후를 찾아내지 못하고 있다. 그런데도 양자 사이 전환의 계기와 과정에 대한 타당한 해명이 없이 희망에 관한 경구를 두고서, 곧장 작가 루쉰을 끌어들여 루쉰이 절망적 현실을 딛고서 희망에 대한 긍정과 신념을 피력하고 있다고 해석하는 것은, 그것도 이 부분이 작품의 앞부분과는 달리 객관 현실에 대한 묘사의 방법이 아니라 매우 주관적이고 사변적인 독백으로 이루어져 있는데도 불구하고 그렇게 해석하는 것은 「고향」 해석뿐만 아니라 루쉰 소설, 나아가 루쉰 독해에 있어 하나의 중대한 오독이라고밖에 볼 수 없다. 왜 그런가 하면, 만일 그러한 해석대로라면 루쉰이 객관적 현실 속에서 희망을, 또는 희망의 징후를 포착해 내는 것이 아니라 주관적 당위 차원에서 희망을 피력하고 있는 셈이 되어 버리기 때문이다. 이렇게 될 경우, 루쉰과 그의 소설은 거개의 사회주의 리얼리즘 작가와 작품들처럼 주관적 당파성으로 객관적 당파성을 대체한 가운데 현실적 뿌리를 갖지 않는 당위적 차원의 추상적 전망, 그래서 공허한 전망을 피력한 것이 되어 버린다. 그런데 루쉰의 소설이, 루쉰이 과연 그러한가.

왕후이의 경우, 그가 중국의 다른 어떤 논자들보다 성실하게 텍스트를 읽고 있는 점은 분명하다. 그러나 그의 해석은 텍스트 자체의 내적 구조로부터 끝 구절이 어떤 의미를 지니는지, 그 앞부분의 서사와 어떤 연계를 지니는지를 충분히 해명하기보다는 루쉰의 전체 인생철학, 삶에 대한 태도에서 연역하여 그 부분을 해석하고 있다. 왕후이는 「고향」은 절망에 대한 반항이라는 루쉰의 인생철학이 그대로 작품의 서사 구조를 이루고 있다고 본다. 그러나 이러한 왕후이의 독법은 어디까지나 소설 외적 독법이다. 절망에 대한 반항이라는 인생철학을 소설 독법으로 동원할 때는, 한 차례 미학적으로 전환될 필요가 있다. 그 전환의 작업을 거치지 않을 경우 소설을 단지 사상이나 의식의 표백(表白)으로만 보는 우를 범하게 된다. 왕후이가 루쉰 소설 속의 일인칭 주인공을 루쉰의 분신, 즉 절망에 대한 반항이라는 루쉰의 인생철학의 체현자로 보는 것도 이 때문이다. 그러나 보다 온당한 방법은 〈절망에 대한 반항론〉으로 루쉰 소설을 비추는 것이 아니라 역으로 루쉰 작품을 통해 〈절망에 대한 반항론〉을 되비추는 일이다.

또한 왕후이는 사회주의 리얼리즘 독법과는 다른 차원에서 '절망'의 부분과 '절망에 대한 반항'이라는 두 개의 중심이 작품을 구성하고 있다고 본다. 그런데 이 둘은 앞의 사회주의 리얼리즘 독법과 마찬가지로 등가가 아니다. 절망에 대한 반항 부분이 중심이며, 절망 부분은 그것에 의해 극복·수렴되는 존재이다. 이는 「고향」 해석을 넘어 '절망에 대한 반항'이라는 키워드로 루쉰과 그의 문학을 해석하는 왕후이의 일관된 입장이다. 그는 절망과 절망에 대한 반항이라는 둘을 상호 제약하고, 상호 배척하는 두 개의 중심으로 보지 않으며, 절망에 반항하

는 루쉰에게서 루쉰의 참 의미와 위대함을, 나아가 중국 지식인의 한 표상을 본다.[8]

루쉰과 루쉰 문학에 대한 왕후이의 이같은 해석에 대해 이렇게 물을 수 있을 것이다. 절망이란 꼭 그렇게 절망에 대한 반항으로 수렴됨으로써만 비로소 의미를 지닐 수 있는 것인지, 절망 그 자체로 소중할 수는 없는 것인지 하는 물음이 그것이다. 일반적으로, 삶의 과정에서 직면하는 절망의 경험은 희망의 경험에 못지않게 중요하다. 실현되어야 한다고 믿는 가치가, 그것이 절실함에도 불구하고, 어떤 심각한 장애로 인해 나의 삶 또는 이 세계 안에서 성취될 수 없을 때 절망의 계기는 성립한다. 그런 점에서 보자면, 진정한 절망은 진정한 용기나 소망에 못지않게 삶에의 강한 열정에서 나오며 그것 자체로서 이미 하나의 자기 확인이고, 나아가서는 소박한 낙관주의에서는 기대할 수 없는 현실에 대한 깊이 있는 투시를 가능하게 하는 정신적 하강의 경험이 되기도 한다. 영원하고 절대적인 절망은 아무런 가치도 생산할 수 없다. 그러나 그것조차도 두려워하지 않는 탐구 정신이 없이는 진정한 의미의 절망에 대한 반항도, 희망도 성취하기 어려운 일이다. 이렇게 보자면, 루쉰과 그의 문학을 해명하는 데 있어 루쉰이 어둠의 현실로 인해 가졌던 절망을 현실에 대한 정직한 대응으로 해석하는 한편, '절망'과 '절망에 대한 반항'이 어느 일방으로 수렴하는지, 아니면 상호 쟁투·상호 길항하면서 루쉰 소설 세계, 나아가 루쉰 세계를 팽팽한 긴

8 이는 왕후이(汪暉) 루쉰론의 가장 큰 특징이자, 가장 큰 문제점이기도 하다. 왕후이 루쉰론과 그가 많은 영향을 받은 다케우치 요시미(竹內好)의 루쉰론이 갈리는 지점도 바로 여기다. 그가 다케우치 요시미와 달리 루쉰과 그의 문학에서 보이는 상호 모순된 것들을 상호 길항하고 상호 배척하는 두 개의 대등한 중심으로 보지 않는다는 점에서 그렇다.

장으로 몰고 가는지에 대한 보다 섬세한 독법과 해명이 필요하다 하겠다. 특히 루쉰의 잡문 세계와는 달리 루쉰의 소설의 경우 어느 일방에 의해 다른 일방이 획일적으로 수렴된다고 쉽게 단정할 일이 아니다.[9]

여기서는 기존의 연구들에 대한 위와 같은 검토를 토대로 하여 다음과 같은 의문점을 점검할 것이다. 우선, 소설 「고향」을 그야말로 '고향'에 관한 작품으로 읽을 수는 없느냐는 점이다. 물리적·현실적 고향에서 출발하여 화자 내면의 형이상학적 고향을 향해 나아가는, 화자 '나'의 '정신적 고향'에 관한 작품으로 읽을 수는 없느냐는 것이다. 이는 기존의 해석이 지나치게 '룬투'와 그로 인해 파생된 문제들에 의지해 작품을 읽었다는 데 대한 불만에서 나온 것이다. 다른 하나는 위와 연관된 것으로 「고향」에서 '나－객관 현실'을 중심으로 전개되는 서사 부분을 하나의 중심으로 보는 한편, 그러한 현실 인식을 기초로 하여 진행되는 '나'의 내면의 박투 부분, 즉 '나－나'를 중심으로 전개되는 서사 부분을 또 다른 한 중심으로 설정하여 작품을 읽을 수는 없는지 하는 점이다. 이는 「고향」과 같은 루쉰의 몇몇 소설들의 경우 객관 현실에 대한 묘파와 그러한 현실에 대한 화자 또는 주인공의 감수(感受)와 인식이 매우 복잡하게 착종하고 있다고 보는 데서 나온 것이다. 비

9 루쉰의 소설 세계와 루쉰의 잡문 세계를 한데 섞어 읽는 일은 매우 신중해야 한다. 두 세계가 일치하는 경우도 있지만 그렇지 않은 경우도 많기 때문이다. 그 불일치는 주로 루쉰의 잡문 세계는 의식의 세계, 전략의 세계에 속하고, 루쉰의 소설 세계는 의식과 무의식이 착종된 세계, 진실의 세계에 속한 데서 연유한다. 전형준은 '전략과 진실'이라는 개념을 사용하여 루쉰의 문학과 정치의 문제를 해명한 바 있다. 전형준, 「루쉰, 혹은 전략과 진실 사이」, 『현대 중국문학의 이해』(서울: 문학과지성사, 1996), 155－169쪽 참조.

유하여 말하자면 루쉰 소설을 읽을 때는 〈소설적 대상으로서의 현실과 나〉를 해명하는 작업과 더불어 그런 〈소설적 대상으로서의 현실과 나를 관조하는 나〉를 동시에 해명하는 겹눈의 독법이 필요하다는 것이다.

「고향」에 대한 이러한 읽기를 통해 화자 '나'에게 있어 '고향'이란 무엇이며 어떻게 존재하는지를 해명하는 가운데 정신적 귀숙처 또는 정신적 푯대를 잃은 비극적 시대에 처한 한 개인에게 있어 그런 비극적 시대와의 박투는 어떻게 가능하며, 가능한 삶의 선택이란 어떤 것인지를 엿봄으로써 「고향」을 한층 보편의 지평으로 끌어낼 수 있을 것이다.

2. 두 개의 고향

루쉰의 소설 「고향」은 제목에서 말하고 있듯이 귀향에 관한 작품이다. 좁게 말하면 귀향 소설이고, 넓게 말하면 여행 소설이다. 이는 단순히 모티프 차원에서 그러한 것이 아니다. 범박하게 말하자면 귀향(여행)을 통해 새로운 현실과 새로운 '나'를 발견한다는 의미에서 그렇다. 소설은 화자인 '나'가 고향을 떠난 지 20여 년 만에 혹심한 추위 속에서 고향을 찾아가는 것으로 시작된다. 그런데 이번 귀향은 단순한 귀향이 아니다. 고향과 작별을 하고 타관으로 이사하기 위해서 귀향한 것이다. 그런 귀향길에 눈앞에 다가오는 고향의 모습이란 황량하고 쓸쓸하다. 그것이 겨울이라는 배경과 더해지면서 "나도 모르게 적막감이 솟아나"게 된다. 그렇다면 그의 고향은 원래 이렇게 황량하고 쓸쓸한가. 그렇지 않다. 그가 '20년 동안 한시도 잊지 못한 고향'은 "전혀 이런 모습이 아니었"고, "훨씬 더 좋았고" "아름다운 모습"이었다. 그래서 '나'는 "고향의 모습"을 "20년 동안 한시도 잊지 못하였다."

그가 20여 년 동안 고향을 한시도 잊지 못하고 있었다고 하여 그에게 고향이 명징한 구체적 기억으로 남아 있었던 것은 아니다. 그런 아름다운 고향의 모습은, 적어도 작품의 시작 시점까지는 '나'에게 여전히 모호한 상태다. "그 아름다운 모습을 떠올리며, 그 좋은 점을 말로 표현하려 하면 금세 그 모습은 사라지고 말은 잃어버린다."

이로 미루어 보면 아름다운 고향은 타향에 있는 동안에도 화자의 무의식 속에서 쉼없이 잠류하고 있었다. 작품의 서두에서 짐작되는 화자의 우울한 현재가 예전의 아름다운 고향에 대한 기억을 불러일으키지만, 그것에 육체를 부여하여 현전시킬 수 있는 구체적 기표는 아직 없는 상태다. "말로 표현"하여 그것에 특정한 기표를 부여하려 할 때, 즉 기표를 동원하여 무의식 속에서 의식의 표면으로 현전시키려 할 때 금세 그 모습이 사라지고 말을 잃어버리는 것은 이 때문이다. 의식은 차이의 의식이라는 점, 기표는 바로 그 차이에서 잉태된다는 점을 고려할 경우, 그렇다.

그런데 그의 어머니가 룬투 이야기를 꺼내자, 사정이 달라진다. 시종 무의식의 영역에서 잠류하고 있던 아름다운 고향에 관한 기억이 '어머니의 말'이라는 외부적 계기에 의해 전면적으로 현전한다. 룬투가 현전하면서 고향의 아름다운 모습도 룬투에 이끌려 현전한다. 고향의 "아름다운 모습"에 대한 기억을 가지고 있으면서도 "그 좋은 점을 말로 표현하려 하면 금세 그 모습은 사라지고 말은 잃어버렸"지만, 어머니가 룬투 얘기를 꺼내는 순간, 기억 속 고향의 아름다운 모습이 육체를 부여받고 현전한다. 귀향길의 나를 사로잡던 우울함에도 변화가 일어나는 것은 물론이다. "지금 어머니가 그 아이 말을 하였을 때 나에게는 그 어렸을 때의 추억이 "갑자기 섬광처럼" 되살아나서, 아름다운 고향의 모습을 접한 것 같은 느낌이 들"게 되고, "내 머릿속에 갑자기 신비로운 그림('神異的圖畵')이 펼쳐"지는 것이다. 요컨대 룬투는 기억 속의 고향을 현전해 주는 모티프이다.

이제 나는 실어에서 완전히 회복되어 룬투와 연결된 아름다운 추억들을 떠올릴 수 있게 된다. 그의 어머니가 "그 애(룬투) 이야기를 꺼내자 그 어렸을 때의 추억이 번개처럼 하나하나 되살아나"게 되고, '나'는 "고향의 아름다운 모습을 접한 것 같은 느낌"이 들게 된 것이다. 그렇게 현전한 고향의 모습은 이렇다.

> 짙푸른 하늘에 금빛 둥근 달 하나가 떠 있다. 그 아래는 해안 모래밭인데, 온통 초록색 수박이 심어 있었다. 그사이에 열두세 살의 한 소년이 서 있는데, 목에 은목걸이를 하고, 손에 쇠 작살을 거머쥐고 오소리를 힘껏 찌른다. 오소리는 슬쩍 몸을 피하여 그의 바짓가랑이 사이로 도망해 버린다.[10]

이어서 룬투가 어떻게 자기 집에 와 일을 거들게 되었는지가 소개되고, 룬투와 관련된 기억이 30여 년이란 시간을 넘어 생생하게 되살아난다. 위에서 보듯이 소설에서 룬투와 관련된 아름다운 고향의 모습에 대한 묘사는 시적이고 낭만적이다. 그리고 그런 만큼 환상적이고 서정적이다. 그런 기억의 재생 이후 '나'는 이제 꿈의 공간, 기억의 공간 속으로 들어간다. 달리 표현하면 매우 서정적이고 시적인 묘사에 힘입어 현실의 시간의 흐름은 정지되고 기억의 공간이 동시성을 부

10 『魯迅全集』 1卷(北京: 人民文學出版社, 1989年版), 477쪽. 이하 『全集』으로 약칭하고 권수와 쪽수만 밝힘.

여받아 현전한다. 이제 기억은 더 이상 과거 시간 속의 그것이 아니며, 현실에 침투하여 현실의 지평 위에 있다.

기억 속의 신비롭고 아름다운 고향의 모습, 즉 〈기억 속 고향〉의 모습이 육체성을 부여받고 현전하게 되면, 그 반대 짝, 즉 전혀 아름답거나 신비롭지 않은 〈현실 속 고향〉 역시 구체적으로 외화되기 마련이다. 이는 작품의 모두에서 "아아, 이것이 20년 동안 한시도 잊지 못한 고향의 모습이란 말인가? 내가 알고 있는 고향은 전혀 이런 모습이 아니었다"라는 대목에서 〈현실 속 고향〉에 돌아오면서 '나'가 "적막감"을 느끼는 순간 그것의 반대 짝인 고향의 아름다운 모습이 떠오른 것과 같은 이치다.

이제 작품은 〈기억 속 고향〉과 〈현실 속 고향〉 사이의 대립과 쟁투 속에서 진행되고, 그 대립과 쟁투는 양 아주머니(楊二嫂)의 출현으로 구체화한다. 소설에서 양 아주머니는 기억 속 아름다운 고향에 젖어 있는 나에게 충격을 주면서 등장한다. 소설에서 양 아주머니의 등장을 전후로 하여 불과 4행 사이에서 '나'가 "깜짝 놀라 고개를 들고" 다시 "깜짝 놀라고" 또 "더욱 놀라"는 것은 이와 관련된 '나'의 반응이다. 이는 〈기억 속 고향〉에 젖어 있는 화자가 생생한 현실과 접촉하게 되면서 받게 되는 충격이고, 양 아주머니는 화자를 〈기억 속 고향〉에서 현실로 끌고 나오는 역할을 한다. 양 아주머니는 현실 속 고향을 대표하는 인물이다. 하지만 그렇다고 해서 '나'가 양 아주머니의 훼손된 모습을 보면서 현실 속의 고향에 대해 절망을 느끼는 것은 아니다. 왜냐하면 양 아주머니는 원래 "까맣게 잊고 있었던" 인물이고, 어머니가 기억을 일깨워 주지만, 원래 화자가 가지고 있던 고향에 대한 아름다운 기억의 밖에 있는 인물이기 때문이다. 그렇지만 양 아주머니의 출현은 장차 '나'의 〈기억 속 고향〉이 〈현실 속 고향〉에 의해 밀려나게 될 것을 암시하는 하나의 복선이다.

'나'에게 〈현실 속 고향〉의 실체가 육박해 오는 것은 양 아주머니 때문이기보다는 〈기억 속 룬투〉와 전혀 다른 〈현실 속 룬투〉가 등장하였기 때문이다. 현실 속 룬투의 모습은 "내 기억 속 룬투와 사뭇 다른 모습이었다."

> 키는 배나 되었고, 옛날의 검붉은 둥근 얼굴은 이제는 회색으로 변해 있었다. 게다가 깊은 주름이 새겨져 있었다. (…) 머리에는 털모자를 쓰고, 몸에는 엷은 솜옷을 한 벌 입었을 뿐이어서 전신이 추위에 굳어 있었다. 손에는 종이 꾸러미 하나와 긴 담뱃대를 들고 있었다. 그 손도 내 기억 속에 있는 혈색 좋고 동글게 살 오른 손이 아니라 굵고 마디가 불거진, 게다가 갈라 터져 소나무 껍질 같은 손이다.[11]

이런 룬투의 모습을 본 '나'는 "뭐라 말을 꺼내야 할지 미처 생각이 나지 않아 그저 한 마디, '아아, 룬투 형, 왔어…'"라고 말한다. 그런 뒤,

> 많은 말들이 염주처럼 잇달아 쏟아져 나오려 하였다. 뿔새, 비어(飛魚), 조개, 오소리…. 그러나 그런 것들은 무언가에 막힘을 당한 듯 머릿속에서 빙글빙글 돌기만 할 뿐 입 밖으로 나오지 않았다.[12]

룬투의 모습을 본 뒤, 기억 속 룬투, 즉 신비하고 아름다운 룬투에 대한 기억과 눈앞에 선 현실 속 룬투가 서로 쟁투하고 있다. 그런데

---

11 『全集』 1卷, 481쪽.

12 『全集』 1卷, 482쪽.

룬투가 "나리(老爺)"라고 부르는 순간 그런 쟁투 상태에 결정적인 충격이 가해진다. 이 말을 듣는 순간,

> 나는 소름이 끼치는 듯하였다. 우리 사이에 이미 슬픈 두꺼운 벽이 가로놓여 있음을 깨달았다. 나는 입에 올릴 말을 잃었다.[13]

그리하여 둘 사이에 "슬픈 두꺼운 벽이 가로놓"였음을 느끼게 되고, 나와 룬투는 더는 소통되지 않는다. 룬투는 더 이상 내 기억 속의 신비스럽고 아름다운 모습이 아니다. "얼굴에는 숱한 주름이 새겨져 있고, 그 주름은 조금도 움직이는 법이 없어 마치 석상(石像)과도 같다." 둘 사이에 놓인 두꺼운 벽과 단절, 격막을 상징하는 것이 룬투 입에서 나온 "나리"라는 호칭이다. 그러한 격막, 슬픈 두꺼운 벽은 어떻게 하여 생긴 것인가.

> 세상은 시끄럽고, 어디를 가나 돈을 뜯기기 마련이고, 법이고 뭐고 없어요. 농사도 시원찮고요. 농사지어 내다 팔아 봤자, 여러 번 세금으로 뜯기어 본전까지 잘리는 판이고, 그렇다고 해서 팔지 않으면 썩을 뿐이고….[14]

룬투의 이 언급에 주목하자면 '나'와 룬투 사이의 격막, 달리 표현하면 〈기억 속 고향〉과 〈현실 속 고향〉 사이의 격막은 현실 체제의 모순으로 인해 야기된 것이다. 그로 인해 「고향」은 현실의 모순으로 인한 한 순박한 인간의 훼멸, 그리고 그로 인해 조성된 사람과 사람 사이의

13 『全集』 1卷, 482쪽.

14 『全集』 1卷, 483쪽.

격막을 묘파한 소설이 되는 것이다. 그리고 이 부분에서 「고향」은 현실의 암흑을 폭로하는 루쉰 리얼리즘의 성격이 여실히 드러난 작품이 된다. 현실 체제의 모순으로 인해 순수함이 훼손되어 가고, 급기야 사물처럼 마비되어 가는 현실 체제의 모습을 드러내고, 그로 인해 조성되는 사람과 사람 사이의 격막을 드러내는 것이다.

그런데 「고향」을 두고 이렇게만 이야기하는 것은, 이 작품에 대해 절반밖에 이야기하지 않은 것이다. 위와 같은 견해는 룬투를 작품의 중심에 놓고 보는 것이다. 룬투의 비극, 그리고 그 비극으로 인해 조성된 아름다운 고향에 대한 기억의 파산을 중심으로 하여 작품을 해석하는 것이며, 소설 속에 들어 있는 현실에 대한 묘사를 현실의 여실한 재현이라는 차원에서 보고 작품을 해석하는 입장이다. 이러한 시각에서 보면 〈기억 속 고향〉 〈기억 속의 閏土〉란 지금은 비극적 현실로 인해 훼멸되었지만, 당연히 과거 현실 속에 존재하던 것이다. 그렇지 않고서는 위와 같은 작품 해석과 평가는 성립할 수 없다.

그런데 그 〈기억 속 고향〉은 과연 과거 현실 속의 그것인가. 이를 위해 애초에 화자인 '나'가 신비롭고 낭만적인 〈기억 속 고향〉을 떠올리는 장면으로 되돌아가 보자. 주목할 것은 예전 고향의 신비롭고 환상적인 모습이 순전히 나의 체험만으로 이루어진 것이 아니라는 점이다. 고향의 신비롭고 환상적인 모습은 자신이 직접 눈으로 목격하고 체험한 것으로 구성되기보다는 룬투가 내게 들려준 이야기, 그리고 그 이야기를 들은 후 소년 시대의 '나'가 자기 머릿속에서 상상해 낸 장면으로 이루어져 있다.[15] 아직도 "기억에 남아 있는" 것은, 룬투가 '나'에게

15 尾岐文昭, 「故鄕的二重性及希望的二重性(上)」, 『魯迅研究月刊』 1990年 6期, 27쪽과 周音, 앞의 논문, 앞의 책, 205쪽.

이야기해 준 신기한 것들이고, 그로 인해 나는 "아아, 룬투 가슴속에는 무궁무진한 신비가 가득 쌓여 있구나!"라고 생각하는 것이다.

그렇다면 '나'는 왜 룬투가 들려주는 이야기들을 들은 뒤 '룬투에게는 무궁무진한 신비가 가득 쌓여 있구나!'라고 느끼는지가 문제다. 룬투란 인물은 사실적인 차원에서 보자면 머슴의 아들이고,[16] 룬투가 들려 주는 이야기들은 룬투 같은 처지의 시골 아이들 삶에 있어서는 지극히 일상적인 경험들이다. 이렇게 볼 때, 화자인 '나'가 룬투와 룬투의 체험을 환상적이고 신비롭게 기억하는 것은, 그런 '나'의 기억 저변에 다른 무엇이 잠복하고 있기 때문이라고 보아야 한다.

> 아아, 룬투의 가슴속에는 무궁무진한 신비가 가득 쌓여 있구나! 그것은 내 친구들 중 아무도 알지 못하는 것들뿐이었다. 그 애들은 아무것도 모른다. 룬투가 해변에 있을 때 그들은 나와 마찬가지로 뜰 안의 높은 벽에 둘러싸인 네모진 하늘만을 쳐다보고 있었던 것이다.[17]

그 잠복하고 있는 것이 무엇인지, 여기서 분명해진다. 높은 담 속에서 사는 사대부집 아이의 시선이 그것이다. 사대부집 아이의 시선으

16 룬투는 실존 인물이다. 본명은 장룬수이(章閏水), 1878년 생으로 루쉰 보다 두 살 많았고, 루쉰과 같은 해에 죽었다(1936년). 그의 아버지(章福慶)는 죽장(竹匠)이었다. 사오싱에서 10여 리 떨어진 곳에서 살았고, 바쁠 때는 루쉰 집에 와서 일을 도왔다. 룬투의 아버지가 죽은 뒤로는 룬투가 그 일을 대신하기도 했다. 룬투 어머니는 루쉰의 유모 노릇을 하기도 했다. 루쉰과 룬투가 처음 만난 것은 1898년이었다고 한다. 룬투가 15세, 루쉰이 13세 때다. 사오싱 루쉰기념관 부관장을 역임한 장꾸이(章貴)는 수이성(水生, 본명 章啓生)의 아버지, 즉 룬투의 손자다. 趙永彬, 「閏土及其家庭」, 『北京晚報』, 1993. 2. 20. 참조.

17 『全集』 1卷, 479쪽.

로 룬투를 바라보기 때문에 룬투의 경험이 환상적이고 신비롭게 보이는 것이다. 신분상의 차이에서 오는 다른 성장 환경을 고려하지 않고는 룬투와 룬투 이야기에 '나'가 느끼는 신비감을 제대로 해명할 수 없다. 이는 만일 룬투와 '나'가 동일 신분의 아이였다면 어떠했을지를 가정해 보면 쉽게 납득할 수 있다.[18]

이렇게 되면 다음 두 가지를 확인할 수 있게 된다. 하나는 룬투의 신비함과 룬투가 들려주는 환상적이고 낭만적인 이야기들은 '나'의 주관적 시선에 의해 다시 짜여진, '나'의 주관의 산물이라는 점이다. 어린 룬투와 그와 관련된 고향의 모습이 반드시 현실 속의 어린 룬투의 모습에 대한 객관적 묘사는 아니다. '나'의 주관이 투사되어 더욱 환상적·신비적으로 된 '나'의 주관 속의 형상이다. 이는 작품에서 룬투는 시종 '나'의 시선, '나'의 서술체계 속에 매우 일방적으로 놓여 있다는 점에서도 확인되는 바이다. '나'의 시선은 룬투의 시선과 시종 교차하지 않는다.[19]

다른 하나는, 화자가 어렸을 때부터 '나'와 룬투하고 사이에는 신분상의 틈과 격막이 이미 존재하고 있었다는 점이다. 다만 그것이 명료하게 의식되지 않았을 뿐이다. 어린이들 세계의 특수성과 '나'가 룬투가 들려준 환상적 세계에 심취한 가운데 그 환상적 세계 속으로 들

18 尾崎文昭는 「고향」의 전편에 흐르는 지식인적 시선을 예리하게 적출해 낸 바 있다. 尾崎文昭, 앞의 논문, 앞의 책, 참조.

19 이에 비해 싱가포르의 루쉰 연구학자인 왕룬화(王潤華)는 룬투는 그의 아버지 장푸칭(章福慶)과 룬투, 즉 장룬수이(章閏水)의 혼합 형상으로 보는 등, 「고향」의 사실성과 작자의 자전성을 고증함으로써 〈기억 속 고향〉이 현실 속의 그것임을 밝히고 있다. 王潤華, 「論魯迅〈故鄉〉的自傳性與對比結構」, 『魯迅小說新論』(香港: 東大圖書公司, 1992) 155-190쪽 참조.

어가고 싶은 '나'의 간절한 마음 등으로 인해서 의식의 표면으로 떠오르지 않고 그저 잠류한 것이다. 그러다가 그것이 전면 부상한 것이 바로 두 사람이 다시 만난 뒤 룬투의 입에서 "나리"라는 말이 나왔을 때이다. 이는 〈기억 속 고향〉이 〈현실 속 고향〉에 의해 밀려나게 되는 결정적 계기이듯이, 둘 사이의 격막이 환상적이고 신비로운 세계를 밀어내고 전면으로 부상한다. 이렇게 해석하지 않고서는 룬투의 비참한 현실을 확인하고 난 뒤 '나'가 룬투더러 그의 마음에 드는 것을 마음대로 골라 가도록 하는 시혜 의식을 올바로 해명할 수 없다.

격막이 전면 부상하여 의식된 데에는 시간 역시 중요한 역할을 하였다. 주인공은 20여 년 만에 고향을 찾았고, 더구나 룬투와 관련된 일들은 30여 년이나 지난 것들이다. 이제 '나'도 룬투도 성인이다. 더 이상 아이들의 세계에 있지 않다. 그들은 이제 타자를, 타자를 통해 자신을 의식할 수 있는 어른들의 세계에 들어서 있다. 룬투의 어머니가 룬투에게 "자네 무슨 말투가 그리 남남같이 스스러운가? 옛날에는 형제같이 가까운 사이가 아니었나? 옛날같이 쉰아, 그렇게 부르게"라고 하자, 룬투가 "원, 마님도 별 말씀을 다 하십니다. 그 무렵에는 어려서 철이 없어서 그랬지만…"이라고 하는 것은 바로 그 같은 의미다. 이러한 해석은 '나'와 룬투와의 만남 이전까지 둘은 하나의 세계에 속해 있었고, '나리'라는 소리를 듣는 순간 그 세계에 파열이 일어났으며, 그 파열은 전적으로 부조리한 현실로 인해 일어난 룬투의 훼손 때문에 일어났다고 보는 기존 해석과는 다른 것이다. 두 사람 사이의 격막과 〈기억 속 고향〉의 파멸은 이러한 여러 가지 요인이 복합적으로 작용하여 이루어진 것이다.

그런 격막감 속에서 룬투가 그릇을 잿더미 속에 파묻어 놓은 사실이 드러남으로써 룬투에 대한 기억은 더는 회복할 수 없는 지경이 된다. 그리하여 '나'는 고향을 떠나며 "조금도 미련을 남기고 싶지 않는" 참담한 심정이 된다.

> 수박밭의 은목걸이 소 영웅의 모습은 다시없이 선명하였는데, 이제는 갑자기 희미해져 버렸다. 이 또한 견딜 수 없이 슬픈 일이었다.[20]

이제 그의 〈기억 속 고향〉에서 룬투는 희미해졌다. 그리고 '나'는 고향을 떠난다. 눈앞에 펼쳐진 고향의 현실은 절망적이다. 그 절망을 확인하고 길을 떠난다. 수이성(水生)과 홍얼(宏兒) 사이에는 나와 룬투 경우와 같은 일이 더는 반복하지 않기를 바라면서.

3. 숨은 신의 현실과 기억의 의미

그렇다면 룬투가 사라짐으로써 기억 속의 고향도 함께 사라졌고, 그리하여 소설의 서사 역시 기본적으로 끝난 것인가. 만약 「고향」이 룬투의 비극과 이로 인한 두 사람 사이의 격막, 아름다운 기억 속 고향의 상실 등을 다룬 작품이라고 본다면 그렇게 말할 수 있다. 그러나 그 부분을 「고향」의 한 중심으로 보고, 또 다른 하나의 중심이 작품을 지탱하고 있다고 보면 이야기는 달라진다. 즉 그러한 비극적 현실을 기초로 하여 전개되는 '나'의 내면의 심리적 운동, 그런 현실을 두고 진행되는 화자인 '나'의 인식이 작품의 또 다른 한 중심을 이루고 있다고 본다면 다른 관점이 필요하다는 것이다. 이 경우 고향을 떠나는 부분에 이르러 작품은 하나의 전환점에 접어든다고 보아야 한다. 물론 이

20 『全集』1卷, 485쪽.

부분은 분량으로 보자면 매우 적다. 그러나 이는 물리적 분량의 문제가 아니다.

귀향을 통해 확인한 〈현실 속 고향〉은 절망적이다. 그 절망을 확인하고 길을 떠난다. 수이성과 훙얼 사이에서는 더는 그런 비극이 반복되지 않기를 희망하면서. 여기서부터 소설은 전적으로 내적 독백으로 진행된다. 그에 따라 작품의 구성 역시 바뀐다. 이전까지가 파국적 구성에 따라 서사가 전개되었다면, 이제 반어적 구성으로 전환하는 것이다. 일반적으로 소설에서 파국적 구성은 질문과 공허, 추구와 좌절을 구조의 두 핵으로 삼는다. 파국적 작품의 주인공은 삶의 다양성 또는 양면성을 간과하고 언제나 최상의 것, 궁극의 것을 추구한다. 이에 비해 반어적 구성은 긴장의 구조이다. 반어적 구성 안에서 반대되는 것들은 어느 한 편도 우월한 자리를 차지하지 못한다. 반대되는 것들이 적대적 모순과 화해적 통일 사이의 중간 지대에서 상호 작용하는 것이다. 파국적 플롯은 자각을 바탕으로 하고, 긴장의 구조인 반어적 구성은 반성을 바탕으로 한다.[21] '나-객관 현실'을 축으로 하여 진행되었던 서사는 〈현실 속 고향〉에 의해 파국을 맞고, 이제 '나-나'라는 화자의 내면 공간 속에서 상호 모순되는 것들이 긴장을 형성한다. 화자 내면에서 상호 모순되고 상호 길항하는 감정들, 예를 들면 미래에 대한 간절한 바람과 그런 바람 자체에 대한 자신의 회의 등이 박투하는 가운데 서사가 전개되는 것이다. 요컨대, 화자가 고향을 떠남으로써 현실적인 귀향은 종결되지만, 그것이 종결되는 순간 화자 자신에게로의 새로운 귀향이 시작되는 것이다. 이 부분이 분량으로 보자면

21 김인환, 「소설을 어떻게 읽을 것인가」, 『문학의 지평』(서울: 고려대학교출판부, 1984) 70-73쪽.

얼마 되지 않지만, 작품에서 또 하나의 중심을 이루고 있다고 한 것은 이러한 맥락에서다.

화자인 '나'는 그러한 비극이 수이성과 훙얼 사이에서는 다시 반복하지 않기를 희망한다. 왕후이의 적절한 지적대로 이는 대개의 사회주의 리얼리즘 독법에서 주장하는 미래에 대한 신념의 피력이 아니다. 그보다는 절대적으로 실현되기를 원하는 어떤 당위적 가치와 현실 사이의 메울 수 없는 거리감에서 나오는 간절한 기구(祈求), 흡사 종교적 차원을 연상시키는 그런 기구로 보아야 한다. 그런데 그런 기구의 성격을 가장 잘 알고 있고, 그것의 실현이 얼마나 아득한 것인지를 가장 잘 알고 있는 사람 또한 화자 자신이다. 자신이 믿는 희망이란 것이 멀고 가깝다는 차이만 있을 뿐, 룬투가 숭배하는 우상과 같은 것이 아닐까라고 스스로 회의하는 것을 보면 그렇다. 그 희망이 현실을 기초로 하여 거기서 유추된 것이 아닌 까닭에 "나 스스로가 만들어 낸 우상"이 아닐까라고 회의하는 것이다. 자신의 간절한 기구 역시 그처럼 아득하고 허망하고, 현실 속에서 실현되기 어려운 것이라는 인식이다. 여기서 화자인 '나'는 스스로의 내면 속에서 대상으로서의 '나'로 변하여 또 다른 '나'에 의해서 관조되고, 성찰된다. 겹눈의 서사학이다.

그런데 비극적인 것은 룬투가 우상을 숭배한다고 하여 그의 비극이 개선될 수 있는 것이 아니듯이 화자가 스스로 희망을 꿈꾼다고 하여 그것이 현실의 비극에 대해 어떤 희망을 보장을 해 주는 것도 아니라는 점이다. 비극적 현실에 대응하여 스스로 만들어 냈던 간절한 희망이 스스로가 회의하는 대상이 되면서 '나'는 이제 어쩔 수 없는 절망 속으로 빠져드는 것처럼 보인다. 사실 참다운 의미에서의 절망이란 절망적 현실을 절망적이라고 인식하는 주체의 인식 문제이다. 이제 절망적 현실과 그런 절망적 현실에 대한 화자의 절망적 인식이 결합하면서 작품은 비관적이고 절망적인 결말로 치닫는 것 같다. 그런데 작품은 그와 달리 희망에 관한 화자의 독백으로 끝을 맺는다.

> 생각해 보면, 희망이란 본디 있다고도 할 수 없고, 없다고도 할 수 없다. 그것은 땅 위의 길과 같다. 본래 땅 위에는 길이 없다. 걷는 사람이 많아지면 그것이 곧 길이 되는 것이다.[22]

그동안의 많은 연구에서는 이 구절을 두고 작품의 일관된 서사에서 탈구된 것으로, 그래서 작가가 마지막에 자신의 관념을 표백(表白)한 것으로 해석해 왔다. 사실 이 구절과 앞에서 살펴본 것과 같은 화자 '나'의 절망적 인식을 비교해 보면, 결말이 돌발적이라고 여길만도 하다. 그러나 이러한 관점은 지나치게 소설 서사의 관점에서만, 서사의 일관성이라는 측면에서만 해석하려는 입장이다. 거듭 주목할 필요가 있는 것은 화자가 고향을 떠나는 지점에서 화자 자신에게로의 새로운 귀향이 시작되어, 소설은 이제 '나'의 내적 독백에 따라 전개된다는 점이다. 그 전개의 핵심은 '나'의 내면에서 일어나는 상호 모순적이기까지 한 복잡한 심리적 운동, 즉 '나－나'의 박투이다. 따라서 이 마지막 구절을 올바로 이해하기 위해서는 소설 서사 문법 차원이나 작가 루쉰의 인생론 차원에서 해명이 시도되는 것이 아니라 화자인 '나'의 내면에서 일어나는 긴박한 심리적 박투 차원에서 해명이 시도되어야 한다.

그럴 때 중요한 것은 희망에 관한 마지막 구절 바로 앞에 있는 회상 부분이다. 절망을 간직한 화자의 "망연한 눈길"에 떠오르는 또 하나의 〈새로운 기억 속 고향〉을 해명하는 작업이 필수적이라는 것이다. 이 부분에서 이루어지는 화자 내면의 조정, 또는 정화 작업에 대한 해

22 『全集』 1卷, 483쪽.

명이 충분히 이루어지지 않은 채 앞부분의 절망적 회의 부분과 마지막의 희망에 대한 구절을 바로 연결하여 작품을 해명하기 때문에 끝부분을 불필요한 부분으로 보거나, 반대로 끝부분에 과도한 소설 외적 의미 부여를 해 온 것이다.

> 망연해진 내 눈에 멀리 해변의 초록색 모래사장이 떠올랐다. 머리 위의 짙푸른 하늘에는 둥그런 금빛 둥근 달이 걸려 있었다.[23]

이를 보면 작품의 앞부분에서 화자가 룬투를 계기로 머리에서 떠올린 고향의 아름답고 신비로운 화면과 무척 닮았다.

> 짙푸른 하늘에 금빛 둥근 달 하나가 떠 있다. 그 아래는 해안 모래밭인데, 온통 초록색 수박이 심어있었다. 그 사이에 열두세 살의 한 소년이 서 있는데, 목에 은목걸이를 하고, 손에 쇠 작살을 거머쥐고 오소리를 힘껏 찌른다. 오소리는 슬쩍 몸을 피하여 그의 바짓가랑이 사이로 도망해 버린다.[24]

둘을 비교해 보면, 차이는 "목에 은목걸이를 한" "열두세 살의 한 소년", 즉 룬투가 없다는 점이다. 이 차이는 매우 중요하다. 룬투가 빠진 것은 예전에 "더없이 선명하던 수박밭 목걸이 소 영웅의 모습"이 고향을 떠나는 화자에게 이제 희미해져 버렸기 때문이다. 그 결과 룬투는 사라졌다. 그러나 아름다운 고향에 대한 기억은 남아 있다. 룬투에 대한 아름다운 기억이 사라짐으로써 기억 속의 아름다운 고향 역

23 『全集』 1卷, 483쪽.

24 『全集』 1卷, 477쪽.

시 사라졌고, 그리하여 작품의 결말은 비극적이라는 일부 해석들과는 달리, 고향을 떠나는 화자의 내면에 룬투에 대한 아름다운 기억은 사라졌지만, 기억 속 아름다운 고향은 사라지지 않은 것이다. 사실, 앞에서 확인하였듯이 애초부터 룬투와 기억 속 고향의 관계가 필요충분의 불가분의 관계로 맺어진 것은 아니었다. 화자가 기억 속의 아름다운 고향의 구체적 모습을 룬투라는 계기를 통해 현전하게 된 것은 사실이다. 그러나 그 아름다운 〈기억 속 고향〉이란 룬투가 들려주는 이야기를 토대로 하여 '나'의 주관에 의해 재편된 기억이었고, 꼭 현실 속에 존재한다고는 볼 수 없는 것이었다. 이렇게 보자면 기억 속 룬투 모습이 훼손됨으로써 기억 속의 아름다운 고향이 역시 모두 훼손되거나 무화되었다는 논리는 애초에 성립할 수 없는 것이다.

이제 문제는 화자인 '나'에게 떠오른 그 고향이란 어떤 고향인지, '나'에게 갖는 의미가 무엇인지를 해명하는 일이다. 화자가 떠올리고 있는 고향이란 분명 화자가 처음에 고향에 들어설 때 가졌던 그런 모호한 고향도 아니고, 룬투를 계기로 현전하였던 환상적이고 신비로운 고향도 아니다. 그것은 "룬투와 멀리 떨어"져 고향을 떠나 삶의 새로운 터전으로 떠나는 화자, "이제야 혼자서 나의 길을 가"는, 그런 '나'가 떠올리는 고향이다. 룬투가 없는 그 고향은 이제 더는 룬투에 의지하여 현전하거나 룬투에 대한 기억과 그 존멸을 같이하지 않는다. 룬투라는 외적 근거가 아니라 오직 '나'의 내면적 근거에 의지할 뿐이다. 즉 '나'의 기억의 생명력에 의지할 따름이다. '나'라는 존재가 그것을 기억하는 한, 그 고향은 '나'에게서 영원히 사라지지 않는다. 다른 무엇이 아니라 오직 기억하는 주체에 의해서, 그 주체의 기억에 의지하여 존재를 부여받는다. '나'의 기억 속에서 산다는 의미에서 그것은 참으로 〈기억 속 고향〉이다. 룬투가 훼손되었다고 하여 훼손될 성질의 그런 아름다운 고향이 아니다.

이러한 고향이란 마치 세상과 절연된, 세상밖에 존재하는 매우 관념적이고 추상적인 것처럼 보인다. 이전의 〈기억 속 고향〉이 룬투라는 현실의 구체적 매개를 갖는 것이었던 데 비해 이제 룬투라는 매개가 사라졌기 때문이다. 그러나 화자가 작품의 마지막에서 고향을 떠나며 떠올리는 고향의 모습이란 절망을 호도하기 위해 관념 속에서 자의적으로 축조해 낸 것이 아니라는 점을 고려해야 한다. 원래의 기억 속의 아름다운 고향이 현실 속의 고향에 의해 밀려나고 훼손되면서 원래의 기억 속의 아름다운 고향이 새롭게 조정된 결과물인 것이다. 이 조정이란 일종의 변증법적 지양이다. 작품의 마지막에 화자인 '나'에게 떠오른 고향이란 애초의 환상적이고 신비롭던 기억 속 고향이 현실 속의 비극적 고향에 의해 매개되고 지양된 결과로서 얻어진 〈새로운 기억 속 고향〉이다. 이미 비극적·절망적 현실에 의해 충분히 세례를 입고 승화된 새로운 기억 속의 고향은 이제 비극적 현실에 의해 결코 훼손되거나 무화되지 않는다. 그 고향이 사라지는 것은 오직 '나'의 망각에 의해서일 뿐이다. 그 고향의 생명력을 좌우하는 것, 그 고향을 찬란히 빛나게 하는 것은 더는 현실이, 룬투가 아니다. 바로 '나', 보다 더 정확히 말하자면 '나'의 기억이다.[25]

화자가 그런 아름다운 고향의 존재를 기억하는 까닭에, 그것에 비

25 룬투를 민중의 상징으로 읽고 해석하는 일은 「고향」의 해석을 넘어서는 일이다. 다만 「고향」만 볼 경우, 왕후이(汪暉) 식의 절망에 대한 반항이 감행되는 토대란 외부적 차원의 것이 아니라 내부적 차원의 것이라는 점에 유념할 필요가 있다. 루쉰의 어법을 빌리면 "공허 속에서 암흑의 밤"과 싸우는 절망에 대한 항전의 근거와 동력이 "몸 밖"이라는 외부적 요인에 있는 것이 아니라 자신의 내부에 있다는 것이다.

추어 현실은 더욱 형편없이 초라하고 절망적으로 여겨지게 될 것이고, '나'는 현실과 그것 사이의 간극을 쉼 없이 확인하고 체험하게 될 것이다. 그런가 하면 현실 속의 참으로 가치 있는 삶이란 무엇인지, 만들어야 할 세상의 본래 모습, 존재해야 할 삶의 초상이 무엇인지를 끊임없이 환기 받게 될 것이다. 그 아름다운 기억 속의 고향은 현실에 부재하지만, 그 부재로 인해 기억 속에서 늘 현실 속에 현전하는 것이다. 화자인 '나'를 존재(현실)와 당위(기억 속의 아름다운 고향) 사이의 쉼 없는 싸움터로 나아가게 하는 것도 다름 아닌 그 기억이다.

위와 같은 의미를 지닌 고향과 기억이 루쉰의 다른 몇몇 작품 속에서도 발견된다는 점은 「고향」을 넘어 루쉰의 문학을 해명하는 데 중요하게 고려해야 한다. 예를 들어, 역시 귀향 소설인 「술집에서(在酒樓上)」(1924)의 경우, 뤼웨이푸(呂緯甫)의 모습에서 느껴지는 절망과 허무에도 불구하고 화자인 '나'가 그것에 관조적 태도를 취할 수 있고, '상쾌함'을 지닌 채 자신의 방향을 갈 수 있는 것은 과거의 아름다운 순간들에 대한 기억 때문이다.[26] 그리고 「고향」에서와 보다 더 유사한 경우는 산문 「아름다운 이야기(好的故事)」(1925)에서 보인다. '나'는 꿈속에서 끝없는 피안 속으로 번져 간다. 그 피안이란 "많은 아름다운 사람들과 아름다운 이야기들이 하늘 가득 비단 구름처럼 어우러진 그 곳"이다. 그런데 그것을 자세히 보려 하자, 그 아름다운 모습과 사연들은 산산이 부서져 버린다. 그러나 아직 다 사라진 것은 아니다. "무지갯빛의 깨어진 그림자"가 몇 조각 남아 있다. 그리하여 얼른 그것을 적어 두려 하지만, 그것도 이내 자취도 없이 사라져 버린다. 그러나 '나'는 이렇게 말한다. "이 아름다운 이야기를 본 일만은 잊지 못할 것이

26 「在酒樓上」, 『全集』 1卷, 24–34쪽 참조.

다. 이 무겁게 내려앉은 어두운 밤에…(但我總記得見過這一篇好的故事, 在昏沉的夜…).”[27] ‘아름다운 이야기’/‘이 무겁게 내려앉은 어두운 밤’의 대립 속에서 화자를 ‘무겁게 내려앉은 어두운 밤’과의 박투로 끌어내는 것은 다름 아닌 아름다운 이야기에 대한 ‘기억’(記得)이다.

그런데 「고향」의 화자에게 현실과 기억 속 아름다운 고향 사이의 간극, 또는 존재와 당위 사이의 간극은 도저히 건너뛸 수 없는 심연 같다. 자신의 희망을 우상에 견주는 것을 보면 그렇다. 화자는 곤혹스러운 선택에 직면하지 않을 수 없다. 그럴 때 우선 생각할 수 있는 선택이란 현실 너머의 피안으로 도피하든가 세상 속에 가담하여 세상과 타협하는 길이다. 그런데 화자인 ‘나’에게 이 둘은 결코 가능한 선택이 아니다. 세계를 근본적으로 거부하고 피안의 세계에서 산다는 것은 세계를 변화가 불가능한 폐쇄적 단일체로 보는 것으로, 이는 부조리하고 비극적인 세계를 그대로 받아들이는 것이나 마찬가지다. 아름다운 고향에 대한 기억을 간직하고 있는 ‘나’가 선택할 수 있는 길이 아니다. 또한 세상과 타협하는 것 역시 화자인 ‘나’가 고향에 대한 기억을 포기할 때만 가능한 일이다.

때문에 ‘나’는 매우 곤혹스러운 처지에 놓이게 된다. 눈앞의 세계가 더없이 절망적이지만 그렇다고 눈앞의 세계를 통하지 않고 달리 아름다운 고향에 이르는 길이란 없다. 이런 그에게 가능한 유일한 선택이란 세계 안에서 세계를 부정하기, 혹은 부정하기 위해서 세계 속으로 들어가기이다. 그가 세계 속에서 사는 것은, 세계 속에서 행하는 일들은 오직 그 세계를 부정하기 위해서다. 그 부정의 작업은 ‘나’가 기억을 포기하는 순간까지 계속될 것이다. 그 간단없는 부정의 작업이

27 「好的故事」, 『全集』 2卷, 185−186쪽 참조.

가능한 것은 기억 속에 존재하는 고향이란 일종의 가능성이기 때문이다. 기독교적 관점에서 보자면, 만약 신이 한 번이라도 나타났다면 신은 항상 존재한다. 본질적이고 절대적으로 요청되는 가치이지만 실현되지 않고 있는 하나의 가능성인 것이다. 기억 속에 존재하는 고향이란 바로 그러한 '숨은 신'과 같다. 그것은 희망의 체험에 바탕을 둔 것이고, 따라서 화자인 '나'가 그것이 존재했다는 사실을, 그것에 대한 체험(현실적 차원이든 형이상학적 차원이든)을 기억하는 한, 그것은 '나'에게 항상 살아서 존재한다. 다만 지금 현실 속에서 실현되고 있지 않은 채 숨어 있을 따름이다. 숨어 있지만, 그것은 궁극적으로 실현되어야 할 그 무엇이다. 그러고 보면 '나'의 그러한 선택이란 종교적 충동을 방불한다.

「고향」 말미의 유명한 희망의 경구는 "희망이란 있다고도 할 수 없고, 없다고도 할 수 없다"로 시작한다. 그러나 그것이 있을 수 있는 것으로 전환될 수 있는 것은 고향에 대한 기억에 이끌려 내딛는 발걸음, 가능성을 향한 발걸음에 의해서다. 희망은 그 가능성의 세계에 있고, 그 가능성에 생명력을 불어넣는 것은 바로 기억과 '발걸음(走)'으로 상징된 구체적 실천이다. 이는 세계가 형편없이 절망적이라고 하더라도 그 세계를 통하지 않고는 희망에 이를 방도가 달리 없다는 인식의 구체적 실천이기도 하다. 물론 절망적 세계 속에서 그렇게 내딛는 발걸음이 반드시 '길'로, 희망으로 연결되는 것은 아니다. 그 발걸음이 가능성에 의해 추동되었다고는 하지만 가능성은 어디까지나 가능성일 뿐이다. 더구나 혼자 걸어서는 지상에 길을 낼 수 없는 일이고, 화자의 적확한 인식대로 가는 사람이 많아져야 비로소 가능한 일이다. 그러나 지금 '나'에게는 자신이 내딛는 발걸음이 '길'로, 희망으로 연결되는지의 여부 같은 것은 중요하지 않다. 그가 내딛는 발걸음은 그에게 가능한 유일한 선택이고, '나'로 하여금 그 발걸음을 내딛게 하는 동력은 외부의 어떤 것에 존재하는 것이 아니라 바로 '나'에게, '나'의 내부에 있기 때문이다. 이런 의미에서 보자면 작품 마지막의 화자의 '발걸음'은 왕후이가 말하는 절망에 대한 반항의 형식으로서의 발걸음('走') 차원을 넘어서 보다 더 심원한 차원에서 나온 것이다. 그것은 '나'라는 존재의 의미, '나'라는 존재 진실성의 유일한 표현이다. 때문에 '나'는 끝내 길을 갈 수밖에 없는 것이다. 그에게는 달리 선택의 여지가 없다. 「행인(過客)」(1925)에서 가는 길 앞에 무덤이 있는 줄을 알면서도 그래도 "나는 갈 수밖에 없다(我只得走了)"면서 기어이 길을 가는 '행인'처럼 그러하다.[28]

4. 소설 「고향」의 매력

이 글에서는 루쉰의 소설 「고향」을 화자의 정신적·형이상학적 고향에 관한 소설로 보았다. 현실 속의 아름다운 고향이 상실된 가운데 화자가 기억 속의 고향에 의지하여 어떻게 절망적 현실에 응전하는가를 중심으로 살핀 것이다. 이는 「고향」을 룬투를 중심으로 읽는 것이 아니라 '고향'을 중심으로 읽는 것이었고, 또한 단순한 고전적 서사 방식에서 벗어나 화자의 내면의 박투를 중심으로 작품을 읽으려는 시도였다. 그리하여 〈현실 속 고향〉, 〈기억 속 고향〉, '실향', '기억' 등의 관계망 속에서 작품을 해명하였다.

일반적으로 말해 형이상학적 차원에서 일어나는 실향이란 실향을

28 「過客」, 『全集』 2卷, 188-194쪽 참조.

실향으로 의식하는 데서, 아름다운 고향에 대한 기억을 바탕으로 현실과 그것 사이의 분열과 거리를 의식하는 데서 시작된다. 이때의 기억이란 과거에는 아름다웠지만 지금은 사라지고 없는 정지된 시간 속의 어떤 공간에 대한 기억, 추억과 회고의 대상으로서의 어떤 공간에 대한 기억, 그래서 사라진 것에 대한 막연한 향수 차원에서 일어나는 퇴영적 차원의 기억이 아니다. 그것은 현실 속에서 실현되어야 할 고향에 대한 기억을 토대로 그것과 현실, 존재와 당위 사이의 거리를 의식하고 타락한 현실을 그런 고향에 근접시키기 위해 현실과의 박투를 감행하게 한다는 의미에서의 창조적·미래지향적 기억이다. 적어도 루카치적 맥락에서는 그렇다.

여기에 비추어 보면 「고향」의 기억의 서사는, 신이 숨은 속에서 귀숙처 또는 스스로의 푯대로서의 '고향'을 잃은 절망적 시대에 처한 실향민으로서의 한 개인에게 있어서 그런 절망적 시대와의 박투는 어떻게 하여 가능하며, 가능한 삶의 선택이란 어떤 것인지를 시사하고 있다는 점에서 충분히 보편성을 획득하고 있다. 신이 숨어 버린 시대를 사는 지혜 중에 하나는 신이 한 번 현전했다는 기억으로 신의 현전을 믿으면서 현실의 절망에 저항하는 일이다. 숨은 신의 시대 문학의 몫 가운데 하나는 그런 숨은 신에 관한 기억을 환기하는 일이다. 루쉰 소설 「고향」의 세계가 바로 그렇다. 「고향」이 지금까지 시공을 넘어 많은 사람에게 꾸준히 사랑을 받아 온 중요한 이유도 바로 여기에 있을 것이다.

3장

시대와 정전
–「아Q정전」의 경우

3장

시대와 정전 -「아Q정전」의 경우

1. 새로운 루쉰 논쟁

중국에서 루쉰과 그의 문학은, 생전은 물론이고 사후에도 끊임없이 논란이 되곤 한다. 개별 문학 작품의 평가에서부터 루쉰이 현대 중국에서 차지하는 의미와 위상에 이르기까지 끊임없이 논란이 되는 것이다. 이런 사정을 감안하고 보면, 중국에서 2000년을 전후하여, 이른바 20세기와 21세기의 세기적 전환기에 20세기 중국의 대표적 사상가이자 작가인 루쉰을 어떻게 평가할 것인지의 문제를 둘러싸고 또다시 논쟁이 벌어졌다고 해서 그리 새삼스러운 일이 아니다. 하지만 2000년을 전후하여 세기적 전환기에 중국에서 일어났던 루쉰과 그의 문학에 관한 논쟁은 이전의 논쟁들과 중요한 차이를 보였다는 점에서 주목할 만하다.

우선 논쟁 참여자가 예전과 달랐다. 2000년대 이전 루쉰에 관한 논쟁은 루쉰 연구자 사이에서 루쉰과 그의 작품에 대한 해석과 평가 차이를 중심으로 전개된 경우가 대부분이었다. 그런데 중국에서 2000년을 전후하여 벌어졌던 논쟁은 전문 연구자들 사이에서 이루어진 것이 아니라 작가와 지식인, 그리고 일반 독자(주로 네티즌) 등 루쉰 연구에 종사하지 않는 사람들이 문제를 제기하고 여기에 루쉰 연구자들이 응전하는 형식으로 진행된 것이다. 당시 논쟁은 루쉰을 전문적으로 연구하는 학자가 아닌 사람들이 그동안 중국에서 당연하게 여겨져 온 루쉰 문학의 수준과 루쉰 문학의 권위를 정면으로 부정하면서 촉발되었다. 이들은 루쉰 문학이 중화인민공화국 수립 이후 중국에서 수행한 사회, 정치적 기능 차원에서 루쉰 문학의 권위와 문학적 성취에 관해 재질문한 것이다. 예전 논쟁의 경우 루쉰 작품에 대한 해석의 차이는 있었지만, 기본적으로 루쉰과 그의 작품의 문학적, 사상적 권위를 전제한 가운데 이루어졌던 것에 비해서, 2000년을 전후하여 일어났던 논쟁은 루쉰과 그의 문학 작품이 현대 중국에서 그동안 누려온 문학적, 사상적 권위에 대한 근본적인 도전, 근본적인 부정을 담고 있다.

예컨대, 작가 왕숴(王朔)는 "루쉰의 소설이 중국 소설의 최고 수준을 대표한다고 말하는 것은 사실이 아니다"라면서 어떤 작품의 경우는 초등학교 작문 수준의 것도 들어 있다고 혹평하는가 하면, 장편소설이 없는 루쉰을 겨냥하여 단편만 쓴 루쉰을 진정한 의미의 작가라고 하기에는 의심의 여지가 있다고 말하였다. 그는 루쉰 문학을 감싸고 있는 정치적 보호막과 일종의 미신적 분위기가 루쉰의 문학을 제대로 보는 것을 가로막고 있다고 지적하면서, 이제는 루쉰이라는 이름을 둘러싸고 있는 정치적 보호와 미신적 분위기, 신화를 걷어내고 루쉰을 정시(正視)해야 한다고 주장하였다.[1] 그런가 하면, 문화평론가 장홍(張閎)은 루쉰 문학의 영향력과 정치권력 사이의 연관을 지적하면서 루쉰 신화를 해체할 것을 주장하였다. 그는 후대에 끼친 영향으로 볼 때 루쉰은 현대 중국에서 가장 중요한 작가인데, 문제는 그러한 영향력이 절반은 루쉰 문학과 사상의 성취 때문이지만 다른 절반은 정치권력의 선전이 반세기 동안 지속되어 온 때문이라고 규정하였다. 또한 그는 "루쉰의 잡문은 좋은 것이 적고, 나쁜 것이 많다"고 지적하면서, 이런 현실에도 불구하고 루쉰의 잡문이 '국가 미학'의 표본 노릇을 하면서 "과격과 극단주의가 정확하고 효과적인 유일한 사유방식과 미학 방식으로 전수되고 있다"고 우려하였다. 그는 한 걸음 더 나아가 문화대혁명이라는 분서갱유의 시기에 『루쉰 전집』만이 유일하게 허가되었다면서 루쉰의 문학과 문화대혁명 시기 사상, 미학 사이의 유사성을 지적하였다. 루쉰은 문화대혁명 시기에 사상 우상 가운데 하나였고, 루쉰의 사상과 문혁 시기의 '혁명 철학'('造反哲學')과의 관계 역시 애매하다는 것이다.[2] 이들의 루쉰 비판의 핵심은 루쉰 신화가 문학적 성취로만 만들어진 것이 아니라 정치적 배경 속에서 특정 정권의 목적에 따라 가공되었다는 것이다. 특히 사회주의 정권 수립 이후 루쉰의 문학적 권위와 영향력은 정치권력의 산물이며, 이제는 그렇게 정치적 배경 속에서 형성된 루쉰 신화를 해체하고 루쉰과 그의 문학에 본래의 몫을 찾아주어야 한다는 것이다.

그런데 정치적 배경 속에서 형성된 루쉰 신화를 해체하고 루쉰과 그의 문학에 본래의 몫을 찾아주어야 한다는 주장만 놓고 보면 새로

---

1 王朔, 「我看魯迅」, 高旭東編, 『世紀末的魯迅論爭』(北京: 東方出版社, 2001), 4-8쪽.

2 張閎, 「走不近的魯迅」, 高旭東編, 위의 책, 53쪽.

운 것이 아니다. 마오쩌둥 시대가 끝난 뒤 1980년대 루쉰 연구에서 집중적으로 제기된 바 있기 때문에 그렇다. 마오쩌둥 시대에 정치적 필요에 의해 만들어진 혁명가 이미지, 단호한 마르크스주의자라는 이미지, 신의 위치로 격상된 이미지를 해체하려는 노력이 개혁개방 이후 중국에서 집중적으로 이루어졌다. 첸리 (錢理群), 왕푸런(王富仁) 등 당시 대표적인 루쉰 연구자들은 마오쩌둥 시대의 루쉰 이미지를 겨냥하여 이른바 '인간 루쉰' '모순이 충만한 루쉰' 등의 이미지를 새롭게 만들었다. 이러한 새로운 루쉰 해석, 새로운 루쉰 이미지 수립 과정은 넓게 보자면 마오쩌둥 시대에 대한 청산 작업의 일환이었다는 점에서 문학적인 동시에 정치적 성격을 지녔다. 그런데 마오쩌둥 시대의 루쉰 해석에 대한 해체 작업, 루쉰 신화에 대한 해체 작업은 기본적으로 루쉰 문학의 성취와 권위를 전제로 하여 마오 시대와 다른 차원에서 루쉰 문학의 권위를 새롭게 수립하려는 기획이었다. 즉, 루쉰 문학의 재해석을 통해 마오 시대의 정치적 오염을 제거하고 루쉰 문학의 성취에 기반을 둔 원래 루쉰의 면모를 회복하여 루쉰의 문학적 권위를 새롭게 확인하는 작업이었다.

그런데 바로 이 지점에서 세기적 전환기의 루쉰 논쟁은 1980년대의 그것과 구분되었다. 2000년을 전후하여 제기된 루쉰 신화 해체 주장은 1980년대의 그것과 달리 루쉰 문학의 권위를 재확립하려는 것이 아니라 그것에 대한 도전과 해체를 시도하였다는 점에서, 새롭고도 문제적이었다. 이들은 루쉰 문학의 성취 자체를 의심하는 가운데, 그 문학적 성취와 정치권력 사이의 연관성을 지적하면서 루쉰과 그의 문학이 중국에서 최고로 대접받는 것이 실은 정치권력의 산물이라고 본 것이다. 이들의 루쉰 신화 비판은 기본적으로 루쉰과 그의 작품이 과연 어떤 의미에서 고전/정전(canon)인지를 따져 묻는 작업이었다. 루쉰 작품이 현대 중국의 대표작으로, 지고한 문학적 권위를 지닌 고전으로 평가받는 것은 텍스트 자체에 고전이라고 할만한 본질적인 그 무엇, 보편적이고 불변의 절대적인 가치를 지니고 있기 때문이 아니라 국가, 특히 마오쩌둥 시대 국가 권력과 여러 가지 제도적 장치들이 국가적 목표, 정치적 목표에 따라 작품에 특정 가치를 부여함으로써 새롭게 창조되고 구성된 정전이라고 보는 입장인 것이다.

루쉰 문학이라는 현대 중국 최고의 문학 정전에 대한 이러한 해체와 비판은 문학 연구 일반으로 넓혀서 보면 후기구조주의(poststructuralism)와 탈식민주의(postcolonialism) 문학연구에서 등장하는 정전 연구 지평에서 루쉰 문학을 재평가하는 것이다. 주지하듯, 후기구조주의와 탈식민주의에서는 '고전'이라는 용어보다 '정전'이라는 용어를 즐겨 사용한다. 고전을 고전으로 만드는 것, 정전을 정전이도록 하는 이른바 정전성(canonicity)이란 텍스트에 고유하게 내재된 것이 아니라 유력한 제도나 기관 등의 제반 주체와 조건들이 텍스트에 어떤 특정한 가치를 부여함으로써 창조되고 구축된 것, 즉 이데올로기적 구성물이라고 보는 것이다. 때문에 정전 연구의 핵심은 누가 무엇 때문에 특정 작가와 특정 텍스트를 정전으로 창조하고 구축하느냐를 밝히고, 정전을 구축하는 여러 가지 사회적 정치적 과정과 조건에 대한 분석이 시도되곤 한다.[3]

이러한 차원의 정전 연구는, 특히 근현대문학 연구에서 민감한 정치적, 문학적 쟁점을 제기하곤 한다. 근대 국민국가 건설 과정에서 필수적인 국민 창출과 관련하여 문학 텍스트가 어떻게 국민 정체성을 창출하면서 이른바 '상상의 공동체'를 형성하는 데 문화적 아이콘의

3 정전 논의의 의미와 문제 등에 대해서는 유명숙, 「정전논쟁: 그 허와 실」, 『안과 밖』 1996년 하반기, Vol. 1(창간호), 110-133쪽 참조.

역할을 하는지가 연구 쟁점으로 부상하기 때문이다. 특히 차이와 배제의 원리를 바탕으로 정전을 추려내는 과정이라고 할 수 있을 문학사 쓰기의 경우, 근대 국민국가의 틀 안에서 이루어지는 한, 하나의 텍스트에 정전적 가치를 부여하는 정전의 구축, 혹은 창조의 과정에서 다른 어떤 주체와 조건들보다도 절대적 영향력을 행사하는 주체는 국가이기 때문에, 국가와 정전 사이의 관계가 특히 집중적인 분석의 대상이 될 수밖에 없다. 물론 이때의 국가란 협의의 정치권력을 넘어 각종 제도, 국가 기관 등 국가의 이데올로기 기구까지를 망라한 폭넓은 의미이다.

정전 연구의 이러한 성격에 비추어 보면 루쉰과 그의 문학은 정전 연구의 유효한 대상이 될 수 있다. 2000년을 전후하여 루쉰 논쟁을 촉발시킨 논자들의 주장대로 마오쩌둥 시절 루쉰의 문학은 국가의 지지와 보호, 그리고 문학제도 속에서 가장 폭넓게 보급된 유일한 국가 경전이었다는 사실을 감안하면, 정전 연구 차원에서 루쉰 문학의 독서사, 수용사를 연구하는 것은 루쉰 문학이 정치적으로 이용되는 가운데 마르크스주의 경전, 마오쩌둥 저작과 더불어 국가주의 텍스트로 자리 잡는 역사적 과정을 해명하는 데 유용한 연구 방법론을 제공할 수 있다.

하지만 정전 연구의 차원에서 루쉰을 새롭게 조명할 때 전제되어야 할 과제 또한 만만치 않다. 우선, 마오쩌둥 시대 정치권력에 힘입어 루쉰이 국가주의 경전으로 수립되어 루쉰의 사상적, 문학적 지위가 상승하기도 하였지만, 이러한 과정은 루쉰 사상과 루쉰 문학을 정치적 목적에 따라 자의적으로 해석하는 과정, 즉 기존 텍스트의 전면적인 해체와 재구성의 과정, 심지어 텍스트를 일그러뜨리는 과정이었다는 인식이 전제되어야 한다. 루쉰과 그의 문학이 정전으로 수립되는 과정, 그리고 그렇게 수립된 문학 정전으로서 루쉰 문학이 마오쩌둥 시대에 정치권력의 지지 속에서 최고의 문학 경전이 되었다는 사실을 지적하는 가운데 그것이 어떤 역사적 작용을 하였는지를 분석하는 것도 중요하지만, 이보다 더 중요한 것은 루쉰과 그의 문학이 정치적, 국가적 목적에 따라 정전으로 구축되는 과정에서 텍스트의 어떤 부분을 특별히 중요하게 해석하는지, 그리고 어떤 부분을 억압, 배제하는지, 그리고 그것이 정전화 이전의 해석들과 어떤 차이점을 지니는지를 면밀히 비교, 검토하는 작업이 요청된다는 것이다. 이는 마오쩌둥 시대에 루쉰 문학이 국가주의적 경전이 된 것이 루쉰 문학의 본질적 특성을 반영한 것인지, 아니면 정치적 목적에 따라 텍스트가 왜곡되면서 이루어진 것인지를 해명하는 관건이 될 것이다. 그리고 이 작업은 2000년을 전후로 하여 중국에서 나온 루쉰 비판의 적실성을 검증해 보는 작업이기도 할 것이다.

루쉰 연구에 정전 연구 시각을 도입할 때 전제되어야 할 또 다른 과제는 하나의 텍스트가 국가주의 기획에 동원된다고 하더라도 하나의 텍스트와 국가의 갖가지 제도나 국가 의지 사이의 관계가 그렇게 단순한 일방적인 관계는 아니라는 점에 대한 면밀한 고려이다. 루쉰의 문학이 마오쩌둥 시대에 유일하게 허락된 국가주의 텍스트였던 것은 사실이지만 그것을 국가나 관방 지식인들만이 전적으로 점유하였던 것은 아니다. 마오쩌둥 시기, 그리고 문화대혁명 기간 동안에도 루쉰의 텍스트는 국가의 텍스트이자 국가에 저항하는 지식인들의 텍스트이기도 하였다. 왕푸런(王富仁)의 적절한 지적대로, 저우양(周揚) 등 이른바 '마르크스주의 정치파'가 루쉰을 억압적 권위로 만들던 시기에도 당시에 주류 문화에 거리를 두던 사람들은 여전히 루쉰에게서 억압적 주류 문학에 저항하는 지지력을 확보하였던 것이다.[4]

4 왕부인 지음, 김현정 옮김, 『중국의 노신연구』(서울: 세종출판사, 1997), 210-212

이렇게 보자면, 정전 연구의 시각이 루쉰 연구에 도입된다고 할 때, 우선 선행되어야 할 것은 루쉰의 작품이 신중국이라는 국가 공간 속에서 텍스트 해석에서 어떤 변화가 일어났고, 그것이 의미하는 바는 무엇인지, 그것이 여타 다른 시기의 해석과 어떤 차이가 있는지를 면밀히 검토하는 것이고, 루쉰 텍스트 해석을 둘러싸고 이루어지는 갈등과 대립이 단순히 문학적 해석 차이가 아니라 어떤 정치적 함의를 지니는지를 면밀히 점검하는 것이 필요하다. 그럴 때 루쉰의 대표작인 「아Q정전(阿Q正傳)」(1921)은 경전화 과정에서 작품 해석에 많은 변화가 일어났다는 점에서 루쉰의 정전화의 역사적 과정과 그 의미를 새롭게 검토해 보는 하나의 유용한 대상이다.

2. 1949년 이전 아Q의 상징

「아Q정전」 작품 해석을 둘러싼 논란은 대략 세 가지 문제를 중심으로 이루어졌다. 아Q의 전형성 문제, 아Q의 정신승리법 문제, 아Q의 혁명성 문제가 그것이다.[5] 하지만 중국에서 진행된 논의들을 보면, 이 세 가지 중 아Q는 누구인가라는 아Q의 상징, 전형에 대한 각기 다른 해석이 토대를 이루었고, 이런 점에서 보면 「아Q정전」 해석의 차이를 낳은 가장 핵심적인 요소는 아Q의 상징, 전형 문제이다.

아Q와 아Q 정신승리법의 상징, 전형 문제는 작품이 발표된 직

쪽 참조.

5 中國社會科學院魯迅研究室 編, 『魯迅研究學術論著資料匯編』 第5卷(北京: 中國文聯出版公司, 1987) 중 「阿Q正傳 研究史」 689쪽 참조.

후부터 제기되었다. 「아Q정전」이 발표된 직후 아Q의 상징에 대해 가장 많은 견해를 발표한 사람은 작가 마오둔(茅盾)이다. 마오둔은 "우리는 사회의 여러 방면에서 아Q와 같은 인물을 만난다"면서 "아Q란 사람은 아주 낯이 익다. 그는 중국인 품성의 결정이다"라고 지적하였다.[6] 아Q를 중국인의 전형으로 본 것이다. 그런데 마오둔은 여기서 그치지 않고 이러한 아Q가 구현하고 있는 중국인의 품성은 중국민족만이 아니라 인류의 보편적인 약점의 하나라고 보는가 하면,[7] 아Q의 모습은 중국인들 중에서도 중상층 계급의 품성이라고 말하기도 한다.[8] 아Q를 보는 마오둔의 입장이 채 정리되어 있지 않은 셈이고, 더구나 마오둔이 깊이 있게 작품을 분석하면서 체계적으로 자기의 입장을 개진한 것이 아니어서 마오둔이 그렇게 해석하는 근거의 타당성을 검증할 수는 없다. 하지만 훗날 아Q의 상징, 전형을 두고 벌어진 논쟁을 감안하면, 작품 발표 직후 나온 마오둔의 아Q의 상징, 전형에 대한 언급은 향후 아Q에 관한 논란을 예고하는 핵심적인 문제를 담고 있다고 할 수 있다. 요컨대, 아Q를 중국인의 상징 내지는 중국 국민성의 상징으로 볼 것인지, 보편적인 중국인이라기보다는 특정 계급 중국인의 상징으로 볼 것인지, 아니면 인류 보편적인 정신의 한 상징으로 볼 것인지 등, 향후 아Q의 상징, 전형에 관한 입장 차이의 핵심을 암시하는 것이다.

「아Q정전」이 나온 이후부터 1949년 이전까지 「아Q정전」 연구사

6 雁冰, 「通信」(1922), 陳漱渝 主編, 『說不盡的阿Q』(北京: 中國文聯出版公司, 1997), 232쪽.

7 雁冰, 「讀『吶喊』」(1923), 陳漱渝 主編, 위의 책, 239쪽.

8 雁冰, 「通信」(1922), 陳漱渝 主編, 위의 책, 232쪽.

를 검토해 보면 아Q의 상징을 보는 관점이 매우 다양하였다. "'아Q는 우리 민족의 전형'이라든가, '아Q는 중국 국민 정신 질병의 종합'이라고 보기도 하고, '전형적인 황제의 자손'"이라고 보기도 하였다.[9] 그런데 이 시기 아Q의 상징, 전형과 관련하여 가장 중요한 변화가 일어난 것은 중국 문단에 마르크스주의가 도입되면서 마르크스주의를 토대로 루쉰의 문학과 아Q정전을 분석하면서부터이다. 1920년대 말 창조사(創造社)와 태양사(太陽社)의 청년 마르크스주의자, 그리고 후펑(胡風)과 저우양(周揚) 등이 계급론적 시각에서 아Q와 아Q주의를 분석하면서 아Q에 대한 해석에 변화가 일어난 것이다. 마르크스주의 시각이 도입된 이후 「아Q정전」 해석에 나타난 가장 큰 변화는 아Q를 현실에 존재하는 농민의 상징으로 보는 것이고, 특히 일부 연구에서는 신해혁명(辛亥革命) 시기 농민의 상징, 전형으로 본다는 점이다.

태양사의 비평가인 치엔싱춘(錢杏邨)의 분석이 대표적으로 그러했다. 「죽은 아Q시대(死去了的阿Q時代)」(1928)라는 글에서 그는, 「아Q정전」은 중국의 병태적 국민성을 담고 있는 동시에 신해혁명 시기 농민의 사상을 해부하고 있다는 점에서 루쉰 창작에서 가장 기념비적인 작품이라고 높이 평가한다. 하지만 치엔싱춘의 「아Q정전」에 대한 긍정적인 평가는 여기까지다. 그는 「아Q정전」이 그러한 훌륭한 성취를 지니고 있다고 하더라도 "최근 10년 동안의 중국 현대 문단의 대표할 만한 시대적 역작일 수는 없다"라고 말한다. 「아Q정전」의 성취는 시대적 한계를 지닌 성취로서 "「아Q정전」은 그 시대적 임무를 완수하였고", 이제 "아Q의 시대는 죽었다"는 것이다. 요컨대 「아Q정전」은 그 시대 최고의 문학적 수확이지만 그 시대를 초월하지 못하는 한계를 지

9 卜召林, 「阿Q典型新論」, 『湖南師范大學社會科學學報』 1994年 5期 100쪽.

니고 있다는 것이다. 그 이유는 "지금의 농민은 신해혁명 시대의 농민이 아니기 때문"인데, 아Q와 '지금 농민'의 차이는 세 가지이다. 첫째 1928년 현재의 중국 농민은 아Q 시대처럼 유치하지 않고, 둘째, 중국 농민의 혁명성이 이미 충분히 드러나고 있으며, 셋째 중국 농민들의 지식이 아Q 시대처럼 허약하지 않고 정치적 투쟁을 하고 있다는 것이다. 이런 차이를 토대로 그는 "아Q 시대는 진즉 죽었고", "우리는 아Q를 매장하여야 한다"고 주장한다.[10] 치엔싱춘은 왜 아Q를 농민으로 볼 수 있는지, 그 근거가 무엇인지에 대해서는 언급하지 않은 채 아Q를 당연히 농민이라고, 그것도 신해혁명 전후의 농민이라고 전제하고 있다. 그런 가운데, 1920년대 후반의 중국 현실에서 보자면 아Q와 같은 농민은 존재하지 않고, 농민들이 혁명적으로 각성하였기에 이제 아Q의 시대는 갔다는 것이다.

치엔싱춘의 아Q의 상징에 대한 분석은 그 타당성 여부를 떠나서 아Q의 상징, 전형 연구사에서 두 가지 점에서 중요한 전환을 가져왔다. 첫째는 연구방법의 전환이다. 치엔싱춘은 기본적으로 문학작품과 역사 현실을 구분하지 않고 하나로 보고 있다.[11] 이는 문학 작품을 그대로 현실에 대입시키는 통속 사회학적 문학 분석이다. 그러한 기본 시각을 바탕으로 아Q를 농민의 상징, 전형으로 전제한 가운데, 텍스트 밖의 정치적 기준과 중국 현실 상황에 대한 인식에 따라 아Q의 상징, 전형을 해명하는 것이다. 작품 속 아Q를 현실 농민에 기계적으로 대입시킨 가운데 현실 정치 운동을 기준으로 작품의 적실성과 의미를 따지는 것으로 이는 문학적이라기보다는 정치적 기준과 정치적 전략에

10 錢杏邨, 「死去了的阿Q時代」, 陳漱渝 主編, 위의 책, 256-258쪽 참조.

11 格羅里亞·戴維斯, 「阿Q問題的現代性」, 『魯迅研究』 月刊, 1996年 8期, 46쪽.

따른 작품 분석이었다. 치엔싱춘의 연구는 「아Q정전」이라는 하나의 문학 작품 속의 상징적 현실을 역사적, 혹은 현실적 실체로 간주한 가운데 아Q정전의 성취와 한계, 아Q 상징과 그 의미를 해명하는 연구 방법의 시작이었다.

둘째는 아Q를 농민의 상징으로 본 점이다. 물론 이 당시 아Q가 농민을 상징한다고 보는 견해가 주류를 차지한 것은 아니었지만, 마르크스주의 문학 진영에서 아Q를 농민의 상징으로 해석하는 견해가 보편적으로 받아들여지는 계기가 되었고, 이후 마르크스주의 문학가들 사이에서 진행된 아Q의 상징에 대한 논의는 기본적으로 아Q가 농민이라는 것을 전제한 가운데 이루어졌다.

1935년에 당시 문단을 대표하는 두 마르크스주의 문학이론가인 후펑(胡風)과 저우양(周揚) 사이에 벌어진 아Q의 전형에 관한 논쟁에서 두 사람이 아Q를 중국 국민의 대표가 아니라 중국 농민이라고 전제한 가운데 논쟁을 벌인 것도 그런 흐름에 서 있는 것이었다. 둘의 논쟁의 핵심은 전형 이론을 바탕으로 아Q 전형의 보편성과 특수성을 어떻게 볼 것인지의 문제였다. 후펑의 경우 전형적 인물과 전형적 성격이란 한 사회와 집단의 보편성이 한 인물에 집중 체현되는 것이라고 보았다. 이 입장에 따라 아Q는 현실 속에서 보편성을 지닌 인물, 사회와 집단의 보편성을 집중 체현한 인물, 즉 농민의 대표로서 현실 속에 존재하는 인물이라고 보았다. 후펑은 이러한 전형으로서의 아Q는 신해혁명 전후는 물론 현재의 소수 낙후된 지역의 농촌 무산계급에게도 매우 보편적이라고 보았다.[12]

12 胡風, 「什麽是典型和類型」(1935) 「現實主義底一修正」(1936), 「典型論底混亂」(1936) 등 참조. 陳漱渝 主編, 『說不盡的阿Q』(北京: 中國文聯出版公社, 1997) 411-414쪽.

이에 비해 저우양은 전형이란 "한 특정한 시대, 한 특정 집단의 공통적인 특성을 지니고 있기도 하지만 동시에 그가 대표하는 사회와 구별되는 개별적 면모를 지니고 있다"고 본다. 이에 따라 저우양은 아Q는 농민의 공통적인 특징을 지니고 있기도 하지만 농민의 공통적인 특징과 구별되는 특수한 개별적 특징을 지닌 인물이라고 본다. 저우양은 전형에 대한 이러한 이해를 바탕으로 아Q는 농민이지만 보편적 농민이 아니라 농민 중에서도 특수한 존재이고, 특정 시기, 특히 신해혁명 시기의 농민이라고 규정한다.[13] 두 사람은 아Q를 낙후된 농민으로 보는 점에서는 일치하였지만, 후펑의 경우 그러한 낙후성이 신해혁명은 물론이고, 당시 낙후된 지역 농민들에게도 여전히 보편적으로 존재한다고 본 것이고, 저우양은 아Q를 특정 시기, 즉 신해혁명시기 농민 중의 특수한 존재로 본 것이다. 이 두 사람의 차이를 비유하여, 요약하자면, 저우양은 치엔싱춘처럼 '아Q의 시대는 이미 끝났다'고 보지만 후펑은 '아Q의 시대는 아직 끝나지 않았다'고 본 점이었다.

그런데 두 사람이 전형을 두고 치열한 이론적 박투를 벌였지만 당시 논쟁의 바탕에는 전형 이론을 넘는 문제가 잠복해 있었다. 후펑과 저우양 사이의 입장 차이는 근본적으로 보자면 중국 변혁 프로그램의 차이에서 기인하였다고 보아야 할 것이다. 이와 관련 왕푸런이 중국의 루쉰 연구사를 회고하면서 후펑과 저우양, 펑쉐펑(馮雪峰) 등 마르크스주의 실용파 및 정치파의 변혁 프로그램의 차이가 「아Q정전」에 대한 평가의 차이를 낳았다고 보는 해석은 주목할 만하다. 왕푸런은, 루

417–427쪽, 434–445쪽.

13 周揚, 「現實主義試論」(1936), 「典型與個性」(1936) 등 참조. 陳漱渝 主編, 『說不盡的阿Q』(北京: 中國文聯出版公社, 1997), 415–416쪽, 428–433쪽.

쉰의 계몽주의 목표에 더 천착하였던 후펑과 중국 공산당 및 공산당이 영도하는 정치혁명에 천착하였던 저우양 사이의 대립이 「아Q정전」 해석의 차이로 발현되었고, 그러한 "극적인 차이"가 "후펑파가 「아Q정전」을 이해하는 부분에서 특히 두드러지게 드러났다"[14]는 것이다. 저우양은 민중 주체론, 특히 농민이 주체가 된 정치 혁명이라는 정치적 전략 차원에서 작품 속 아Q를 신해혁명 시대의 특수한 인물로 한정시킨 가운데 신해혁명 시대의 농민과 1930년대 후반의 혁명적 농민을 분리시키는 것이고, 후펑은 민중 계몽이라는 각도에서 아Q의 보편성을 강조하고 있다는 것이다. 요컨대, 두 사람은 문학 작품 속 아Q를 역사 혹은 현실 속 아Q와 하나로 보는 점은 같았지만, 마르크스주의 문학 진영 내부에서도 각자의 정치적 변혁 프로그램에 따라서 아Q 전형에 대해 해석을 달리했던 것이다.

「아Q정전」이 발표된 직후부터 1949년 이전 시기 아Q의 상징에 관한 논의는 아Q를 국민성의 상징으로 보는 것에서부터 농민으로 보는 입장까지 다양한 견해들이 표출되었지만, 1920년대 후반부터 마르크스주의 문학가들이 「아Q정전」 연구에 등장하면서 아Q를 농민으로 보는 관점이 제출되기 시작하였다. 이들 연구의 주요 특징은 문학 작품 속 현실을 곧바로 역사, 혹은 현실과 동일시하는 가운데 문학 작품 속 아Q를 역사, 혹은 현실 속 농민과 아Q와 동일시하여 그 의미를 평가하였고, 현실 변혁 운동이라는 정치적 목적에 따라 「아Q정전」을 해석하는 것이었다. 이러한 연구 방법은 기본적으로 문학작품을 현실의 기계적 도해로 여기는 것으로, 문학이 현실을 전유하는 과정에서 일어나는 문학적, 미학적 특징을 거세시키는 속류 사회학적 문학연구 방법

14 왕부인 지음, 김현정 옮김, 『중국의 노신연구』(서울: 세종출판사, 1997), 119쪽.

이다. 그런데 1949년 이후에는 이러한 연구 방법이 「아Q정전」 연구의 주류가 되고, 아Q의 상징을 두고 여러 관점들이 경합하던 국면이 사라지고 아Q에 대한 상징이 하나로 수렴되는 가운데 아Q 상징과 관련한 새로운 해석이 이루어지면서 「아Q정전」 자체도 새롭게 해석, 구성되게 된다. 그리고 그 과정에서 「아Q정전」은 정치적 정전, 권력에 힘입은 국가주의 정전으로 새롭게 구성되게 된다.

3. 1949년 이후 마오 시대 아Q의 상징

1949년 '중화인민공화국'이 수립된 이후 마오쩌둥(毛澤東) 시대의 「아Q정전」 연구에서 아Q는 농민, 특히 신해혁명 시기 농민의 상징으로 확고히 자리를 잡게 된다. 1950년대 초반에만 하더라도 아Q를 다양하게 조명하는 연구들이 진행되어 야큐를 '도시 고용 노동자들의 전형'이라고 보는가 하면, '떠돌이 고용 농민'으로 보기도 하였고, '일정한 직업이 없는 떠돌이 건달'을 상징한다고 분석하기도 했다.[15]

하지만 농민이 주축이 된 신민주주의 혁명이 성공하여 새로운 공화국이 들어선 이후 「아Q정전」 연구에서 아Q의 상징과 관련하여 가장 널리 유행한 관점은 아Q를 농민으로 보는 '아Q=농민' 관점이었다. 이는 기본적으로 치엔싱춘 등의 관점을 계승하는 것이었다. 하지만 차이도 있다. 치엔싱춘의 경우 신해혁명 시기의 농민 아Q와 1920년대 후반 혁명운동이 고양되기 시작하는 시점의 농민을 구분하여 '아Q 시대는 죽었다'고 하였지만, 이 시기에는 신해혁명 시기 농민 아Q와 신

15 卜召林, 「阿Q典型新論」, 『湖南師范大學社會科學學報』 1994年 5期, 100쪽.

민주주의 혁명의 주축이었던 혁명 시기 농민, 그리고 '신중국'시대의 농민을 구분하여, "「아Q정전」은 이미 현실이 아니다"[16]라고 본 점이다. 차이이(蔡儀)는 "아Q 시대의 농민과 우리 시대의 농민과는 기본적으로 다르다"면서, 신해혁명 당시의 낙후된 농민으로서의 아Q와 "항일전쟁에서, 해방전쟁에서, 항미원조(抗美援朝) 전쟁에서 아주 용감하고 지혜롭고 성실한 모습을 보인 농민들과는 전혀 다르다"고 주장하기도 했다.[17]

'아Q=농민'이라는 관점이 '신중국' 수립 이후 「아Q정전」 연구에서 주류로 자리 잡게 된 데는 '신중국' 건국 이전 치엔싱춘이나 후펑 등의 마르크스주의 문학 비평의 영향도 영향이지만 무엇보다 마오쩌둥 자신의 「아Q정전」 분석이 큰 몫을 했다. 마오는 「10대 관계에 대하여(論十大關係)」(1956)란 글에서 직접 「아Q정전」을 거론하였는데, 아Q의 전형과 신해혁명의 한계에 대한 내용이었다.[18] 마오는 먼저, 루쉰의 「아Q정전」은 "낙후된 미각성 농민"을 다룬 작품이라고 하여 아Q는 신해혁명 당시의 농민, 특히 당시의 낙후된 미각성 농민이라고 아Q의 상징, 전형을 분명하게 확정하였다. 부자오린(卜召林)의 지적대로, 마오의 이 언급은 아Q는 낙후된 미각성 농민이라는 관점이 크게 유행하게 되고 이때부터 아Q를 중국인의 상징으로 보기 보다는 농민의 상징으로 보는 관점이 아Q 전형에 관한 그동안의 무수한 논의를 뒤덮

16 郭沫若, 「就目前創作中的幾個問題答」(1959), 陳漱渝 主編, 『說不盡的阿Q』(北京: 中國文聯出版公社, 1997), 369쪽.

17 蔡儀, 「阿Q是一個農民的典型嗎」, 『新建設』 1951年 8月 1日, 陳漱渝 主編, 위의 책, 362쪽.

18 毛澤東, 「論十大關係」, 『毛澤東選集』 第5卷(北京: 人民出版社, 1977) 283-284쪽.

고 일통 국면을 이루는 중요한 계기를 제공하게 된다.[19] '신중국' 건국 초기만 하더라도 아Q에 대한 상징은 여전히 여러 다른 상징들과 경합 상태에 처해 있었는데, 마오의 아Q의 상징에 대한 언급은 이러한 경합 상태에 종지부를 찍은 것이다. 아Q 의 상징 해석에서 일어난 그러한 변화를 가장 잘 보여 주는 것이 마오둔의 시각 변화이다. 1920년대에 아Q를 중국인, 나아가 인류 보편의 상징으로 보기도 했던 마오둔은 "1960년에 아Q는 농민의 전형으로서 특정한 시대성을 지니며, 그는 신해혁명 전후 농민의 전형"[20]이라고 자기의 관점을 바꾼다.

마오가 아Q를 신해혁명 시기, 나아가 구중국 시기의 낙후된 미각성 농민의 전형으로 보는 것은 신해혁명 시기 당시 농민과 신민주주의 혁명 수행 과정에서 혁명적 역할을 발휘한 농민을 분리시키는 작업의 일환이자, 신해혁명과 신민주주의혁명의 차이를 강조하면서 신민주주의혁명의 역사적 의미를 강조하는 작업의 일환이었다. 이 점에서 보자면, 마오가 「10대 관계에 대하여」란 글에서 먼저 아Q의 전형에 대해 언급한 뒤 신해혁명의 한계를 언급한 것은 자연스러운 논리적 귀결이었다. 마오는 「아Q정전」의 '혁명 금지'라는 장(章)에 묘사된 '가짜 양놈'이 아Q가 혁명에 가담하겠다는 것을 막는 장면을 중요하게 다루면서, '가짜 양놈'을 집중 비판하였다. 마오는 "아Q 당시의 혁명은 혁명을 남의 물건을 가져가려는 것에 불과하였는데도 그런 혁명에조차 아Q가 가담하는 것을 허락하지 않았다"고 지적하였다.

마오가 이 글에서 신해혁명을 '남의 물건을 가져가는 혁명에 불과

---

19 卜召林, 「阿Q典型新論」, 『湖南師范大學社會科學學報』 1994年 5期, 100쪽.

20 茅盾, 「關於阿Q這個典型的一點看法」, 『上海文藝』 1960年 10月號, 陳漱渝 主編, 위의 책, 371쪽.

하였던 혁명'이라고 보면서 혁명의 실질이 그러하였는데도 '가짜 양놈'으로 상징되는 신해혁명 주체 세력들은 아Q와 같은 농민들, 좀더 넓게는 민중들의 참여를 막았다고 비판한 것은 신해혁명의 한계에 대한 마오의 지론에서 나온 것이었다. 마오는 신해혁명의 역사적 의미를 매우 높게 평가하였지만 동시에 신해혁명의 한계를 여러 차례 지적하였고, 신해혁명의 한계와 대비하여 농민이 주축이 되었던 신민주주의 혁명의 특징과 성과를 강조하였다.[21] 마오는, "중국 인구의 90퍼센트를 차지하는 노동자 농민 대중들을 동원하지 못하였기 때문"이라고 보는가 하면, "신해혁명은 유학생이 지시를 내리고, 가로회(哥老會)가 깃발을 흔들었으며(…) 우리 민중 대다수와는 전혀 관계가 없었다"면서, "국민혁명에는 농촌의 대변혁이 필요한데 신해혁명은 그러한 변혁이 없어서 실패하였다"고 지적하였다.[22] 치엔싱춘처럼 마오 역시 「아Q정전」을 신해혁명 시기 중국에 대한 여실한 문학적 도해(圖解)로 보면서 작품을 당시 현실에 곧장 대응시킨 가운데 신해혁명이 실패한 원인을 아Q와 같은 농민을 동원하는 데 실패한 점, 즉 아Q와 같은 농민의 참여를 막은 것에서 찾은 것이다.

물론 마오가 「아Q정전」을 통해 신해혁명의 한계를 지적하는 관점이 「아Q정전」 연구사에서 새로운 것은 아니었다. 아Q를 중국인, 중국 국민의 상징으로 보는 것이 아니라 농민의 상징으로 보고, 농민 아

21 마오의 신해혁명에 대한 평가에 대해서는 다음 글들을 참조하였다. 王佩東, 「毛澤東論辛亥革命」, 『湖南第一師范學報院 2003年 9月 第3卷 第3期 및 楊燕華, 「中國共產黨對辛亥革命的評價及其意義」, 『上海黨史與黨建』 2002年 4月號, 張海棚, 「50年來中國大陸對辛亥革命的紀念與評價」, 『當代中國史研究』 2001年 11月, 第8卷 第6期.

22 王佩東, 「毛澤東論辛亥革命」, 『湖南第一師范學報院』 2003年 9月, 第3卷 第3期, 3쪽 참조.

Q의 혁명 참여를 막아 실패한 혁명으로서 신해혁명의 한계를 비판한 소설이라는 「아Q정전」에 대한 해석은 '신중국'이 수립된 이후, 농민 주체의 신민주주의 혁명의 역사적 의미를 강조하는 학자들이 지속적으로 제기한 것이었다. 하지만 중요한 것은 그러한 관점이 이제는 마오로 상징되는 강력한 현실 권력의 지지를 받게 되었다는 점이었다. 그러한 기존 해석에 마오의 정치적 권위가 더해지면서 그러한 해석이 정치적으로도 옳다는 것을 마오의 언급이 확인해 준 셈이었다. 정치권력이 특정한 문학 작품 해석 경향에 정통성을 보장해 주는 결과를 낳은 것이고 정치적 권위에 힘입어 특정 문학 해석의 권위가 더욱 강화되면서, 아Q를 농민, 특히 신해혁명 시기의 농민으로 보는 관점은 아Q의 상징 해석에서 독점적인 지위를 차지하면서 「아Q정전」 연구의 주류 담론으로 확산하였다.

그런데 아Q를 농민, 특히 신해혁명 시기의 농민으로 보는 관점이 마오 시대 「아Q정전」 해석에서 독점적인 지위를 차지하며 문학적, 정치적 권위를 차지하기는 하였지만, 마오 시대 아Q의 상징이 단순히 마오의 언급처럼 '낙후된 미각성' 농민의 상징으로만 해석된 것은 아니었다. 후앙시아(黃霞)의 지적대로 1950년대 초반 「아Q정전」 연구에는 속류 사회학의 미로에 빠진 채 혁명 과정에서 진행된 토지개혁 이후 농민들이 해방되어 아Q는 더 이상 존재하지 않게 되었고 아Q의 정신승리법과 같은 정신현상도 사라졌다고 보는 관점이 유행하였다.[23] 요컨대 신민주주의 혁명의 주역인 농민들의 혁명성을 강조하는 '농민 신화' 만들기 차원에서 「아Q정전」이 연구되었던 것이고, 이는 낙후된 미각성 농민으로서 아Q를 넘어 아Q의 혁명성을 강조하는 차원에서 아Q의

23 黃霞,『阿Q正傳的接受研究』(重慶師范大學碩士學位論文, 2004年 4月), 26쪽.

상징에 대한 해석이 이루어지게 되는 정치적 배경이 되었다고 볼 수 있을 것이다.

마오 시대 아Q의 상징에 대한 새로운 해석과 결부되어 나타난 정신승리법, 아Q의 노예성과 혁명성 등의 새로운 해석을 나름대로 뭉뚱그려 간추리면 크게 네 가지다. 첫째, 아Q가 지배세력들에 억압과 착취를 당한 점을 강조하여 아Q를 구중국 시기 피압박 농민의 전형으로 보았다. 마오의 지적처럼 아Q가 낙후되고 미각성 상태에 있었다는 것은 인정하지만, 아Q가 낙후되고 미각성 상태였던 역사적 원인을 지배세력들에 억압과 착취에서 찾은 것이다. 펑원빙(馮文炳)이 루쉰은 우리에게 피압박 피착취자의 비극을 썼다"면서, 「아Q정전」은 아Q가 진정으로 압박을 받았다는 것, 특히 자오(趙) 집안에 압박당한 것을 쓴 작품이라고 본 것이 대표적으로 그러하다.[24]

둘째, 아Q의 정신승리법에 대한 새로운 이해로서, 아Q의 정신승리법은 아Q 자신이 만들어낸 것이라고 보는 기존 관점을 넘어 아Q 정신승리법을 지배계급의 사상으로 보거나 지배계급이 농민에게 유포시킨 사상으로 보는 관점이 제기되었다. 예를 들어, 리쌍무(李桑牧)는 정신승리법은 만주족 통치자들과 만주족, 한족 지배 계급 등에게서 가장 뚜렷하게 나타났고 그런 봉건 지배 세력들에게 노역을 당했던 농민과 다른 피억압자들도 그 독에 감염되었다고 보았다.[25]

셋째, 위의 첫째와 둘째 해석 작업의 연장이자 자연스러운 논리적

24 馮文炳, 「'阿Q正傳'」, 『東北人民大學人文科學學報』 1957年 10月, 第2期, 3期 合刊, 中國社會科學院魯迅研究室 編, 『魯迅研究學術論著資料匯編』 第5卷(北京: 中國文聯出版公司, 1987) 671쪽.

25 李桑牧, 「'阿Q正傳'的偉大意義」, 『魯迅小說論集』(北京: 長江文藝出版社, 1956), 中國社會科學院魯迅研究室 編, 위의 책, 668쪽.

귀결로서 아Q의 혁명성을 강조하였다. 펑쉐펑(馮雪峰)은 아Q식의 혁명이 당시 모든 농민의 혁명성을 대표하기에는 부족하지만 루쉰은 농민대중의 혁명에 대한 바람, 아Q의 혁명성과 혁명 요구를 묘사하였다고 보았다.[26] 그런가 하면 겅융(耿庸)은 아Q정신은 지배자의 사상인데 이것이 피압박 계층에게 들씌워졌고, 그것에 저항하고 극복하는 과정에서 아Q의 혁명성이 나온다면서, 아Q는 농촌 무산계급의 혁명성을 진실하게 묘사한 작품이라고 하였다.[27]

넷째, 혁명에 대한 바람과 욕구를 지닌 농민 아Q와 아Q를 억압하고 착취하면서 혁명 참여를 막은 '자오 나리' '가짜 양놈' 등 지배세력 사이의 계급대립을 강조하였다. 펑쉐펑은 루쉰은 「아Q정전」에서 신해혁명 당시의 계급 관계, 계급대립을 다루었다고 지적하였고,[28] 겅융은 「아Q정전」은 신해혁명 당시의 계급투쟁 심리를 다룬 작품인데, 자오 나리와 가짜 양놈 같은 '반식민 반봉건 사회의 반동 계급 대표'를 혁명한 내용을 담고 있다고 보았다.[29]

'아Q=농민'이라는 아Q의 상징에 대한 이해를 바탕으로 나온 아Q에 관한 이러한 논의들은 아Q를 농민이 주축이 되었던 신민주주의 혁명으로 수립된 '신중국'의 입장에서 새롭게 해석하는 일이었는데, 그 과정에서 아Q의 상징만 새롭게 해석된 것이 아니라 「아Q정전」 자체

26 馮雪峰, 「'阿Q正傳'」『文藝學習』 1955年 5月 第5期, 中國社會科學院魯迅研究室 編, 위의 책, 667쪽.

27 耿庸, 「阿Q的性格 · 阿Q的性格的形成和發展」(1953), 陳漱渝 主編, 『說不盡的阿Q』(北京: 中國文聯出版公社, 1997), 470쪽과 482–485쪽 참조.

28 馮雪峰, 「論'阿Q正傳'」, 陳漱渝 主編, 위의 책, 455쪽.

29 耿庸, 「'阿Q正傳'研究」(上海: 上海泥土出版社, 1953), 中國社會科學院魯迅研究室 編, 위의 책, 667쪽.

도 새롭게 해석되어 새로운 의미가 부여되었다. 「아Q정전」은 중국 국민성의 약점을 드러낸 소설이라는 1949년 이전에 유행하였던 관점이 사라지고, 신해혁명 시기 농촌의 계급 대립을 그린 소설이자, "중국 혁명 과정에서 제기되는 농민 문제를 제기한 소설",[30] "농민 혁명 문제를 반영한 소설"[31]로 규정되었다. 아Q 상징에 대한 새로운 이해가 「아Q정전」에 새로운 의미를 부여하여 이전과 다른 소설, 새로운 텍스트로 다시 태어나게 된 것이다. 작품이 재구성되고, 의미의 중점이 이동하게 되었다.

일반적으로, 「아Q정전」은 크게 두 부분으로 나눌 수 있다. 아Q의 정신승리법을 다룬 5장까지가 전반부이고, '7장 혁명'부터 '9장 대단원'까지, 즉 웨이쭈앙의 혁명과 아Q의 혁명 참여와 거부를 다룬 부분이 후반부이며, 6장은 일종의 전반부와 후반부로 연결하는 부분이라고 할 것이다. 전반부와 후반부는 작품의 양대 축을 이루는 동시에 긴밀하게 연결되면서 소설은 정신승리법을 지닌 아Q의 혁명 투신과 죽음을 보여 주는 파국적 구성의 형식으로 되어 있다. 사실, 「아Q정전」에서 소설의 파국, 즉 아Q의 죽음은 작품 전반부에 반복하여 집중 묘사되어 있는 정신승리법의 필연적 귀결이다. 아Q의 죽음으로 끝나는 소설의 파국은 작품 전반부의 정신승리법과 수미일관하게 연결되어 있다. 그리고 「아Q정전」에서 대립과 갈등은 정신승리법과 현실 사이의 대립과 갈등이라는 점에서 정신승리법은 소설에서 중심적 지위를 차지한다.

그런데 '신중국' 성립 이후 마오 시대에 아Q의 상징에 새로운 의미

30 候外廬의 관점이다. 陳漱渝 主編, 위의 책, 373쪽.

31 馮雪峰, 「論'阿Q正傳'」, 陳漱渝 主編, 위의 책, 453쪽.

가 부여되면서 이러한 작품의 기둥 줄기와 소설의 대립과 갈등은 수정되게 된다. 아Q의 정신승리법보다는 피압박, 피착취 농민 아Q와 지배세력 사이의 대립을 주요 갈등으로 삼아 작품의 기둥 줄기가 다시 구성된 것이다. 즉, 〈'자오 나리'에게 억압과 착취를 낭하는 농민 아Q－억압으로 인한 아Q의 곤궁－'자오 나리'나 '가짜 양놈'에 의한 아Q의 수난－혁명에 참여의 욕망－혁명 참여를 거절 당함－지배세력에게 죽임 당함〉의 순서로 작품의 기본 줄기가 새롭게 구성되었다. 이 새로운 기본 줄기에서는 정신승리법의 중심 지위가 크게 약화되기 마련이고, 피압박 농민 아Q와 지배세력 사이의 계급투쟁이 소설의 주요한 갈등과 대립을 이루게 된다. 그리고 이렇게 작품의 대립과 갈등을 설정하게 되면 아Q의 죽음은 아Q 정신승리법의 귀결이 아니라 신해혁명 당시 신해혁명 당시의 봉건세력, 신흥지배세력 때문으로 해석되기 마련이다. 결국, 루쉰은 「아Q정전」은 신해혁명 당시 농촌의 계급대립과 농민 혁명 문제를 다룬 소설이라는 새로운 의미가 부여되고 새로운 텍스트로 다시 태어나는 것이다. 이는 '신중국' 농민이 주체가 된 신민주주의 혁명으로 새로 탄생한 공화국에 역사적 정당성을 부여하기 위해 신해혁명과 대비되는 신민주주의 농민혁명의 역사적 의의가 강조되고 '농민 신화'를 만들기 위한 정치적 동기가 문학 해석에 개입된 때문이다. 더구나 이것이 문학을 현실에 기계적으로 대응시키는 속류 사회학적 문학연구 방법이 결합하면서 「아Q정전」은 '신중국'의 국가적, 정치적 목적에 따라 다시 구성되고 재탄생한 국가주의 텍스트가, 국가주의 정전이 되었다. 그리고 그 결과 작품의 원래 기둥 줄기와 갈등이 훼손되면서 텍스트 자체가 전체적으로 일그러지게 되었다.

그런데 주목할 것은 마오 시대에 「아Q정전」이 정치적 정전, 국가주의 정전으로 재탄생하는 과정의 한편에서 「아Q정전」이 국가주의에 저항하는 텍스트의 역할을 하는 일이 동시에 벌어졌다는 점이다. 「아Q정전」 해석에 대한 일통천하의 국면이 조성되면서 「아Q정전」은 국가의 정치적, 국가주의적 목표를 실현시키는 국가주의 국민 교육 도구의 역할을 하는 한편으로, 그러한 국가주의 지배 담론에 저항하는 지식인들에게 사상적 토대와 근거지를 제공하는 이중의 역할을 수행하였다는 것이다.

1964년 아Q 전형에 관한 3차 논쟁에서 허치팡(何其芳)의 아Q의 상징에 대한 해석에 주목할 때 이러한 평가가 가능하다. 허치팡은 아Q는 농민이지만 아Q정신이나 아Q의 모습은 한 계급만이 지닌 것도 구중국 시절의 것만도 아니며 아편전쟁 이후의 중국에만 있는 것도 아니라고 주장하였다. 특정 시기 특정 계급의 사람을 넘어 모든 중국인, 나아가 모든 인류에게도 존재할 수 있는 보편성을 지지고 있다는 것이다. 또한 아Q 정신은 통치계급의 사상이 아니라 인민의 낙후된 부분 속에서도 생겨날 수 있다고 주장하였다.[32] 이는 아Q를 중국인의 전형으로 보고 「아Q정전」은 중국 국민성의 병폐를 드러낸 작품으로 보는 관점, '신중국' 수립 이후 지배적 담론에서 사라진 관점을 다시 제기한 셈이었다. 이러한 허치팡의 주장은 아Q는 농민, 그것도 신해혁명 시기의 낙후된 농민으로 보고, 아Q의 시대는 지났다고 주장하는가 하면, 아Q 정신승리법을 지배계급의 사상으로 보는 등 아Q의 혁명성을 부각하는 당시의 지배적인 해석과 첨예하게 대립하는 것이었

32 何其芳, 「論阿Q」(1956), 488-500쪽. 이 글은 원래 1956년 10월 16일에 『人民日報』에 발표되었지만 何其芳의 문집 『文學藝術的春天』(作家出版社)이 1964년에 출판되면서 논쟁이 일어나게 된다.

고, 그만큼 큰 논란을 일으키고 많은 공격을 받았다.[33]

허치팡의 이러한 해석은 '신중국' 수립 이전 후펑(胡風)의 관점과 같은 지평에 서 있는 것으로 치엔구룽(錢谷融),[34] 리허린(李河林)[35] 등도 같은 입장이었다. 신민주주의적 입장의 「아Q정전」 해석이 유일한 해석으로서 절대적 권위를 지니던 당시에도 후펑과 허치팡 등 당시 현실에 저항하였던 지식인들은 「아Q정전」 해석을 둘러싸고 당권파 지식인들과 논쟁하면서 자신들의 정치적 지향을 드러낸 것이다. 왕푸런이 적절하게 지적하고 있듯이, 1950년대 후펑을 대표로 하는 이른바 '사상계몽파'는 아Q의 시대가 이미 끝났다는 주장에 반대하면서 국민성 개조의 문제를 정치적 과정에 끌어들여 인식하였고, 때문에 이들의 루쉰 작품 해석의 이론적 작업에는 "정치 비판적인 잠재력이 내재되어 있었다."[36] 이들의 이러한 「아Q정전」 해석 작업은 곧 마오쩌둥 시대의 농민 신화와 신민주주의 혁명 신화를 겨냥한 것이었고, 그 과정에서 국가주의 텍스트로서의 루쉰의 작품을 전유하여 저항의 자원으로 활용한 것이었다. 마오 시대 「아Q정전」은 국가주의 정전화가 진행되는 동시에 그러한 국가주의에 저항하는 텍스트의 역할을 수행하는 투쟁의 장이었고, 이 맥락에서 보자면 「아Q정전」 해석을 둘러싼 입장 차이는 일종의 정치 투쟁이었다.

---

33 대표적인 비판으로는 李希凡, 「阿Q, 典型, 共名及其他」, 陳漱渝 主編, 위의 책, 501-536쪽 참조.

34 錢谷融, 「論文學是人學」, 『文藝月報』 1957年 第5期, 670쪽. 中國社會科學院魯迅研究室 編, 위의 책, 670쪽 참조.

35 李河林, 「阿Q正傳論析」(1972), 陳漱渝 主編, 『說不盡的阿Q』(北京: 中國文聯出版公社, 1997), 376쪽 참조.

36 王富仁, 위의 책, 123쪽.

4. 문화적 기억을 넘어서

문학 작품의 독서는 원래 일상의 사적 공간에서 일어나는 지극히 개인적이고 일회적인 일이지만 하나의 텍스트가 교육이나 매스컴, 정치 시스템 등의 공적 제도들과 만날 때, 개인의 독서 체험의 틀은 제도에 통제된다. 그리하여 하나의 텍스트에 대한 해석은 더 이상 개인의 것이 아니라 공적인 것이 되고, 하나의 텍스트에 대한 해석은 문화적 기억, 공적인 기억, 집단적 기억으로 전화되어 전승된다.

1949년 '중화인민공화국' 수립 이후 문혁 종결 때까지 「아Q정전」은 주로 국가주의의 통제 아래 있었다. 이런 의미에서 보자면 마오 시대의 「아Q정전」은 전형적인 국가주의 전략 속에서 구축된 정전이다. 「아Q정전」은 국가주의 정전으로서 신민주주의 혁명에 합법성을 부여하고, 신중국 국민들이 공동의 문화적 기억을 통해 단일한 '상상의 공동체'를 형성하는 중요한 정치적 기능을 수행하였다. 하지만 「아Q정전」의 해석사를 돌아보면 그러한 국가주의 경전으로서의 「아Q정전」이 국가 의지를 수동적으로 수렴한 데 그친 것이 아니라는 점을 보여준다. 국가주의 텍스트로서의 「아Q정전」은 다른 한편으로 억압적 국가주의에 저항하는 사상적 자원의 역할을 하기도 하였다. 문혁 시기, 유일하게 허가된 문학 텍스트로서 루쉰의 작품들과 「아Q정전」은 국가주의 억압에 저항하는 근거지이자 저항의 기지가 되기도 한 것이다.

일반적으로 말해, 문학 텍스트가 제도에 수렴된다고 하더라도 그 제도적 읽기가 문학 텍스트를 전적으로 지배하는 것은 아니다. 문학 텍스트를 읽는다는 것은 제도적 읽기뿐만 아니라 개인적인 사적 공간의 독서를 수반할 수밖에 없기 때문이다. 국가주의의 문화적 기억을 창출하는 작업에 역사가 동원되는 경우와 문학 작품이 동원되는 경우의 차이가 아마 여기에 있을 것이다. 국가가 구축한 문학적 경전은 전적으로 늘 그렇게 국가주의 틀에만 갇혀 있는 것이 아니라 국가주의의 틈새로 미끄러지면서 현전하고 분열하며, 그리하여 국가주의를 되비춘다. 국가가 갖가지 제도를 통해 개인들의 독서 체험을 문화적 기억, 제도적 기억으로 전유하여 국가의 틀에 맞춰 텍스트에 대한 해석을 획일적으로 찍어내지만, 그런 가운데도 저항적 지식인들은 유일하게 허가된 국가주의 정전을 다시금 개인들의 독서로 재전유해 내는 현상이 벌어지곤 하는 것이다. 「아Q정전」의 경우가 바로 그러하다. 이 점에서 보자면 「아Q정전」은 국가와 저항적 지식인이라는 두 대립하는 세력의 공동 정전이었고, 두 세력의 대립과 갈등 사이에서 끊임없이 미끄러지는 정전이었다. 물론 그것이 가능했던 원초적인 힘은 루쉰 텍스트가 지니고 있는 복합성과 다성악 때문이었다. 이 점을 고려하면, 2000년을 전후하여 중국에서 루쉰 문학작품을 국가주의 정전으로 일방적으로 규정한 것은 역사의 세목에 대한 진지한 성찰이 부족하다고 볼 수밖에 없다. 루쉰의 텍스트가 마오 시대에 국가주의적 텍스트로 되는 과정이 텍스트의 왜곡 과정이었다는 점, 그리고 국가주의 정전으로서의 루쉰 텍스트가 수행한 역할이 매우 이중적이었다는 점에 대한 충분한 고려가 부족한 것이다.

그런데 「아Q정전」을 비롯하여 루쉰 문학 작품의 해석을 둘러싼 해석권의 투쟁의 두 주체가 국가(혹은 국가주의 지식인)와 저항적 지식인, 특히 계몽주의 지식인들 사이에서 이루어졌다는 점은 「아Q정전」과 루쉰 작품 독서사, 수용사의 또 다른 한계일 수 있다. 루쉰 텍스트와 개인 사이에는 늘 루쉰 텍스트 읽기를 주재하는 사제가 있었고, 그 대표적인 사제는 국가와 지식인이었다. 이 차원에서 보자면, 이른바 '루쉰을 신으로 만드는 일'('神化魯迅')의 핵심 주체는 국가와 지식인이었다. 국가와 지식인이 자기의 정체성을 확립하기 위한 일종의 집단적 제의 차원에서 루쉰을 읽어 왔고, 「아Q정전」을 정전으로 구축해 온 것이다. 사정이 이러할 때, 이제 새로운 「아Q정전」 읽기가 요청된다고 할 수 있다. 그 새로운 「아Q정전」 읽기란 단순히 루쉰이라는 정전이 지닌 국가주의적 성격만을 드러내거나 (저항적 혹은 계몽적) 지식인의 정체성 창출을 위한 차원에서 수행하는 「아Q정전」 독서를 넘어서는 일일 것이다. 이 점에서 보자면, 루쉰 작품에 대한 개인적 독서를 주장하는 리샹핑(黎湘萍)의 제안은 의미가 있다.[37] 국가적 독서, 제도적 독서, 집단적 독서가 아니라 밑으로부터의 독서, 개인적 독서의 시대가 필요한 것이다. 지금까지 중국에서 루쉰에 대한 해석권은 국가와 지식인들의 차지였다. 이제는 개인 혹은 민간의 독서 체험에 루쉰을 맡길 필요가 있다. 그럼으로써 그동안 루쉰 연구가 지닌 지나친 본질주의적 접근을 제어하는 가운데 다양한 개인 독서 체험이 형성하는 루쉰에 대한 다양한 기억들이 솟아나야 할 것이다. 「아Q정전」의 경우도 그렇고, 루쉰의 경우도 그렇다. 그런 과정을 통해 만일 「아Q정전」이 하나의 정전/고전으로 자리매김 될 때, 「아Q정전」은 진정한 의미의 정전, 혹은 고전으로 불릴 것이다.

이는 크게 보자면 신중국 성립 이후 국가주의가 직조한 문화적 기억의 전일한 지배에 균열을 내는 한편, 그 문화적 아이콘 역할을 수행하였던 중국 현대문학 작품을 새롭게 읽어내는 일이 될 것이고, 다른

37 黎湘萍, 「是萊謨斯, 還是羅謨魯斯?」, 高旭東編, 『世紀末的魯迅論爭』(北京: 東方出版社, 2001), 382쪽. 리샹핑은 주로 국가의 개입에 따른 체제화 된 루쉰 읽기를 극복하기 위한 차원에서 개인적인 읽기를 강조한다.

한편으로는 중국 현대문학의 주요 작품들이 국가주의에 동원되어 새롭게 텍스트가 구성되면서 일그러지고 뒤틀렸던 것을 복원하여 중국 현대문학의 명작에 제 몫을 찾아주는 일이자, 궁극적으로는 문학 차원을 넘어 과거 역사를 바로잡는 일의 일환일 것이다.

4장

「아Q정전」 속 등급질서와 아Q의 혁명
– 왕후이의 「아Q정전」 해석에 대한 비판적 검토를 겸하여

4장

「아Q정전」 속 등급질서와 아Q의 혁명 -왕후이의 「아Q정전」 해석에 대한 비판적 검토를 겸하여

1. 머리말

루쉰의 대표작이자 중국현대문학 대표작인 「아Q정전」(1921) 해석에서 그동안 가장 쟁점이 되었던 것은 '아Q는 누구인가'라는 아Q의 상징성이었다. 중국 대륙 루쉰 연구계에서 말하는 이른바 '아Q 전형' 문제이다. 아Q가 중국 국민(민족)과 국민성(민족성)의 상징인지, 특정 계급, 특히 농민의 상징인지, 아니면 인류에게 보편적인 특정한 정신을 상징하는지 등이, 오랫동안 연구 쟁점이 된 것이다. 아Q의 상징은 작품이 발표된 직후에는 주로 중국 민족성 차원에서 해석되었다. "그는 중국인 품성의 결정이다."라고 본 마오둔(茅盾)의 시각이 대표적인 예다.[1] 그

1 雁冰, 「通信」, 陳漱渝 主編, 『說不盡的阿Q』(北京: 中國文聯出版公司, 1997), 232쪽.

런데 1920년대 말 마르크스주의 시각이 중국 문단에 도입되면서 아Q의 상징 해석에 변화가 일어났다. 마르크스주의 시각에 따라 「아Q정전」을 해석하면서 아Q를 농민의 상징으로 보는 관점이 나타나기 시작했고, 이와 더불어 아Q의 혁명성 문제가 연구 쟁점으로 부상하였다. 농민 아Q에게 혁명성이 있는지의 여부, 혁명성이 있다면 그것이 어떤 성격의 혁명성인지 등이 쟁점이 된 것이다. 1920년대 중국문단에서 창조사(創造社)와 더불어 사회주의 혁명문학을 주창하고, 혁명문학 논쟁을 주도한 태양사(太陽社)의 대표적인 문학이론가였던 첸싱춘(錢杏邨)의 관점이 그런 해석의 시작이었다. 그는 아Q를 농민, 특히 신해혁명(辛亥革命) 시대의 농민으로 규정하면서 아Q의 혁명성을 부정하였다. "아Q의 시대는 죽었다"라고 선언하고, 1928년 시점에서 볼 때 중국 농민이 신해혁명 시대의 농민 아Q처럼 유치하지 않으며, 각성하여 혁명성을 드러내면서 정치투쟁을 하고 있다고 지적하였다.[2]

마르크스주의 시각에 따른 「아Q정전」 해석이 등장하면서 아Q를 농민의 상징으로 보는 관점이 등장하였지만 첸싱춘의 해석에서 보듯이 농민 아Q가 혁명성을 지니고 있다고 해석한 것은 아니었다. 아Q를 농민의 상징이라고 보지만, 작품의 배경인 신해혁명 시기 농민의 상징인지, 아니면 신해혁명 시기만이 아니라 낙후된 중국 농촌 지역에서 보편적으로 볼 수 있는 농민의 상징인지를 두고 또 다른 연구 쟁점이 형성된 것이다. 예를 들어, 1935년에 당시 중국 문단을 대표하는 두 마르크스주의 문학이론가였던 후펑(胡風)과 저우양(周揚) 사이에 벌어진 아Q 전형 논쟁에서도 두 사람은 모두 아Q를 농민으로 전제하면서도, 어느 시기 농민의 상징인지를 두고서 첨예하게 대립하였다. 이 논쟁에

2 錢杏邨, 「死去的阿Q時代」, 陳漱渝 主編, 위의 책, 256-258쪽.

서 저우양은 아Q를 신해혁명 시기의 낙후된 농민의 상징으로, 즉 특수한 농민의 전형으로 보고, 당시의 혁명적 농민과 구별하였다.[3] 이에 비해, 후펑은 아Q를 신해혁명 당시는 물론이고 1930년대 중반 당시에도 존재하는 보편적인 농민의 상징으로 보면서 아Q의 혁명성을 부정하였다.[4] 첸싱춘이 사용한 표현을 빌어서 말하자면 저우양은 첸싱춘처럼 '아Q의 시대는 이미 끝났다'라고 보면서 아Q의 혁명성과 농민의 혁명성을 구분하였지만, 후펑은 '아Q의 시대는 아직 끝나지 않았다'라면서 농민 아Q의 혁명성을 부정한 것이다.

아Q를 농민의 상징으로 보는 해석이 전환점을 맞은 것은 마오쩌둥 시대가 종결되고 중국이 개혁개방 시기를 맞으면서였다. 이 시기 루쉰 연구는 1980년대 중국 지식인 사회의 주된 지적 조류인 신계몽주의 흐름 속에서 전개되었고,[5] 「아Q정전」 해석도 이 흐름 속에서 이루어졌다. 아Q를 국민성의 상징으로 보는 해석이 다시 주류로 등장하였고, 아Q의 혁명을 '아Q식 혁명'이라고 명명하는 가운데, 아Q의 혁명

3 周揚, 「現實主義試論」(1936), 『典型與個性』(1936) 등의 글 참조. 陳漱渝 主編, 『說不盡的阿Q』(北京: 中國文聯出版公社, 1997), 415-416쪽, 428-433쪽.

4 胡風, 「什麽是典型和類型」(1935) 「現實主義底一修正」(1936), 「典型論底混亂」(1936) 등 참조. 陳漱渝 主編, 『說不盡的阿Q』(北京: 中國文聯出版公社, 1997) 411-414쪽, 417-427쪽, 434-445쪽.

5 1980년대 계몽주의 성격의 루쉰 연구 경향을 여기서는 5·4시대 계몽주의와 구분하는 차원에서 신계몽주의라고 부른다. 1980년대 중국 지식인 사회의 신계몽주의 조류의 특징 및 의의와 한계에 대해서는 졸저, 『포스트 사회주의 시대의 중국 지성』(서울: 서강대학교출판부, 2017), 64-98쪽 참조. 이러한 1980년대 중국 지식인사회의 신계몽주의와 루쉰 연구의 연관에 대해서는 薛毅, 「魯迅與1980年代思潮論綱」, 『上海師范大學學報(哲學社會科學版)』, 第40卷 第3期(2011年 5月), 75-86쪽 참조.

을 노예의식이 주도한 '노예의 주인 되기' 혁명이거나 파괴를 위한 혁명이라는 차원에서 해명하였다. 1980년대 「아Q정전」 해석을 대표하는 즈커젠(支克堅)의 해석이 이를 상징한다. 아Q의 혁명을 아Q 정신승리법의 연장선에서 해석하고, 아Q가 혁명에 투신하는 동기에 분석을 집중하면서 노예의식에 가득 찬 아Q가 혁명에 투신하는 것은 복수와 재산약탈, 그리고 여자를 차지하기 위한 혁명일 뿐이라면서, 아Q의 혁명성을 근본에서부터 부정한 것이다.[6]

개혁개방 이후 신계몽주의 차원의 「아Q정전」 해석이 주요 흐름을 이루면서 아Q의 혁명성이라는 「아Q정전」 해석사의 오랜 쟁점은 한동안 연구 시야에서 멀어졌다. 그런데 왕후이(汪暉)가 그 오랜 쟁점을 다시 부각시켰다. 「아Q정전」을 현대 혁명에 관한 알레고리라고 보는 가운데, 아Q가 직감과 본능 차원에서 혁명성을 지녔다고 지적하면서, 기존의 신계몽주의 해석은 물론이고 마르크스주의 해석 역시 비판한 것이다.[7]

이 글은 이렇게 아Q의 혁명성을 새롭게 조명하면서 「아Q정전」 연구에 새로운 쟁점을 부각한 왕후이의 「아Q정전」 연구가 지닌 의미와 한계를 검토하는 것을 바탕으로, 아Q 혁명성의 기원과 성격, 그리고 아Q에게 혁명이 갖는 의미를 재해석하기 위한 것이다. 기본적으로 「아Q정전」을 중국의 문맥이 아니라 좀 더 보편적인 차원에서 읽어보

6 支克堅, 「關於阿Q的革命問題」, 『文學評論』 1979年 第4期 및 支克堅, 「阿Q正傳與新文學的現實主義問題」, 『文學評論』 1981年 第3期, 133−143쪽 및 學國, 「評支克堅等的阿Q典型觀」, 『華中師院學報』 1983年 第6期, 107−115쪽 참조.

7 汪暉, 『阿Q生命中的六個瞬間』(華東師范大學出版社, 2014), 이하 이 책에서 인용은 본문에 쪽수만 밝힘. 번역본 김영문 역, 『아Q생명의 여섯 순간』(서울: 너머북스, 2015).

려고 한다. 「아Q정전」을 등급질서의 세계와 그 인간에 관한 이야기로 보려는 것으로서, 중국 전통 시대나 중국 근대에 관한 소설을 넘어 근현대 계급사회를 포함하여 등급질서 사회와 그 이데올로기 속에서 사는 주체 문제와 연결하여 읽으려는 것이다.[8] 물론 근현대 자본주의 계급사회는 기본적으로 자본가와 노동자라는 양자 계급으로 이루어져 있다는 점에서 계급 구성이 전통 시대와는 차이가 있다. 하지만 여기서는 기본적으로 등급사회라는 차원에 주목하면서, 「아Q정전」을 통해서 등급질서와 그 이데올로기, 그리고 주체와 혁명의 문제를 생각해 보려는 것이다. 이는 무엇보다 「아Q정전」을 등급질서 속 사회와 인간, 혁명에 관한 소설로 읽으려는 의도에 바탕을 두고 있다.

이러한 연구 의도와 방향을 가진 이 연구를 왕후이의 기존 연구에 대한 비판적 검토를 바탕으로 진행하는 것은 두 가지 이유 때문이다. 하나는 등급질서 세계와 인간, 그리고 혁명이라는 차원에서 루쉰의 작품, 특히 「아Q정전」을 재해석하는 문제의식을 왕후이와 공유하기 때문이고, 다른 하나는 그러한 공유에도 불구하고 왕후이의 분석에 필자 나름대로 비판적으로 개입할 지점이 있고, 「아Q정전」을 중국 문맥만이 아니라 좀 더 근현대 등급질서 세계와 주체, 혁명이라는 문맥에서 읽어볼 여지가 있다고 판단하기 때문이다. 필자는 기본적으로 왕후이가 「아Q정전」을 기본적으로 현대 혁명에 관한 알레고리 소설로 보는 점, 그리고 작품 속 웨이좡(未莊)의 기본질서를 등급질서로

8 이 연구에서는 계급이라는 개념보다 등급이라는 개념을 사용한다. 개념의 적절성 여부를 두고 이견이 있을 수 있다고 본다. 하지만 루쉰이 사용한 개념에 따라 분석한다는 의미와 더불어 계급으로만 환원되지 않는 다양한 등급을 포괄한다는 의미에서, 요컨대 계급보다 좀 더 넓은 의미에서 등급이라는 개념을 사용한다.

본 점, 아Q의 이중성과 아Q 혁명의 이중성에 주목한 점 등에서는 입장을 같이한다. 하지만 「아Q정전」을 중국의 문맥만이 아니라 근현대 등급질서(계급질서를 포함하여) 세계라는 좀 더 보편적인 세계로 끌어와서 읽을 것이다. 아Q 의식의 상징인 정신승리법을 주로 중심에 두고서, 중국 국민성의 상징이거나 특정 계층의 의식인 정신승리법과 그것의 좌절이나 실효, 혹은 그것과 연관된 혁명이라는 차원에서 분석하는 것이 아니라 정신승리법을 포함하여 작품 속 세계를 등급질서 이데올로기의 세계로 보고, 그 세계 속 주체를 조명하고, 이 차원에서 혁명의 의미를 묻는 작업을 진행하려고 한다. 이 글에서는 아Q에게 내재한 이중성에 주목한다. 아Q가 지닌 이데올로기에 상징화된 측면, 즉 소외의 측면과 이데올로기 상징화에서 남은 잉여의 측면, 즉 탈소외의 측면이라는 이중성을 조명하고, 이를 바탕으로 아Q에게 혁명 공간이 갖는 의미와 한계를 더불어 구명하려고 한다.

이러한 작업은 「아Q정전」에 담긴 루쉰의 등급질서와 그 이데올로기 비판이 중국에만 한정되는 것이 아니며, 보편적으로 전통과 근대에 두루 해당하는 것으로 보는 입장에 바탕을 두고 있다. 이는 루쉰을 기본적으로 '근대 적응과 근대 극복'의 이중과제(the double project of adapting to and overcoming modernity) 속에서 조명하려는 일련의 연구 작업의 일환이다.[9]

9 동아시아 근대 이중의 과제와 관련한 루쉰의 의미에 대한 초보적 논의는 졸저, 『포스트 사회주의 시대의 중국 지성』(서울: 서강대학교출판부, 2017), 256–274쪽 참조.

2. 왕후이의 아Q와 아Q 혁명의 이중성 논리

「아Q정전」에서 아Q는 혁명이 일어나자 자신도 혁명에 가담하려고 하지만 거부당한다. 아Q가 혁명에 가담하는 것을 반역('造反')이라고 부르든 혁명(革命)이라고 부르든 아Q에게 혁명을 하겠다는 염원이 생긴 것만은 분명하다. 일반적으로 아Q 혁명을 두고, 신계몽주의 관점의 연구에서는 흔히 '아Q식 혁명'이라고 부르면서 아Q의 혁명을 정신승리법이라는 노예의식의 연장선에서 해석하였다. 이에 비해 마르크스주의 관점의 경우, 아Q에게 신해혁명 도래 이후에 혁명적 각성이 생겼다고 보는 입장과 더불어 아Q에게는 혁명에 대한 갈망과 아Q정신이 뒤엉켜 있고, 아Q는 최종적으로 진정한 혁명적 각성에 이르지 못했다는 입장이 혼재했다. 후자의 경우, 주로 마오쩌둥(毛澤東)을 비롯한 신민주주의 입장의 해석이었다.[10] 물론 아Q를 미각성 상태의 농민으로 보지만, 그렇다고 아Q의 혁명성 자체를 부정한 것은 아니었다. 아Q가 미각성 상태에 처한 원인을 지배계급에서 찾으면서 아Q와 지배세력 사이의 대립을 강조하였고, 지배세력과의 대결과정에서 혁명에 대한 요구가 드러나고 있다는 점을 지적하기도 했다.

그런데 왕후이는 기존의 이러한 해석을 모두 비판한다. 그는 마르크스주의 관점과 신계몽주의 관점이 시각은 다르지만 공통적으로 아Q에게서 '의식'을 발견하려고 한 점에서 같고, 이로 인해 아Q의 혁명적 잠재성을 읽어내지 못했다고 본다. 왕후이는 "그 시대(1980년대 신계몽주의 시대-인용자) 아Q 연구와 혁명문학론 이후 마르크스주의 비평

10 毛澤東, 「論十大關係」, 『毛澤東選集(第5卷)』(北京: 人民出版社, 1977), 283쪽.

사이에는 모종의 공통점이 있다. 즉 혁명적 잠재성을 무시하고 소홀히 한 것"(24쪽)이라고 지적하면서, 그 이유를 "많은 계몽주의자와 마찬가지로 마르크스주의자들도 아Q에게서 의식을 발견하길 희망했기 때문"(22쪽)이라고 비판한다. 왕후이는 아Q의 의식이 아닌 본능과 직감, 잠재의식에 주목할 때 거기서 아Q의 잠재적 혁명성을 발견할 수 있다고 말한다. "혁명을 향해 가는 아Q의 잠재적 유전자"(24쪽), 즉 "아Q 혁명의 동력은, 그의 본능과 무의식 속에 잠복해 있다"(67쪽)는 것이다.

왕후이에 따르면 아Q의 혁명성이 기원하는 아Q의 본능과 무의식은 정신승리법이 정지하는 순간에 발원한다. 그에 따르면 아Q의 의식은 아Q의 자아를 지배하는 정신승리법이고 무의식은 정신승리법이 정지하는 순간에 솟아나는 본능과 직감이다. 왕후이는 마르크스주의와 신계몽주의 시각이 아Q를 '의식' 차원에서 접근한 결과 아Q의 혁명성을 발견하지 못했다고 비판하지만, 그 역시 의식의 차원에서 볼 때 아Q가 미각성 상태라는 것을 부정하거나 아Q의 의식에서 정신승리법이 작동하고 있다는 것을 부정하지는 않는다. 다만 그는 아Q의 정신승리법이 아Q의 행동과 사고를 완전히 지배하지 않는다고 보는 것이다. 왕후이는 이렇게 말한다. "아Q에게는 정신승리법으로 직감과 본능을 극복하는 경향과 강한 의지를 지니고 있지만, 직감이 그의 삶에서 어떤 결정적인 순간에 여전히 그의 행동을 지배하고 있다"(51쪽). 요컨대 아Q에게는 "자아 통제력을 잃는 순간"과 "정신승리법이 우연히 효력을 잃는 순간"(31쪽)이 있으며, 그 순간 본능과 직감이 작동한다는 것이다. 왕후이에 따르면 그것은 '찰나'라고 할 정도로 짧은 순간이지만, 이 짧은 시간이 바로 아Q의 무의식이 드러나는 순간이고, 아Q의 혁명성이 바로 그 순간에 잠재성의 형태로 발원한다는 것이다. 왕후이가 추출하는 정신승리법이 효력을 잃는 여섯 개의 순간은 다음과 같다. 2장에서 아Q가 투전판에서 딴 돈을 모두 잃어버리고 '패배의 고통(失敗的苦痛)'을 느꼈던 순간, 3장에서 털보 왕가에게 생전 처음 겪는 굴욕을 당하고 "어찌할 바를 모르는(無可適從)"는 순간, 그리고 4장과 5장에서 '성'과 '기아'(飢餓)의 생존본능이 드러나는 순간, 그리고 8장 혁명을 금지당한 채 '무료(無聊)'함을 느끼는 순간과 9장 아Q가 '죽음'의 공포를 느끼는 순간.

당연하게도, 중국 「아Q정전」 연구사에서 왕후이가 처음으로 아Q의 본능이나 직감에 주목한 것은 아니다. 다만 왕후이처럼 아Q의 정신승리법과 본능이나 직감을 분리시키는 것이 아니라 본능과 직감을 아Q의 정신승리법과 연결시켜 해석하는 것이 일반적이었다. 신계몽주의 루쉰 해석을 대표하는 연구자 중 한 사람인 왕푸런(王富仁)의 시각처럼, 아Q 의식과 행동에 본능이나 직감이 존재하는 것을 인정하지만, 이런 본능이나 직감이 아Q의 전통의식과 하나로 결합되어 있고, 이 결합으로 인해 아Q는 자아의식과 개성의식을 결여하게 되었다고 본 것이다.[11] 탄꾸이린(譚桂林)의 지적대로, "아Q의 본능, 욕망, 직감이 정신승리법과 시종일관 연결되어 있다"고 보는 것이 일반적이었다.[12]

그런데 이런 기존 해석과 달리 왕후이는 아Q의 정신승리법과 아Q의 본능, 직감 사이에 균열이 존재한다고 보는 것이고, 그 균열에서 아Q의 잠재적 혁명성이 기원한다고 해석한다. 아Q에게서 본능과 직감을 발굴하는 왕후이의 이러한 작업은 그가 아Q의 성격을 복합적으로 규정한 데 따른 것이다. 아Q의 성격이 정신승리법만으로 규정되지

---

11 王富仁, 『中國反封建思想革命的一面鏡子』(北京: 北京師范大學出版社, 1986), 138쪽.

12 譚桂林, 「如何評價阿Q式的革命并與汪暉先生商榷」, 『魯迅研究月刊』 2011年 第10期, 42쪽.

않으며, 일면적인 성격이 아니라 모순과 갈등의 복합적 결합체라고 보는 것이고, 아Q에 대한 이런 해석은 원래 아Q라는 인물을 창조한 작자 루쉰의 의도에 더 부합한다고 보는 것이다(29쪽).

아울러 왕후이는 아Q의 이러한 복합적 성격에 아Q가 정신승리법에서 벗어나 혁명에 투신할 수 있는 계기가 내포되어 있다고 본다. 정신승리법이 기존 질서에 편입되려는 욕망의 산물로서 기존 질서를 유지하고 재생산하는 데 기여한다면, 아Q의 정신승리법이 효력을 잃는 순간에 솟아나는 본능과 직감은 아Q의 잠재적 혁명성이 기원하는 곳으로서, 기성 질서 밖을 향하는 '본능적 저항'의 형식을 지닌다는 것이다. 아Q에게 순응과 저항이라는 이중성, 그의 용어를 빌면 '갈등'이 공존하고 있다고 보는 것이다. 그래서 왕후이는 아Q에게는 "질서 수호자와 본능적 저항자의 공존"(21쪽)이라는 이중의 서로 모순적인 특징이 존재한다고 지적한다. 아Q를 정신승리법과 본능 차원에서 규명하면서, 아Q의 이중성을 부각시키는 것이 왕후이의 아Q 해석의 가장 큰 특징 가운데 하나다.

그런데 왕후이가 아Q를 "질서 수호자와 본능적 저항자"라는 서로 상반된 성격이 공존하는 아Q의 이중성을 발굴하는 것은 왕후이의 기본적인 문제의식이 「아Q정전」을 통해 마비된 민중이 어떻게 혁명 주체로 나서는지를 구명하는 데 있기 때문이다. 왕후이는 루쉰 스스로가 「아Q정전」의 창작동기를 언급하면서 지적한 두 가지, 즉 "현대 우리나라 사람들의 영혼"을 써내려고 시도했다는 언급, 그리고 중국인들이 전통 등급제도 속에서 사람 사이에 형성된 단절과 격막이 그 이름은 달라졌지만 그 혼은 여전히 존재한다는 언급[13]에 주목한다. 이 차

13 「俄文譯本『阿Q正傳的』序及著者自敍傳略」, 『魯迅全集』 7卷(北京: 人民文學出版社,

원에서 보자면, 아Q는 등급질서 이데올로기를 육화한 현대 중국 민중의 상징이 된다.

왕후이가 아Q를 보는 관점을, 이데올로기와 주체 사이의 관계 차원에서 일반화시키자면, 왕후이는 알튀세(Louis Althusser) 입장보다는 라깡(Jacques Lacan)과 지젝(Slavoj Zizek)의 입장에서 마비된 민중 아Q의 혁명성을 발굴한다. 주지하듯, 알튀세의 경우, 주체는 이데올로기라는 상징질서에 철저히 예속되어 처음부터 끝까지 이데올로기적이라고 보는 반면에 라깡과 지젝의 경우 주체가 상징계에서 대타자에게 흡수되는 일종의 소외 상태에 있다고 보면서도 무의식 차원에서 주체가 대타자의 의미사슬로부터 벗어날 가능성과 당위에 주목한다는 차이점을 지닌다.[14] 왕후이가 아Q의 잠재적 저항성을 발굴하는 기본 시각은 주체가 이데올로기라는 대타자, 혹은 상징계의 질서에 소외되지만 이데올로기가 완전히 주체를 장악할 수 없으며, 그 대타자의 결여와 공백의 지점에서 주체의 저항 가능성을 보는 점에서 라깡과 지젝의 입장에 서 있다. 왕후이는 그 잉여와 공백을 아Q의 본능과 직감으로 보고, 여기서 아Q가 이데올로기에서 벗어나 저항할 수 있는 가능성을 본 것이다.

그런데 아Q에게 이렇게 질서 수호자와 저항자라는 이중성 혹은 균열이 존재한다고 보면서 아Q의 혁명성을 발굴하게 되면, 아Q라는 인물의 성격 규정 차원을 넘어 작품 자체의 성격 역시 달라지게 된다.

2005), 83쪽.

14 양석원, 「이데올로기적 주체와 무의식적 주체-알튀세르와 라캉의 주체 이론」, 『문학과사회』 Vol. 13(2000. 8), 1339-1373쪽 및 양석원, 「욕망의 주체와 윤리적 행위」, 『안과 밖』 10권(2001. 4), 269-273쪽 참조.

이제 「아Q정전」은 아Q의 혁명에 관한 이야기가 되게 되고, 아Q가 어떻게 정신승리법에 사로잡혀 있는지를 다룬 소설이 아니라 아Q가 정신승리법에 사로잡혀 있으면서도 정신승리법에서 어떻게 벗어나는지를 다룬 소설이 된다. 그래서 왕후이는 "「아Q정전」은 정신승리법을 썼다기보다는 돌파의 계기를 썼다."(66쪽)고 말하면서, 「아Q정전」은 기본적으로 "혁명에 관한 책"이라고 보면서(25쪽), "「아Q정전」을 이해하는 관건은 침묵하는 국민의 영혼 속에 어떻게 내재적으로 혁명적 잠재성이 포함되어 있는지를 찾는 것이다."(29쪽)라고 말하는 것이다.

물론 왕후이가 아Q의 혁명성을 본능과 직감 차원에서 긍정하지만, 그 역시 아Q가 혁명에 투신하는 것이 '의식' 차원이 아니라 우연히, 그리고 저항('掙扎')을 거치지 않는 '본능적 순간'으로 이루어지며, 이로 인해 아Q의 혁명 참여, 혹은 "본능적 저항"이 파괴성, 중복성, 맹목성을 지닌다는 점을 인정한다(22쪽). 하지만 왕후이는 아Q의 "본능적 저항이 파괴성, 중복성, 맹목성을 지닌다"고 하여, 이것 때문에 혁명 진행을 부정할 이유가 없다(22쪽)고 본다. 왕후이는 루쉰이 젊은 좌파 혁명가들에게 강조한 "혁명은 더러움을 수반한다."[15]고 말한 것을 예로 들면서, 아Q의 혁명이 파괴성, 중복성, 맹목성을 지닌 채 구질서와 구습관을 반복하는 중복의 성격을 지니기도 하지만 그렇다고 이것이 "혁명 진행에 대해 부정할 이유가 될 수 없"으며, 이런 관점은 혁명이란 더러움을 수반한다고 본 루쉰의 견해와도 부합한다는 것이

15 루쉰의 원래 언급은 이렇다. "혁명은 고통스러운 것으로 필연적으로 더러운 것이며 피가 섞이기 마련이다. 시인이 상상하는 것처럼 그렇게 재미있고, 그렇게 아름다운 것이 아니다. 혁명은 더군다나 매우 현실적인 일이기에 여러 가지 비천하고 번거로운 작업이 필요하고 결코 시인이 상상하는 것처럼 낭만적인 것이 아니다." 「對於左翼作家聯盟的意見」, 『二心集』, 『全集』 4卷, 238쪽.

다(22쪽).

이러한 왕후이의 입장은 혁명의 기원에 대한 옹호이자 혁명에 수반되는 부정적 모습을 이유로 혁명 자체를 부정하는 시각에 대한 반박으로, 그는 이를 바탕으로 「아Q정전」 속 혁명을 윤회가 아니라 중복 차원으로 규정하면서 옹호한다. 그는 혁명을 과거의 단순 복제라는 차원인 윤회와 구분해야 한다고 강조한다. 그에 따르면, 윤회란 일종의 자아회귀로서, 이전 상태와 이후 상태 사이에 질적 차이가 없는데 비해, 중복이란 다시 출현한 행위 방식이자 현상이지만, 독특한 문제와 사건에 대응하는 과정이어서, 윤회의 의미로 해석할 수 없다는 것이다. 왕후이는 루쉰이 본 신해혁명과 「아Q정전」에 등장하는 아Q의 혁명이 바로 여기에 해당한다고 말하는데, "모든 중복성 속에 이전의 중복성과 다른 독특한 내용"(31쪽)이 들어 있다는 것이다. "혁명은 중복의 형식으로 출현하지만 중복 불가능을 포함"하고 있고(30쪽), "그저 모종의 중복 현상 같지만, 그 성질은 다르고 중복 속에 변화가 은밀히 내재되어 있다"(32쪽)라고 보는 것이다.

이렇게 아Q의 혁명이 중복의 형식으로 출현하지만 그 중복 속에는 변화가 은밀히 내재되어 있다고 보는 시각을 바탕으로 왕후이는 아Q의 혁명은 두 개의 혁명이라고 규정한다.

> 신해혁명과 마찬가지로 아Q의 혁명도 두 개의 혁명이다. 하나는 역사 내부의 혁명으로, 이 혁명에서 아Q는 낡은 행동방식을 따라 순환하고 혁명에 대한 상상을 통해 모든 낡은 질서를 회복한다. 그는 결국 이러한 구질서 복벽의 혁명을 통해 죽는다. 다른 하나는 아직 드러나지 않은 채 잠복된 혁명이다. 그것은 많은 경우 금방 사라질 것 같고 모호한 본능과 직감 속에만 존재할 따름이다. 구질서의 회복이 혁명을 억압하는 것처럼, 그것은 비역사적이다(88쪽).

여기서 왕후이가 강조하는 것은 두 개의 혁명, 즉 아Q 혁명이 지닌 이중성이다. 아Q 혁명은 낡은 것의 중복과 새것의 탄생이 병존한다는 것이다. 모든 혁명이 그러하듯이 「아Q정전」에서 아Q의 혁명 역시 이러한 한계 속에서 출발한다고 보는 것이고, 아Q의 혁명은 혁명의 완결이 아니라 시작이라는 것이다. 왕후이가 신해혁명 백주년을 맞아 현대 혁명의 시작으로서 신해혁명의 규정을 규정하면서 「아Q정전」을 다시 읽고, 아Q의 혁명성의 기원과 성격을 재발굴하는 의도가 여기에 있다. 왕후이에 따르면, "「아Q정전」은 발단으로서의 신해혁명에 관한 탐색"이자, "중국혁명 발단 시대의 알레고리"인 것이다(89쪽).

여기에 이르면 왕후이의 연구는 단순한 「아Q정전」 연구를 넘어 현대 중국 혁명의 기원과 그 성격, 그리고 혁명의 의의를 묻는 일이 된다. 그래서 왕후이는 애초에 「아Q정전」을 전통 시대 중국 국민성의 초상으로 보는 기존 「아Q정전」 연구와는 다르게 아Q를 전통시대만이 아니라 현대 중국 국민성의 표현이며, 중국 현대성의 표상이라고 본 것이다(16쪽). 이런 차원에서 보자면 왕후이의 새로운 「아Q정전」 해석 시도를 신좌파가 루쉰 사상을 정신적 자산으로 이용하려는 전형적인 예라고 지적하는 것은 타당하다.[16] 그의 문제의식은 단순히 「아Q정전」 해석에 그치는 것이 아니라 「아Q정전」을 통해서 신해혁명을 포함하여 현대 중국 혁명의 발단과 혁명 주체를 해명하는 데 있고, 다른 한편으로는 아Q의 혁명부터 신민주주의 혁명 등 현대 중국의 혁명 시도를 윤회 차원에서 일어난 주인 바꾸기 혁명 차원에서 해석하는 신계몽주의 혹은 자유주의 시각을 비판하는 데 있다. 요컨대 신좌파 지식

16 譚桂林, 「如何評價阿Q式的革命并與汪暉先生商榷」, 『魯迅研究月刊』 2011年 第10期, 49쪽.

인인 그의 사상 지향을 여실히 드러내는 것으로, 이는 왕후이 해석의 가장 중요한 개성으로, 관점에 따라서는 이를 왕후이 해석의 장점 또는 한계로 볼 수 있을 것이다.

지금까지 살펴본 대로, 왕후이의 해석이 「아Q정전」 텍스트 해석만이 아니라 현대 중국의 혁명과 혁명 주체에 관한 문제제기의 성격을 동시에 지닌 까닭에, 왕후이의 해석에 대해서는 다양한 차원에서 비판이 가능하다. 나름대로 분류하자면 이왕의 비판은 크게 네 가지 차원에서 나왔다. 첫째는 왕후이가 규정한 정신승리법의 성격과 의미에 대한 비판 차원이다. 이종민이 왕후이가 정신승리법과 본능을 대립시킨 것을 비판한 것이 대표적이다. 이종민은 왕후이가 정신승리법을 본능과 대립시키는 것을 비판하면서, 정신승리법은 "아Q의 강한 생존본능에서 기인하는 것으로 보아야 한다"고 지적한다.[17] 이종민이 정신승리법을 기존 질서를 옹호하는 것으로 보는 왕후이를 비판한 것은 정신승리법을 보는 기본적인 시각 차이에서 기인한다.

그런데, 만약 정신승리법을, 이종민이 규정한 대로, "생존조건과 내부의식의 변화에 따라 탄력적으로 작용할 수 있는 생존법"으로서, 정신승리법이 "자기기만적인 노예근성이 될 수도 있지만 절망을 견디는 회복탄력성으로 작용하여 강인한 생명력의 근간이 될 수 있다"[18]라고 본다면, 그의 비판은 비단 왕후이의 정신승리법 해석에만 해당하는 것은 아니다.[19] 정신승리법을 노예의식 차원에서 규정하는 신계몽

17 이종민, 「왜 루쉰을 다시 소환하려 하는가: 汪暉, 『阿Q生命中的六個瞬間』에 대한 반론」, 『중국현대문학』 84호(2018), 71쪽.

18 위의 논문, 73쪽.

19 정신승리법을 노예의식 차원을 넘어서서 약자, "억눌린 약자가 맞서 싸울 힘이

주의나 마르크스주의 관점 역시 이종민의 비판에서 자유롭지 않다. 정신승리법을 주체적 자각을 결여한 노예의식 차원에서 본 점은 같기 때문이다. 이종민의 비판은 「아Q정전」 해석에서 왕후이의 해석에 대한 비판을 넘어 정신승리법의 성격과 의미에 관련된 보다 근본적인 지점에 놓여 있고, 정신승리법을 주체적 자각을 결여한 노예의식 차원에서 접근할 것인지, 아니면 좀 더 시각을 넓혀서 삶의 실존 차원에서 접근할 것인지를 둘러싼 해석 차이와 관련되어 있다.[20]

두 번째 차원의 비판은 계몽주의 관점에서다. 타오뚱펑(陶東風)과 탄꾸이린의 비판이 대표적으로 그러하다. 타오뚱펑은 왕후이가 설정한 정신승리법과 본능의 대립 자체를 근본적으로 부정하는 가운데 아Q의 본능은 정신승리법과 한 뿌리이고, 아Q식 혁명이란 식욕, 성욕, 물질욕 차원의 본능적 욕구를 충족하기 위해 자신이 새로운 주인이 되고자 하는 노예의 혁명이라고 본다.[21] 이는 왕후이 관점에 대한 가장 보편적인 비판에 속한다.[22]

없을 때 나타나는 반응"이자 생존법이라고 보는 시각은 일찍부터 있어 왔다. 주정 지음, 홍윤기 옮김, 『루쉰평전』(서울: 북폴리오, 2006), 144쪽 참조.

20 王瑤의 시각처럼 아Q의 정신승리법을 하층민 아Q가 고통과 굴욕에 대응하는 삶의 방식의 하나로 보는 시각 자체는 「아Q정전」 기존 해석에서 줄곧 있어왔다. 陳漱渝 主編, 『說不盡的阿Q』(北京: 中國文聯出版公司, 1997), 392-394쪽 참조.

21 陶東風, 「本能, 革命, 情神勝利法—評汪暉『阿Q生命中的六個瞬間』」, 『文藝研究』, 2015年 3期, 147-160쪽.

22 타오뚱펑이 왕후이를 비판하면서 아Q의 무의식 역시 의식과 '같은 뿌리'(同根)라고 보는 것은 이데올로기와 주체 사이의 관계로 보자면 그의 입장은 알튀세 차원에서 나온 것이고, 이는 왕후이와 타오뚱펑이 서로 다른 차원에서 아Q의 무의식에 접근하고 있다는 것을 말해 준다.

세 번째 차원의 비판은, 아Q에게 무의식 차원에서 그러한 저항의 계기가 존재한다고 할지라도 그러한 각성이 쉽게 무화된다고 보는 입장이다. 전형준의 지적이 그러하다. 그는 우선, 왕후이가 본능과 직감 등의 의미를 강조하는 것이 들뢰즈(Gilles Deleuze)를 참고한 것이라고 보면서 왕후이 분석을 긍정적으로 평가한다. 의식은 정신에, 본능, 직감, 무의식은 신체에 해당하는 것으로 설정하면서 정신승리법은 정신의 영역에서 작동하는 것이고 정신승리법 돌파의 계기는 신체영역에서 나타나는 것으로 본다는 것이다. 하지만 전형준은, 왕후이가 정신승리법이 작동하지 않는 순간에 이루어지는 각성에 관심을 갖지만, 그가 보기에는 "어떻게 각성이 발생했는지 만큼이나 혹은 그보다 더 많이, 어떻게 각성이 무화되었느냐가 중요하다"고 비판한다.[23] 전형준의 이 지적은 아Q의 혁명이 왜 쉽게 무화되며, 그렇다면 그 무화를 저지하면서 아Q의 혁명성을 유지하거나 고양시키기 위해서는 무엇이 필요한지를 사고하게 한다.

네 번째 차원의 비판은 왕후이가 정신승리법이 영향력을 잃는 순간으로 지적한 여섯 개 순간의 타당성 여부다. 예를 들어 타오뚱펑은 왕후이가 적시한 여섯 개 순간에도 기본적으로 정신승리법이 작동하고 있다고 본다. 물론 타오뚱펑이 기본적으로 정신승리법과 본능, 직감을 구분하는 것을 "가짜 이원대립"이라고 보면서 왕후이의 문제틀 자체를 인정하지 않기 때문에 그가 여섯 개 순간의 의미를 근본적으

23 전형준, 「「아Q정전」 다시 읽기」, 네이버 열린 연단: 문화의 안과 밖(고전 38강), http://openlectures.naver.com/contents?contentsId=79158&rid=2892&lectureType=classic#literature_contents

로 부정하는 것이 당연하다고 치부할 수도 있다.[24] 하지만 여섯 개 순간의 타당성에 대한 논란의 여지는 여전하다. 나중에 3장에서 상술하겠지만, 예를 들어 왕후이가 정신승리법이 작동을 멈추는 네 번째 순간인 아Q가 우 어멈에게 동침하자고 달려드는 것에 대한 해석 역시 그러하다. 물론 이를 왕후이의 해석대로 성 본능의 발현으로 해석할 수도 있다. 아Q가 비구니를 만진 뒤 손끝에 남은 감각이 아Q의 성 본능을 자극했다고 볼 수 있는 것이다. 하지만 아Q의 행동 동기에는 이것만이 아니라 대를 이어야 한다는 유교 이데올로기도 동시에 작용하고 있다고 보는 것이 더 옳다고 본다.

이처럼 왕후이가 「아Q정전」을 새롭게 해석하려고 한 시도는 여러 차원에서 비판이 가능하다. 하지만 미덕도 있다. 해석의 타당성 여부를 떠나서, 그의 시도가 지닌 미덕 가운데 하나는 「아Q정전」을 현대 중국의 지평에서 해석하려는 것이라고 본다. 물론 왕후이는 「아Q정전」을 현대와 당대로 끌어오면서도 여전히 중국 맥락에서 읽고 있다. 왕후이로서는 당연한 일이다. 하지만 왕후이의 문제의식을 살리면서 「아Q정전」의 세계를 중국을 넘어 좀 더 보편지평으로 당겨 와서, 현대 세계, 특히 계급질서를 포함하여 등급질서 세계 속 인간, 그리고 혁명에 관한 알레고리 차원에서 읽을 수도 있다고 본다. 작품을 아Q 의식의 상징인 정신승리법만을 중심에 두고서, 중국 국민성의 상징이거나 특정 계층의 의식인 정신승리법과 그것의 좌절이나 실효, 혹은 그것과 연관된 혁명의 세계라는 차원에서 주로 분석하는 것이 아니라 정신승리법을 포함하여 작품 속 세계를 등급질서 이데올로기의 세계로 보고, 그 세계 속 주체의 의식을 조명하고, 이 차원에서 혁명의

24 陶東風, 앞의 논문, 149–152쪽 참조.

의미를 묻는 작업을 진행해 볼 수 있다는 것이다. 이는 「아Q정전」을 중국의 문맥에서가 아니라 등급질서가 작동되는 세계라는 보편적 문맥에서 읽는 일이자, 루쉰의 언급대로, 「아Q정전」을 현대 이전의 이야기가 아니라 현대 이후의 이야기로 읽는 일이다.[25]

그리고 이 차원에서 읽게 되면, 그 과정에서 「아Q정전」을 중국 문맥에서 읽는 왕후이의 해석이 남긴 질문들, 예컨대 아Q 혁명이 혁명적 잠재성과 더불어 파괴성, 맹목성을 지니고 있다고 할 때, 그 혁명의 시작에 불가피하게 동반되는 파괴성과 맹목성을 어떻게 제어하면서 보다 온전한 혁명에 다가갈 것이며, 전형준의 지적대로 아Q가 각성한다고 하더라도 그것이 순간에 그친 채 쉽게 무화되는 것을 막을 수 있는 기제는 무엇이냐는 점을 좀 더 보편적 차원에서 구명할 수 있을 것이다.

아울러 정신승리법 해석과 관련하여 왕후이든 왕후이 해석을 비판하는 입장이든 공통적으로 아Q의 정신승리법을 중국 국민성(그것을 하층민의 정신구조이든 국민의 보편적인 정신구조로 보든, 그 차이에도 불구하고)이라는 차원에서 해명하지만, 중국 문맥을 넘어 계급질서를 포함하여 근현대 등급질서 세계라는 보편적 차원에서 이를 해석할 수도 있다고 본다. 즉 등급질서 세계 속에서 일종의 정신적 강박증에 사로잡혀 있다는 차원에서 해석하는 것이 가능한 것이다. 이 경우, 아Q에게 혁명이란 등급질서 이데올로기 속에서 강박증을 앓고 있는 아Q 강박증이 적나라하게 외화 되는 공간인 동시에 아Q에게 내재된 이데올

25 중국에서 루쉰 작품을 등급질서 비판이라는 차원에서 구명한 연구는 많지 않다. 다른 연구 중에 산발적으로 언급되는 경우가 대부분이고, 일부 연구조차도 등급의식 비판을 전통사회 비판이라는 차원에서 보고 분석하였다. 대표적으로는 顔素强, 「魯迅小說對等級觀念的批判」, 『寧德師專學報』(哲學社會科學版), 總第28期(1994年 第1期) 44-48쪽 참조.

로기 상징화의 잉여가 외화 되는 공간이라고 본다. 신해혁명의 공간이란 한편으로는 기존 등급질서 대타자에 균열이 일어나면서 아Q의 등급질서 속 지위 상승 욕구가 극한에 이르는 공간이자, 다른 한편으로는 이데올로기의 상징화의 잉여에 토대를 둔 그의 저항성 역시 적나라하게 드러나는 공간이다. 그런데 문제는 이런 이중의 의미를 지닌 아Q의 혁명에서 아Q에게 내재된 상징화의 잉여가 지닌 저항성을 어떻게 새로운 역사의 계기와 주체의 새로운 탄생으로 끌어내느냐는 것인데, 이 차원에서 볼 때 「아Q정전」이 제시하는 답은 역설적이라고 본다. 「아Q정전」에서 작자 루쉰은 그 답의 부재를 통해서, 즉 아Q의 비극과 실패를 보여줌으로써 역설적으로 그 답을 제시하였다고 본다. 아Q가 죽음을 맞는 것으로 끝나는 혁명(신해혁명을 포함하여)의 한계와 실패를 통해 아Q의 노예성을 드러내는 것과 동시에 아Q와 같은 강박증을 치유해 주는 기제로서의 혁명과 정치의 중요성을 절실히 사고하게 만든다는 것이다.

3. 등급질서 이데올로기와 아Q, 그리고 혁명

중국 역사학에서는 일반적으로 송대(宋代) 이후 신분이 양(良)과 천(賤)이라는 두 가지로 단순화된 가운데, 천민신분은 소수 범죄자만 해당하는 미미한 숫자에 불과했다고 본다. 실질적으로 모든 백성이 양민인 양민사회가 되었고, 세습신분은 존재하지 않게 된 것이다. 그 배경은 시장경제가 획기적으로 발전한 데 있었다. 신분에 따라 규정되는 세습적 직업이 황제를 제외하고는 존재하지 않게 되었고, 통치 계층이 양민 중에서 과거를 통해 선발되고, 그 지위는 세습되지 않게 된 것이다. 물론 사회 상층에는 과거시험에 비교우위를 가진 사대부계층이 존재하였지만 신분 지위가 지극히 유동적이어서 신규 진입과 탈락이 빈번하게 일어나는 상하 유동성이 매우 컸다.[26] 신분이 아니라 등급이 존재하였지만 등급 사이의 유동성이 매우 컸던 것인데, 이러한 등급 상하 유동성에 크게 기여한 것이 과거제도였다. 량수밍(梁漱溟)이, 마오쩌둥(毛澤東)이 서구 계급 시각에 따라 중국 사회를 보는 것을 비판한 것도 그런 유동성에 주목한 때문이었다. 량수밍은 중국 사회는 통치 지위가 세습적이지 않아서, 반경반독(半耕半讀)을 통해 과거를 보고서 관리가 될 수 있는 구조라고, 이른바 '아침에는 들에서 농사를 짓고, 밤에는 조정에 나아가는(朝爲田舍郎, 暮登天子堂)' 사회라고 지적하였다.[27] 량수밍이 보기에 중국 등급질서의 이런 유동성은 서구 중세 신분제 사회와 구별되는 중국사회의 특징이었다.

물론 중국사회의 등급질서에는 기본적으로 유교의 예치(禮治)질서가 동반되었다. '인륜(人倫)'에서 '윤(倫)'이 물에 파문이 일어나 차례차례 전해져서 생기는 결을 뜻하고, '윤'의 중점은 분별에 있으며,[28] 『예기(禮記)』에서 "예란 친함과 소원함을 정하고, 꺼리고 싫어함을 결정하며, 다름과 같음을 구별하고, 옳음과 그름을 밝히는 것(定親疏, 決嫌疑, 別同異, 明是非)"[29]이라고 한 것에서 보듯이, 예치는 기본적으로 존비, 귀천, 친소, 장유, 남녀의 차이를 분별하고 이를 바탕으로 차등하

26 미야지마 히로시, 『나의 한국사 공부』(서울: 너머북스, 2015), 136쪽 및 146-147쪽.

27 梁漱溟, 『中國文化要義』, 『梁漱溟全集』 3卷(濟南: 山東人民出版社, 1990), 151-153쪽.

28 페이샤오퉁, 장영석 옮김, 『향토중국』(서울: 비봉출판사, 2011), 57쪽.

29 「曲禮」, 『禮記』.

는 데서 출발한다. 중국 전통 사회는 이처럼 유교의 예(禮)가 정치, 사회 조직 원리에 편입되고, 모든 사회관계가 서열화 등급화 되는 차이와 서열의 구조를 이루었다.[30] 이 차원에서 보자면 '예'를 포함하여 유교 이데올로기는 등급질서의 토대이자 핵심이었다. 송대 이후 봉건적 신분제는 해체되었지만, 예치에 바탕을 둔 등급질서는 사회적 차원은 물론 사적 인간관계에 이르기까지 여전히 폭넓게 영향을 미쳤다. 중국 사회의 이러한 차등적 서열 구조를 인류학자 페이샤오퉁(費孝通)은 '차등 서열 구조(差序格局)'라고 불렀다.[31]

그런데 중국 전통사회 등급질서에서 개인의 지위는 세습 지위가 아니라 성취 지위라는 점에서 강한 상하 유동성이 작동하고, 유동적 사회 지위가 개인 능력에 따라 좌우되면서 새로운 이데올로기가 탄생하였다. 그것은 일본 역사학자 요나하 준(與那覇潤)의 지적처럼 지위가 높은 사람은 능력도 있고 인간적으로 훌륭하지만, 지위가 낮은 사람은 능력도 실력도 부족하다는 당위성을 입증시키는 이데올로기가 등장한 것이다.[32] 등급질서의 유동성이 자신의 지위와 자신이 누리는 대우를 당연시하면서 자신보다 등급이 아래에 있는 사람을 차별하고 멸시하는 것을 정당화시키는 이데올로기 역할을 한 것이다.

이런 특징을 지닌 중국 등급질서는 루쉰이 중국사회와 중국인의 의식을 비판하는 주요 논점 가운데 하나다. 루쉰은 등급사회와 등급사회 이데올로기에 대해 시종일관 비판적 태도를 취했다. 유명한 「등

30 미조구찌 유조 등 저, 동국대동양사연구실 역, 『중국의 예치시스템』(서울: 청계, 2001), 230쪽.

31 페이샤오퉁, 장영석 옮김, 『향토중국』(서울: 비봉출판사, 2011), 50-65쪽 참조.

32 요나하 준 지음, 최종길 옮김, 『중국화하는 일본』(서울: 페이퍼로드, 2013), 48쪽.

불 아래서 쓰다(燈下漫筆)」(1925)라는 잡문에서는 보다 직접적으로 등급질서와 노예성을 연결시켰다. 그는 『좌전(左傳)』에 나오는 '하늘에는 열 개의 태양이 있고 사람에게는 열 개의 등급이 있다(天有十日, 人有十等)'는 말을 인용하면서, 왕에서부터 공(公), 대부(大夫) 등을 거쳐 최하위인 대(臺)까지 이르는 등급질서를 비판한다. 루쉰은 이러한 등급질서가 상호 착취의 노예질서라고 본다. "자신이 다른 사람에게 능멸을 당하면서도 다른 사람을 능멸할 수 있고, 자기가 다른 사람에게 잡아먹히면서도 다른 사람을 잡아먹을 수 있"[33]는 상호 착취의 질서이며, 이 등급질서를 사람들 스스로 내면화시키면서 자신보다 위 등급에 있는 사람을 주인으로 섬기면서 착취당하지만 동시에 자신보다 아래 등급에 있는 사람을 노예로 부리면서 착취하는 구조라는 것이다. "남을 노예로 부리고 다른 사람을 잡아먹을 희망이 있기에 자기 역시 언제가 노예로 부림을 당하고 잡아먹힐 수 있다는 것을 잊고 있"[34]다는 것이다.

루쉰이 보기에 이렇게 층층이 이루어진 상하 위계질서는 자신이 주인이자 노예인 구조다. 그런데 루쉰이 보기에 이런 등급질서가 상하 유동성을 지니게 되면서, 이 등급질서 구조 속에서 개인은 자신이 지금은 '노예로 부림을 당하고 있고 잡아 먹히'고 있지만, 언젠가는 주인이 되어 남을 노예로 부릴 수 있다는 상승 욕구를 갖게 된다. 유동이 가능한 등급질서 속에서 주인과 노예가 상호 전환될 수 있기 때문에 노예는 자신이 항구적인 노예라고 생각하지 않게 되며, 언젠가는 등급질서 속에서 자신의 지위가 상승하여 자신이 주인이 될 것이라고 생각

33 「燈下漫筆」, 『墳』, 『全集』 1卷, 227쪽.

34 위의 글, 229쪽.

한다는 것이다. 루쉰이 「기어가기와 얻어 걸리기(爬和撞)」(1933)라는 글에서 언급한 대로 태반이 기어오르지 못하고, 끝내 올라간 사람이 얼마 되지 않더라도 그렇게 올라갈 수 있는 사람이 바로 자신이라고 생각하면서, "근검절약하면서 고난의 운명을 지고 자연과 분투하며 목숨을 걸고 기어가고, 기어가고 또 기어가"는 것이다. 물론 이것마저 불가능하다고 생각하는 사람은 얻어 걸리는 것, 즉 일종의 우연에 기대어 지위가 상승할 수 있기를 기대한다.[35]

그런데 루쉰은 등급질서의 유동성에 기대어 노예가 주인이 되어 노예 상태에서 벗어난다고 하더라도 그 노예가 노예성에서 벗어난 것은 아니라고 본다. 주인이 된다고 해도 노예성을 지닌 것은 마찬가지라고 보는 것이다. 이를 두고 루쉰은 "전제자의 반면은 바로 노예다. 권력을 쥐고 있을 때는 무소불위이지만, 권력을 잃으면 바로 노예성이 완벽해진다."[36]고 지적하거나, "노예가 주인이 되면, '주인 나리'라는 호칭을 결코 없애려고 하지 않으며, 거드름을 피우는 것이 그의 주인보다 더하다."[37] 등등으로 비판한다. 주인과 노예 사이의 상호 전환이 이루어지지만, 그렇다고 노예성에서 벗어나는 것이 아니고, 주인과 노예 사이의 상호 전환이 노예성을 탈각한 채 이루어지는 것이 아니라 등급질서를 그대로 둔 채 지위만 바뀌는 차원에서 이루어진다는 것이다. 루쉰이 보기에 주인과 노예는 같다.

첸리췬(錢理群)은 루쉰의 노예성 비판을 분석하면서, 등급질서 속 상하 유동성 문제를 지적한다. 중국인이 노예성을 갖게 된 배경으로

35 「爬和撞」, 『准風月談』, 『全集』, 278-279쪽.

36 「諺語」, 『南腔北調集』, 『全集』 4卷, 557쪽.

37 「上海文藝之一瞥」, 『二心集』, 『全集』 4卷, 309쪽.

과거제도가 지닌 개방적인 상하 유동성을 그 원인으로 지적하고 있다. 량수밍이 과거제도가 중국 사회의 유동성에 기여하였다고 보았듯이, 첸리췬 역시 이 점을 지적하는 것이다. 다만 차이는 량수밍은 그러한 유동성이 서구와 같은 계급이 중국에 없다는 것을 증명하는 차원이지만, 첸리췬은 그러한 유동성이 노예성을 낳았다고 보는 데 있다. 첸리췬 역시 량수밍처럼 '아침에는 들에서 농사를 짓고, 밤에는 조정에 나아간다'란 속담을 인용하면서, 과거제도에 기반을 둔 신분의 변화가 자연스럽게 주인과 노예 사이의 빠른 전환을 가능하게 했고, 이것이 노예성을 낳았다고 지적한다.[38] 첸리췬의 지적에서 짐작할 수 있듯이, 등급질서 속 지위의 유동성이 오히려 노예성의 토대가 된다는 루쉰의 시각은 루쉰이 등급질서를 비판하는 개성적인 관점이다. 사회적, 경제적으로 밑바닥에 위치하면서도 자신도 언젠가는 주인이 될 수 있다는 환상에 젖은 채 주인을 꿈꾸면서 등급질서 자체를 투시하지 못할 뿐만 아니라 자신보다 조금이라도 등급이 낮은 사람을 비하하는가 하면 자신을 다른 사람과 구별하면서 다른 사람의 고통과 아픔에 무감각한 등급질서 세계 속 인간에 대한 철저한 비판이다.

루쉰의 등급질서 비판은 「아Q정전」 창작 동기를 설명하는 데서도 등장한다.

> 시도를 해보기는 하였지만, 나 자신이 내가 현대 우리나라 사람들의 영혼을 써낼 수 있을지 여부에 그리 자신이 있지 않았다. 다른 사람은 어쩐지 내가 알지 못하지만 내 자신은 늘 우리 사람들 사이에 각각 높은 담이 있고, 각자를 분리시키고 모두의 마음을 서로 통하지 않게 하는 것처럼 느껴진다. 이것이 바로 우리 고대의 총명

38 錢理群, 『魯迅作品十五講』(北京: 北京大學出版社, 2003), 209쪽.

> 한 사람들이, 즉 성현들이 사람을 열 개 등급으로 나누고, 위아래가 서로 다르다고 말한 것이다. 그 이름은 이제 쓰지 않지만 그 귀신의 혼은 여전히 존재하고, 게다가 더욱 심하게 변하여 자신의 신체에도 등차가 생겼고, 손이 다리를 하등의 다른 부류로 보곤 한다. 조물주가 아주 교묘하게 사람을 만들어 사람이 다른 사람의 육체적 고통을 더 이상 느끼지 못하도록 했는데, 우리 성인과 성인의 무리들은 조물주의 부족한 점을 메웠고, 사람들이 더 이상 다른 사람의 정신적 고통을 느끼지 못하게 했다.[39]

「아Q정전」을 쓰게 된 경위를 언급하면서 루쉰은 중국 등급질서와 관련하여 중국 사회가 사람을 열 개의 등급으로 나눈 등급질서에 따라 작동한다는 점, 그리고 이런 등급질서로 인해 인간 사이에 단절과 격막의 비극이 초래되었다는 점, 그리고 이런 현상이 자연적인 현상이 아니라 '총명한 사람들'과 '성인과 성인 무리'가 만든 것이라는 점을 지적하고 있다. 아울러, 등급질서의 결과로 사람들은 이제 단절되어 다른 사람의 고통에 무감각해졌을 뿐만 아니라 자신의 고통에도 무감각해졌다고 본다. 「아Q정전」은 이런 등급사회 원리가 작동하는 세계를 사는 중국인의 영혼에 관해 썼다는 것을 루쉰 스스로가 암시하고 있다.

그런데 한 가지 더 주목할 것은, 루쉰이 그러한 등급질서가 고대에만 존재하는 것이 아니라 이름이 바뀌었을 뿐 루쉰이 살던 당대에도 여전히 계속되고 있고, 오히려 더욱 심해졌다고 진단한 점이다. 그는 「등불 아래서 쓰다」에서도 등급질서의 온존을 지적하였다. 그는 등급질서를 핵심으로 한 "중국 고유의 정신문명"이 청조(淸朝)의 멸망으로

39 「俄文譯本『阿Q正傳的』序及著者自敍傳略」, 『全集』 7卷, 83쪽.

"만주인들이 물러간 점"만 다를 뿐, "공화라는 두 글자에 가려서 사라진 것이 결코 아니"라고 지적했다.[40] 루쉰은 등급질서 원리를 통해 전통시대와 근대를 동시에 투시하면서, 등급질서 원리이라는 차원에서 전통과 근대를 비판한 것이다. 물론 중국 전통사회의 등급질서와 루쉰이 살던 자본주의 초기 중국에 출현한 자본주의 계급 기반의 등급질서는 분명 차이가 있다. 이를 두고 사회경제적 차원에서 루쉰 언급의 타당성을 따져 볼 수도 있겠지만, 이보다 의미 있는 것은 등급질서의 비극이 현대에도 지속되고 있다고 보는 루쉰의 기본 관점을 확인하는 일이라고 본다.

물론 일본 역사학자 요나하 준(與那覇潤)의 관점처럼, 송대 이후 변화된 중국의 등급질서 사회가 탈냉전 이후 신자유주의 사회와 유사성이 있다고 볼 경우, 루쉰의 등급질서 비판은 지금 당대 세계에도 적실성을 지닌다. 요나하 준에 따르면, 예치를 근간으로 한 중국 전통적 등급질서는 송대에 이르러 황제만을 예외로 둔 채 신분 세습제가 폐지되고, 이동과 직업선택의 자유가 이루어지고 기회가 평등하게 제공되도록 변화하였다. 그리고 이에 따라 장사나 시험(과거)을 통해 성공한 사람은 막대한 보상을 받고, 게으름뱅이는 철저하게 바닥으로 떨어지게 되었다. "무능한 귀족에 의한 기득권 독점이 배제되고, 백성 전체가 성공을 향해 노력하지 않으면 안 되는 인센티브가 발생하게"[41] 된 것이다. 신분제나 세습제가 아니라 개인의 능력과 노력에 좌우되는 등급질서 사회가 형성되면서 생긴 이데올로기이다. 이러한 송대 이후 중국 사회의 등급질서와 그 이데올로기는 작동 원리의 측면에서 보자면

40 「燈下漫筆」, 『墳』, 『全集』 1卷, 228쪽.

41 요나하 준 지음, 최종길 옮김, 『중국화 하는 일본』(서울: 페이퍼로드, 2013), 35쪽.

탈냉전 이후 신자유주의 사회의 원리를 닮았다는 것이다.[42]

이처럼 루쉰의 등급질서 비판, 그리고 등급질서와 그 이데올로기를 전통시대만이 아니라 지금 당대 현실에까지 확장하여 이해할 때, 고점복의 경우처럼, 「아Q정전」을 해석하면서, 「아Q정전」의 세계는 "정치적 경제적 지위에 의해 나뉘고, 계층질서의 유지를 위해 예교와 같은 이데올로기가 힘을 발휘하는 곳이라면 어디든 웨이좡이라는 이름을 붙일 수 있다."[43]는 인식이 가능하다고 본다.

그런데 루쉰이 노예성이라는 차원에서 비판한 등급질서 사회와 그 이데올로기를 당대로 끌어와서 보편적으로 이해하려고 할 때 그렇다면 「아Q정전」 속 세계와 인물, 그중에서도 아Q를 등급질서와 그 이데올로기 차원에서 어떻게 해석하고, 그의 혁명을 어떻게 해석할 수 있는가? 이에 답하기 위해서는 무엇보다 「아Q정전」 속 세계가 철저히 등급질서 세계이며, 주인공 아Q는 물론이고 그 세계의 인물들은 한결같이 등급질서 이데올로기를 육화한 사람들이라는 점에 주목할 필요가 있다. 등급질서라는 차원에서 보자면 「아Q정전」의 무대인 웨이좡은 그 전형이다. 루쉰이 지적한 등급질서 구조를 끌어와 비유하자면, 웨이좡의 가장 상층부는 자오 나리와 그의 가족들(물론 최상층은 웨이좡에 거주하지는 않지만 거인 나리다), 그리고 자오 나리와 일가인 자오바이옌과 자오쓰천 등이 있고, 그 중간에는 지보(地保)와 쩌우치 댁 등 동네 사람들이, 하층부에는 아Q와 마을의 '할 일 없는 인간들'(閑人), 그리고 샤오디, 왕 털보, 우 어멈, 정수암의 비구니 등이 있다. 여기서 모든 이들의 지위는 상대적이다. 자오 나리도 웨이좡에서는 최상층 등

42 위와 같음.

43 고점복, 『루쉰의 「아Q정전」 읽기』(서울: 세창미디어, 2014), 86쪽.

급에 있지만 성안에 있는 거인 나리에 비해서는 하등 지위에 속한다. 아Q도 사회적으로나 경제적으로 맨 아래에 위치하지만 아녀자인 비구니나 우 어멈보다는 위에 위치한다.

이러한 웨이좡의 등급질서에서 아Q는 어떤 인물인가? 그는 이런 등급질서 세계에서 어떻게 생존하고 있는가? 아Q를 효과적으로 이해하기 위하여, 아Q와 마찬가지로 웨이좡 등급질서에서 가장 하층에 속하는 다른 인물들과 비교하여 보자. 아Q를 동네 '할 일 없는 인간들'이나 샤오디, 왕 털보, 우 어멈 등 자신과 같이 동네 최하층을 이루는 인물들과 비교해 보면, 이들과 아Q의 가장 큰 차이점은 아Q의 경우 자신이 최하층에 속한다는 것을 결코 인정하지 않는 데 있다. 최하층에 있으면서도 자신이 최하층이 아니라고 생각하는 것이다. 아Q는 "우리도 옛날에는… 네놈보다 훨씬 잘 살았어. 네놈이 감히 뭐라고"라면서 자신이 과거에는 잘 살았으며 "아는 것도 많"은 '완벽한 사람'이라고 생각하고, 자신이 웨이좡 사람들보다 훨씬 위에 위치한다고 주장한다. 자신을 상위 지위에 있다가 미끄러진 존재로 생각하는 것이다. 그는 자신이 상위 지위에 있었다는 것을 증거라도 하듯이, 유교 경전을 자유롭게, 끝없이 말한다. "군자는 입을 사용하지 손을 쓰지 않는 법이니라." "불효에 세 가지가 있으니, 그중 후손이 없음이 가장 크다." 그런가 하면 '남녀유별'에 각별한 경각심도 지니고 있다. 등급질서의 최하층인 아Q의 입에서 나온 유교 경전은 아Q의 말이되 아Q의 말이 아니고, 말하는 주체는 아Q이되 아Q가 아니라 유교 등급질서 이데올로기이다. 요컨대 아Q는 이데올로기적 주체로, 이데올로기에 철저히 구속되고 포획된 주체이다.

이렇게 아Q는 유교 경전을 자유롭게 인용하면서 지배 계급의 언어를 자유롭게 쓸 수 있는 자신이 샤오디나 왕 털보 같은 다른 하위

인물들보다 우월하다고 여기면서 이들을 경멸하고, 심지어 마을에서 권력의 정점에 있는 자오 나리와 한 집안이고 자오 나리도 자기 아들뻘이라고 무시한다. 이는 자신은 원래 상위 지위에 있었고, 앞으로도 마땅히 상위 지위에 있어야 한다고 생각하면서 자오 나리 등과 자신을 같이 놓은 데 따른 것이다. 자신의 지금 위치는 그가 있어야 할 상위 지위에서 미끄러져 내려온 것이라고 생각하는 가운데 자신처럼 최하층인 왕 털보나 샤오디 같은 사람들을 무시하면서 자신을 자오 나리와 같은 지위로 상승시키려는 욕구를 지니고 있다. 이러한 아Q의 상승욕구는 등급질서를 전제로 하여 나온 것으로서, 아Q 자신의 욕구이지만, 기실 등급질서 이데올로기 자체이다. 달리 말하자면 이는 아Q의 욕망인 동시에 등급질서 이데올로기라는 대타자의 욕망이다. 등급질서의 최하층에 놓여 있으면서도 끊임없이 대타자와 자신을 동일시하면서 자신의 욕망을 추구하는 아Q의 욕망은 등급질서 이데올로기에 프로그램 된 욕망이다. 등급질서 체제의 최하층에 놓여 있는 아Q는 등급질서 이데올로기를 여실히 체화하고 있고, 그것을 스스로 재생산하는 가운데 등급질서 체제 유지에 기여하고 있는 비극적 인물이다.

그런데 이런 아Q와 비교하여, 하위 등급에 있는 다른 인물들은 자신이 원래 상위 등급이었다고 생각하면서 원래 지위를 회복하려고 하거나 지위를 지금보다 상승시키려는 상승욕구가 없다. 자신의 최하층 위치를 당연히 여기는 것이다. 이들에게는 아Q와 같은 등급 지위 상승에 대한 강박관념이 없다. 주지하듯, 루쉰은 '노재(奴才)'와 '노예(奴隸)'를 구분한다.[44] 이 개념에 따르면 이들은 영원히 이 생활에 안주

44 「漫與」, 『南腔北調集』, 『全集』 4卷, 604쪽.

한다는 점에서 어찌 해 볼 수 없는 '노재'다. 이들에 비해 아Q는 '노예'다. 그는 자신이 노예인 줄을 아는 노예이고, 노예에서 벗어나기 위해 상승을 통해 주인이 되고자 하는 노예다. 하지만, 노예에서 벗어나 주인이 되고자 하는 아Q는 루쉰이 말한 주인과 노예의 상호 전환 논리에 따르면 노예성이 가득하다. 그는 등급질서 이데올로기 사회에서 대타자의 자리를 차지할 수 있기를 기대하며 대타자와 상상적으로 동일화하면서 자신의 강박적 욕망을 유지한다. 그는, 물론 환상차원이기는 하지만, 끝없이 원래 자신의 높은 자리로 상승해야 한다는 강박에 사로잡혀 있다. 아Q는 등급질서 이데올로기의 강박증을 앓고 있는 강박적 주체의 병적 상태에 처해 있다.

아Q가 사용하는 반복적인 정신승리법은 이런 강박증의 표현이다. 소설에서 아Q는 철저히 등급질서 이데올로기인 상승 욕망에 포획되어 있지만, 그 상승의 길은 차단되어 있다. 자오 나리는 그를 결코 같은 반열에 올려 주지 않으며, 그의 현실 속 경제적, 사회적 위치로 볼 때 자신의 지위를 상승시킬 수단도 전혀 없다. 그리하여 그는 오직 정신 속에서만, 환상에서만, 끝없이 강박적으로 상승을 시도한다. 하지만 이는 현실에서 당연히, 늘, 실패한다. 그 실패를 만회하여 심리적 평형을 찾기 위해 동원하는 정신적 조작이 정신승리법이다. 현실의 패배 속에서 정신적으로 패배를 안긴 상대보다 자신을 더 높이거나 아니면 자신을 더 낮추거나, 그것도 아니면 자신보다 더 지위가 낮은 사람에게 전가하는 방식, 혹은 자기모멸의 방식을 동원한다. 이렇게 아Q의 정신승리법은 기본적으로 등급질서를 바탕으로 작동한다. 그리고 등급질서 이데올로기의 설정된 유형 안에서만 반복적으로 욕망한다는 점에서 아Q는 등급질서 이데올로기 속 강박 주체이고, 정신승리법은 그런 병적 강박 증상의 하나다.

아Q가 철저히 등급질서 이데올로기라는 대타자의 욕망에 강박적으로 지배당한 주체라고 보고서 그가 혁명에 가담하는 것을 분석할 때, 쟁점은 이를 철저히 등급질서 이데올로기의 산물로 볼 것인지, 아니면 라깡이나 지젝 식으로 이데올로기 주체가 상징계(Symbolic)인 이데올로기 세계에서 벗어나 실재계(Real)로 나아가는 분리(separation), 혹은 주체의 탈소외 과정에서 나온 것으로 볼 것인지의 여부다.[45] 앞에서 살펴본 대로, 왕후이의 입장은 후자이다. 물론 왕후이가 직접 지 젝을 언급하지는 않지만 논리로 보자면 왕후이는 지젝의 입장처럼, 아Q에게는 아Q의 생명의식에 바탕을 둔 본능과 충동이라는 상징화의 잉여가 있고, 그 잉여의 작용으로 정신승리법이 효력을 잃고, 아Q는 실재계로 나아가는 혁명적 잠재성을 지니고 있다고 보는 것이다. 왕후이는 그 결여의 기반이자 혁명적 잠재성의 기원을 아Q의 생명의식에서 찾는다. 아Q가 강한 생명의식을 지닌 때문에 아Q는 대타자에 전적으로 소외되지 않고 잉여가 발생하며, 여기서 혁명적 잠재성이 기원한다고 보는 것이다.

그런데 왕후이는 아Q가 이러한 일종의 대타자의 잉여라는 성격의 생명의식을 지닌 것을 두고 작가 루쉰의 생명의식에서 그 기원을 찾는다. 왕후이는, 생명주의는 루쉰 사상의 한 측면이라면서, 「아Q정전」의 신해혁명에 대한 탐구는 루쉰이 생명주의를 정치적 사고로 전환시켰다는 것을 보여 주는 것이라고 지적한다(70쪽). 아Q의 혁명성은 아Q

45 누빔점에 의해 등장하는 라깡의 주체는 대타자에 의해 '소외'되지만, 동시에 그로부터 '분리'되는 주체이며, 소외가 주체의 상실을 의미한다면 분리는 주체의 탄생과 출현을 의미한다. 양석원, 「욕망의 주체와 윤리적 행위」, 『안과 밖』 10권(2001.4), 279쪽 및 최영송, 『슬라보예 지젝, 이데올로기의 숭고한 대상』(서울: 커뮤니케이션북스, 2016), 72쪽 참조.

의 생명의식에서 기원하고, 이는 작가 루쉰의 생명의식의 소산이라는 것이 왕후이의 생각이다. 그가, 루쉰의 사상은 "사람은 살아야 한다는 이러한 생물학의 관념"을 넘어서지 않는다고 규정한 리창즈(李長之)의 관점을 자주 인용하는 것은 이와 관련된다(66쪽).

하지만 이처럼 루쉰의 생명사상에서 연역하여 아Q의 생명의식을 설명하는 것은 문제가 있다. 왕후이는 중국 대륙 루쉰 연구자 중에서도 매우 정치한 텍스트 분석을 보여 주지만, 간혹 결정적인 지점에서 텍스트 밖으로 일탈하여 루쉰 작가론 차원으로 비약하여 작품을 해석하는, 이른바 의도주의 오류(intentional fallacy)에 빠지는 경우가 간혹 있는데,[46] 아Q의 본능과 직감이 발원하는 생명의식의 기원을 작가 루쉰의 생명의식에서 찾는 것도 그러한 경우라고 본다. 그 결과 「아Q정전」에서 정신승리법이 작동하지 않는 순간을 포착해 내면서 「아Q정전」 텍스트를 읽는 데 중요한 진전을 이루었지만, 아Q 혁명성의 토대인 생명의식을 텍스트 내부에서 찾지 않은 채 루쉰 생명의식의 소산으로 보고, 그것이 지닌 잠재적 혁명성을 입증하는 차원으로 귀결된 것이다. 설령 아Q의 본능과 직감이 루쉰의 생명주의에서 기원한다고 하더라도, 궁극적으로는 텍스트 안에서 검증되어야 하는 것이다.

46 왕후이가 명시적으로 밝히고 있지는 않지만 이렇게 혁명의 중복성을 강조하는 입장은 벤야민에게서 암시 받아 혁명의 중복성을 강조하는 지젝의 입장과 유사하다. 지젝에 따르면 반복이 혁명적인 것은 그 반복이 매번 차이를 휘돌아 재등장하기 때문이다. 즉 차이 짓는 반복이다. 지젝은 이들 사유에는 생각들의 흐름만이 아니라 정지의 순간도 포함된다는 벤야민의 언급과 연결시킨다. 왕후이가 말하는 반복으로서의 혁명은 여기서 암시받은 것으로 보인다. 최영송, 『슬라보예 지젝, 이데올로기의 숭고한 대상』(서울: 커뮤니케이션북스, 2016), 62쪽 참조.

이런 왕후이의 한계에 주목하면서 아Q가 혁명에 가담하게 된 동기를 텍스트 자체에 중점을 두고서 검토할 때 텍스트에서 주목할 두 부분은 아Q가 4장에서 우 어멈에게 달려드는 부분과 6장 '잘 나가다 망하다(從中興到末路)'라고 본다. 먼저, 아Q가 4장 '연애의 비극'에서 우 어멈에게 달려들게 되는 동기를 보자. 아Q가 비구니를 추행하고 나서, 아Q 마음에는 갈등이 인다. 그 대립하는 갈등의 한쪽에는 손에 남은 미끌미끌한 감촉이, 즉 본능적 성욕이 있고, 다른 한쪽에는 유교 이데올로기가, 즉 대를 이어야 불효를 면한다는 전통 이데올로기가 있다. 아Q가 우 어멈에게 달려드는 동기에는 이 둘이 동시에 작용하고 있다. 다음 장면을 볼 때 그렇다.

> 그래 여자가 있어야 해. 대가 끊기면 제삿밥 한 그릇 올려줄 사람도 없고, 꼭 여자가 있어야 해. 무릇 "세 가지 불효 중 대를 이을 후사가 없는 것이 가장 큰 불효이니라"는 말씀도 있고(524쪽).

> 그런데 누가 알았으랴. 이립(而立)의 나이가 코앞인데 젊은 비구니 때문에 이렇게 마음이 싱숭생숭해질 줄이야. 이렇게 마음이 들뜬 것은 유교 도덕으로 보면 있을 수 없는 일이다(525쪽).

이 장면이 중요한 것은 왕후이가 아Q의 이중성에 주목하였듯이, 아Q가 한편으로는 이데올로기라는 대타자에 의해 철저히 상징화된 주체이면서도 그 상징화가 절대 불가능한 영역이 아Q의 신체에 본능의 형식으로 남아 있다는 것을 시사하기 때문이다. 이 장면을 보면, 아Q가 우 어멈에게 달려들게 되는 계기에는 아Q가 지닌 완전히 이데올로기에 상징화된 측면과 더불어 아Q에게 존재하는 상징화 되지 않은 잉여 차원이 동시에 작동하고 있다. 아Q의 연애가 지닌 이러한 이중성은 아Q의 이중성을 말해 준다. 대타자에 동화되면서도 그것에 동화되지 않은 영역이 아Q에게 존재한다는 것을 암시하는 것이다. 이는 이데올로기 주체로서의 아Q의 이중성을 말해 준다. 즉 이데올로기에 상징화 된 아Q와 이데올로기 잉여로서의 아Q가 공존하고 있으며, 아Q에게 존재하는 상징화의 잉여는, 유교 관념이 깊은 아Q가 육체적 욕망으로 싱숭생숭해지는 것에서 보듯이, 상징화된 이데올로기 주체로서 아Q에게 저항하고 있다. 물론 아Q 자신도 애초에는 자기 내부에 상징화 되지 않은 잉여가 있다는 것을 몰랐다. 그런데 연애의 감정을 통해 그것이 외화되면서 아Q 스스로도 그것을 어렴풋이 자각하게 되고, 이것이 그가 웨이좡의 질서를 거스르면서 자오 나리 집 식솔인 우어멈에게 "나랑 자자"고 달려들게 되는 계기로 작용하게 된다.

그런데 이렇게 아Q에게 존재하는 이데올로기에 상징화된 측면과 상징화되지 않은 잉여 차원이 동시에 작용하여 일어난 아Q의 '연애' 사건은 웨이좡 등급질서 차원에서는 등급질서에 대한 도전이다. 민간 행정관인 지보(地保)가 아Q를 혼내면서 "자오 나리 댁 아랫사람을 건들다니, 완전히 반역이야"라고 말한 것처럼, 이는 등급질서에 대한 '반역'이다. 물론 궁극적으로 그 '반역'은 실패한다. 하지만 그것이 아Q에게서 사라진 것은 아니다. 웨이좡에 혁명이 도래하고 등급질서가 흔들리면서 대타자에 균열이 일어나는 혁명 공간에서 다시 외화된다. 결국, 4장 연애의 비극에 나타난 아Q가 우마에게 달려드는 동기와 그것의 좌절, 그리고 신해혁명이 일어난 이후 혁명 공간에서 그러한 욕구가 재등장한다는 차원에서 보자면 아Q가 혁명에 가담하는 것은 등급질서 이데올로기 상징화의 산물이라는 차원, 즉 대를 이어야한다는 유교 이데올로기 차원과 더불어 그 잉여가 저항의 형태로 발현된 차원, 즉 유교 이데올로기의 금기를 넘어서려는 본능적 성욕 차원이 결합된 것이다. 아Q의 이중의 연애감정을 그의 혁명 동기와 연결시켜 보면, 아Q의 혁명 참여 동기도 이데올로기의 순응이라는 차원과 이데올로기 상징화의 잉여에서 기원하는 본능적 저항 차원이 결합되었다는 점에서 이중적이다.

다음으로, 아Q가 혁명에 가담하는 동기에 관련하여 두 번째로 주의 깊게 보아야 할 부분은 6장 '잘 나가다 망하다'이다. 성(城)에 들어갔다가 웨이좡에 다시 나타난 아Q는 완전히 달라졌다. 무엇보다 돈이 많아졌고, 귀한 물건까지 지니고 있었다. 그러자 마을 사람들이 아Q를 대하는 태도가 달라진다. 웨이좡 사람들이 자오 나리 지위처럼 대우하고 심지어 존경하는 마음까지 갖게 되며, 귀한 물건을 구하기 위해 마을 권력의 정점에 있는 자오 나리와 그 집안사람들까지 아Q를 대하는 게 달라지고 경외의 대상이 된다. 심지어 그의 기분을 건드릴까봐 굽실거리기까지 한다. 웨이좡의 등급질서가 재편된 것이다. 마을 사람들의 이런 달라진 대우에 아Q는 더없이 거만하게 굴면서 자신의 달라진 지위를 즐긴다. 물론 이렇게 아Q가 마을 사람들에게 경이원지의 대상이 되며 잘 나가는 순간은 아Q가 좀개 도둑에 불과했다는 것이 알려지면서 짧게 막을 내린다.

그런데 소설에서는 아Q의 이런 경험 이후에 바로 웨이좡에 일어난 혁명 이야기가 이어진다. 그리고 원래 혁명을 "심히 싫어하고 몹시 증오한" 아Q가, 웨이좡 사람들이 허둥대는 꼴을 보고서 "혁명도 좋은 것이구나!"라고 생각하면서, "가증스러운 것들!"을 혁명해 버리기 위해서 혁명에 가담한다. 아Q는 웨이좡 사람들이 두려운 눈초리로 자신을 보는 것에 통쾌해 하면서 외친다. "좋구나 좋아… 원하는 것은 모두 다 내 것이고, 마음에 드는 여자도 모두 내 차지다"(539쪽). 이제 자오 나리마저 '아Q 형(老Q)'이라고 부른다. 혁명이 일어나면서 웨이좡의 기존 등급질서가 흔들리고 재편되는 가운데, 요컨대 등급질서라는 대타자에 균열이 일어나는 순간에 아Q의 지위가 상승하는 것이다.

이렇게 보자면, 6장에서 묘사된 아Q의 '잘 나가던' 경험이 아Q가 혁명에 가담하는 것으로 연결되고 있다. 아Q는 애초에 시종일관 등급질서 속에서 지위를 상승하려는 강박에 사로잡혀 있었는데, 이제 정신승리법 같은 환상 속에서가 아니라 현실 속에서 지위를 상승시키는 상황이 눈앞에 펼쳐진 것이다. 등급질서 이데올로기의 설정 틀 안에서만 욕망하던 강박 주체인 아Q는 등급질서라는 대타자의 노예로 살면서 강박증에 빠져 있었는데, 이제 웨이좡에 혁명이 도래하면서 등급질서가 흔들리고 대타자에 균열이 일어나는 순간, 그의 유예된 만족을 보상해 주는 극적인 순간이 펼쳐진 것이다.

물론 아Q가 혁명에 가담하는 데는 이러한 등급상승의 강박의식 못지않게 복수심도 크게 작용하고 있다. 아Q는 작품 처음에서부터 강한 복수심을 가지고 있었다. 아Q는 가짜 양놈에게 복수심을 가졌지만 오히려 그에게 맞은 뒤 비구니를 추행하는 것으로 복수심을 발산한다. 그런가 하면 혁명에 가담하겠다고 결심하게 되는 것도, "가증스러운 것들"을 혁명해 버리자는 복수심이 작용하고 있다. 그리고 혁명에 가담하는 것이 좌절된 뒤에도 "복수할 생각에 변발을 바로 풀어버릴까" 생각한다. 이렇게 아Q는 혁명에 참여하기 이전에도, 이후에도, 복수심에 지배되어 있다. 그리고 이 복수심은 자신의 지위 상승을 막거나 자신 보다 위에 있는 사람, 그리고 자기가 혁명에 가담하는 것을 막는 사람을 향해 있다. 등급질서 이데올로기에 갇힌 강박 주체인 아Q에게 등급 상승에 대한 강박과 복수심은 동전의 양면이다. 그리고 이러한 복수심이 역시 혁명에 참여할 결심을 하게 되는 주요 동기를 이루고 있다. 아Q의 복수심 역시 기본적으로 등급질서를 전제로 하여 나온 감정인데, 등급질서 속에서 그의 상승욕망이 좌절당할 때 복수심이 돌출된다는 점에서 보면, 이는 등급질서에 대한 본능적 저항의 산물이기도 하다. 이러한 아Q 복수심에는 아Q의 연애 감정이 지녔던 이중성처럼, 이데올로기 상징화의 산물이라는 차원과 상징화의 잉여에서 기원하는 본능적 저항의 차원이 결합되어 있다.

하지만 아Q가 이렇게 복수심을 가지고 있었다고 해서 그것이 바로 밖으로 외화된 것은 아니다. 작품에서 그가 복수심을 표출하게 되는 계기는 아Q 자신의 각성이나 실천에서 온 것이 아니라 외부 현실에서 왔다. 혁명이 일어나면서 대타자에 균열이 일어나는 것을 보면서 아Q의 복수심이 외화되는 것이다. 혁명은 웨이좡 등급질서에 균열과 동요를 가져왔고, 등급질서의 정점에 있는 인물인 거인 나리조차 혁명당 때문에 벌벌 떠는 것을 목격한 뒤, 아Q는 신이 나고, 그의 복수심이 밖으로 표출되는 계기를 맞으며, 혁명에 가담할 결심을 하게 되는 것이다.

「아Q정전」 4장에 나타난 연애의 의미와 6장에 이어지는 아Q의 등급상승 갈망, 그리고 아Q의 복수심의 의미를 이렇게 정리하고 보면, 특히 연애 감정의 이중성과 복수심의 이중성에 주목하게 되면, 아Q에게 혁명의 공간이란 이중의 의미를 지닌다고 규정할 수 있다. 즉, 한편으로는 등급질서 이데올로기에 상징화된 채 일종의 지위상승 강박증이라는 병적 상태에 놓인 아Q의 병적 증상이 적나라하게 드러나는 공간이자, 다른 한편으로는 이데올로기 상징화의 잉여에 기초한 아Q의 저항성이 드러나는 공간이다. 이런 의미에서 보자면 아Q에게 혁명이란 아Q가 지닌 아Q의 모든 것이 완전히 외화되는 공간이다. 등급질서 이데올로기(연애의 동기로 작용하는 유교 이데올로기까지를 포함하여)에 기반을 둔 그의 이데올로기 상징화 차원의 욕망은 물론이고, 이데올로기 상징화의 잉여라는 차원의 욕망 역시 모두 밖으로 드러나는 공간인 것이다. 아Q에게 혁명은 이런 이중성을 지닌다. 이를 왕후이 식으로 표현하자면 아Q가 지닌 "질서 수호자와 본능적 저항자"라는 이중성이 모두 발현된 공간이다. 이 점에서 보자면, 아Q가 혁명에 가담하는 것을 두고 기존 이데올로기의 재생산이라는 차원에서만 보는 신계몽주의나 아Q의 저항 차원에서만 규정하는 일부 마르크스주의 견해는 아Q 혁명의 복합성 내지는 이중성을 충분히 고려하지 않은 일면적인 시각이다.

아Q의 혁명 가담 동기와 아Q 혁명의 성격을 이렇게 규정한다고 할 때 한 가지 중요한 문제가 대두한다. 등급질서 이데올로기 차원과 그것의 잉여가 결합된 아Q의 혁명에서 어떻게 아Q의 등급질서 이데올로기 차원의 욕망에 기초한 이른바 '아Q식 혁명'의 욕망을 제어하고 잉여의 저항성을 발굴하여 아Q가 새로운 삶으로 나아가도록 이끌 수 있느냐는 점이다. 어떻게 아Q에게 내재된 등급질서 이데올로기 상징화의 잉여를 어떻게 이끌어내어, 그것을 역사의 반복이 아니라 새로운 역사의 시작으로 삼을 것인가? 이 질문은 기실, 전형준이 아Q에게 저항성이 있다고 하더라도 그것이 쉽게 무화된다고 지적한 그 무화를 막을 수 있는 기제가 무엇인지에 대한 질문이자, 왕후이가 말한 혁명의 중복성에서 낡은 것을 제어하고 새로운 것을 어떻게 끌어낼 것인지에 대한 질문이기도 하다.

이에 대해 왕후이는 벤야민(Walter Benjamin)과 지젝의 입장에서 역사란 그렇게 실패를 통해서, 중복을 통해서 나아간다는 일반론 차원에서 모든 혁명이 그러하며, 중복을 이유로 혁명을 부정할 수 없다고 주장한다.[47] 하지만 중복 그 자체가 발전의 시작은 아니다. 여기에는 낡은 것의 중복을 제어하는 동시에 비록 잠재적이거나 개별적, 혹은 본능적 형태의 것일지언정 새것의 단초를 이끌어내는 기제, 혹은 장치가 필요하다. 물론 「아Q정전」에는 이와 관련한 어떠한 가능성도 담겨 있지 않다. 아Q는 결국 죽음을 맞기 때문이다. 작품 대단원에서 아Q는 일생에 처음 느끼는 극한의 공포를 느낀 뒤 죽는다. 그는 죽음을 앞두고 그의 머리에서 회오리바람이 일면서, 이전 산에서 굶주린 이리에게 쫓긴 것보다 더 무서운 눈길로 자신의 모든 것을 집어삼키려고 하고, 그의 영혼을 물어뜯는 것 같은 공포에 휩싸인다. 그런 뒤, "사람 살려…"라고 외친다. 이를 상징적으로 해석하자면 아Q는 죽음의 순간에 자신을 둘러싼 구경꾼의 시선을 통해 자신의 실체와 세계의 실체를 보았다. 자신을 삼키려는 이리의 눈이 바로 자신이 살고 있는 세계의 실체였다. 아Q는 죽음의 순간에 자신이 살았던 이데올로기 세계의 실체를 보았다. 그 뒤늦은 각성, 그리고 그 각성이 가져다주는 생애 처음 느껴 보는 공포와 더불어 죽는다. 아Q는 그 깨달음을 바탕으로 새로운 삶을 살지 못했다. 물론 아Q가 처형당하는 장면을 두고 총살이 목을 치는 것보다 재미가 없다고 불만인 많은 웨이좡의 보통 사람들은 그 각성과 공포를 느끼지도 못한 채로, 세계의 실체를 보지 못한 채로 여전히 그 세계를 산다.

---

47 이러한 시각은 주인과 노예의 구도 속에서 노예가 강박증을 극복하려고 할 때 대타자 역시 결여를 가지고 있다는 것과 그가 무엇의 포로이며 노예인지를 깨닫게 함으로써, 즉 그가 주인의 노예임을 깨닫게 함으로써 문제를 해결할 수 있고, 이를 위해 정신분석가의 역할이 필요하다는 홍준기의 분석에 암시를 받았다. 이에 대해서는 홍준기, 「헤겔의 주인 노예 변증법과 라깡: 강박증 임상」, 『현대정신분석』 9권 2호(2007), 110-142쪽 참조.

아Q의 죽음은 아Q의 불행이자 그 시대의 불행이다. 그리고 신해혁명의 한계이기도 하다. 왕후이의 언급처럼, 혁명에는 낡은 것의 중복과 새것의 시작이 겹쳐 있다고 할 때, 신해혁명은 그 둘의 겹침에서 새것을 이끌어내는 데 실패했다. 적어도 「아Q정전」에서 루쉰의 비판적 시각은 그렇다. 혁명에는 더러움이 수반된다는 루쉰의 지적, 그리고 이를 토대로 한 신해혁명의 이중성에 대한 왕후이의 주장은 타당하다. 하지만 문제는 그렇게 혁명에 내재된 더러움과 이기심, 사적 욕망, 복수심, 본능 충족 욕구, 지위 상승 욕망, 폭력성 등등을, 이른바 '아Q식 혁명'을 제어하며, 그것을 순환이 아니라 미래를 향해 나아가는 것으로 이끌어 낼 수 있는 장치, 혹은 기제가 신해혁명에는 없었다. 신해혁명은 등급질서 이데올로기에 상징화된 채 강박증에 빠진 아Q를 치유하는 기능을 하지도 못하였고, 아Q에게 내재된 이데올로기의 잉여를 새로운 삶의 시작으로 끌어내지도 못하였다. 「아Q정전」으로 볼 때 신해혁명의 진정한 문제점과 한계가 여기에 있다.

이데올로기 상징화 속에서 그 강박에 빠진 주체가 그 이데올로기에서 벗어나는 것은 이데올로기의 허위를 깨닫는 과학적 인식이나 개인의 실천적 '행동'만으로는 한계가 있다. 그 실천이 개인 차원을 넘어 집단적 실천이 되는 것도 물론 필요하다. 하지만 무엇보다 필요한 것은 아Q 같은 주체가 자신이 무엇의 노예인지를 깨닫게 하고, 대타자의 결여를 깨닫게 함으로써 등급질서 이데올로기의 노예적 주체를 강박 상태에서 이끌어 내는 정치 혹은 혁명이다. 이때의 정치란 비유하여 말하자면, 흡사 강박증 환자에게 대타자의 결여를 깨닫게 해주는 정신분석가의 역할이다. 아Q 스스로는 그 결여를 깨닫지 못한다. 대타자의 결여가 노출되는 혁명 공간에서 아Q에게 대타자의 결여를 깨닫게 해 주는 기제, 아Q의 강박증을 치유하는 기제로서의 정치가 필요한 것이다. 마치 강박증을 앓는 정신질환 환자에게 대타자의 결여를 알려 주는 정신분석 상담사가 필요한 것처럼![48]

이 차원에서 볼 때, 등급질서 세계 속 혁명과 정치에 관한 하나의 알레고리로서 신해혁명은 등급질서 이데올로기 속에서 강박증을 앓는 아Q를 강박증 상태에서 끌어내서 그를 치유해 주고, 새로운 삶의 계기를 마련해 주는 정신 분석가의 역할을 하지 못하였다. 신해혁명의 한계가 여기에 있다. 루쉰의 지적을 이어받아 왕후이가 강조한 것처럼 모든 혁명이 그러하듯이, 신해혁명에도 아Q와 같은 투기꾼, 등급질서에 노예가 된 강박증 환자가 개입하기 마련이다. 하지만 혁명의 성패는 혁명이 마치 정신 분석가처럼 아Q를 그 강박증에서 끌어내서 치유해 줄 수 있는지, 그에게 내재된 상징화의 잉여를 발견하여 새로운 삶을 살 수 있도록 해 줄 있는지의 여부에 달려 있다. 물론 상담가는 어디까지나 분석가나 상담가일 뿐이고, 결국 관건은 주체에게 있다. 그의 새로운 삶은 결국 그 스스로에게 달려 있지만, 그 과정에서 분석가나 상담가의 역할은 중요하다. 하지만 신해혁명은 결국 그런 분석가나 상담가 역할을 하지 못했고, 아Q는 죽었으며, 웨이좡에는 아무런 변화가 없었다. 루쉰이 비판한 대로, 이름만 조금 바뀌었을 따름이다.

이렇게 보자면 「아Q정전」이 현대 세계에 던지고 있는 메시지를 신계몽주의 연구처럼 해석하는 데 신중해야 한다. 아Q의 혁명에서 보듯

48 이러한 시각은 주인과 노예의 구도 속에서 노예가 강박증을 극복하려고 할 때 대타자 역시 결여를 가지고 있다는 것과 그가 무엇의 포로이며 노예인지를 깨닫게 함으로써, 즉 그가 주인의 노예임을 깨닫게 함으로써 문제를 해결할 수 있고, 이를 위해 정신분석가의 역할이 필요하다는 홍준기의 분석에 암시를 받았다. 이에 대해서는 홍준기, 「헤겔의 주인 노예 변증법과 라깡: 강박증 임상」, 『현대정신분석』 9권 2호(2007), 110-142쪽 참조.

이 혁명에는 늘 아Q와 같은 혁명당이 출현하기 때문에 혁명이란 그저 주인과 노예의 상호 전환일 뿐이고, 그래서 정치적 변화나 혁명은 무용하며, 그보다는 계몽이 중요하다는 차원에서 해석하는 것은 작품의 일면만 보는 해석으로, 이러한 시각은 루쉰이 「아Q정전」을 통해 던지는 이데올로기와 주체, 그리고 혁명에 대한 비판적 시각의 깊이에 충분히 이르지 못한다. 「아Q정전」은 아Q의 혁명과 그의 죽음을 통해, 아Q의 노예성에 대한 비판과 더불어 등급질서 이데올로기 세계 속 강박증 환자인 아Q에게 대타자의 결여, 혹은 잉여를 깨닫게 해주는 한편 주체에게 필연적으로 내재된 그 잉여의 저항성을 깨닫게 해주고, 그를 치유해 줄 수 있는 정신분석가 같은 역할을 할 정치와 새로운 세력의 출현, 그리고 그로 인한 새로운 주체의 출현에 대한 절박한 요구를 담고 있다. 우리가 「아Q정전」을 통해 등급질서 사회 속 주체의 노예성과 잠재적 혁명성 문제와 더불어 혁명 혹은 정치적 변혁의 의미를 다시 사고해야 할 이유가 여기에 있다.

4. 아Q강박증의 의미

아Q를 마치 강박증 환자처럼 등급질서 이데올로기에 사로잡힌 주체라고 본다면, 현대 자본주의 계급사회를 사는 많은 사람들도 아Q와 크게 다르지 않다. 아Q는 등급질서 이데올로기 시대를 사는 병든 주체다. 그는 등급질서 이데올로기에 상징화된 주체이다. 「아Q정전」은 그런 주체의 비극을 전시한다. 하지만 다른 한편으로 「아Q정전」은 아Q에게도 그 등급질서 이데올로기의 상징화에 동화되지 않은 영역이 존재한다는 것을 일깨워 준다. 우리가 「아Q정전」을 읽으면서 한편으로 루쉰을 따라 아Q를 조롱하면서도, 다른 한편으로는 역시 루쉰을 따라 아Q에게 연민을 느끼는 까닭이 여기에 있다. 우리가 아Q에게서 연민을 느끼는 것은, 아마도 우리에게 귀신처럼 서려 있는 아Q의 혼을 발견하기 때문일 것이다.

아Q는 노예성과 저항성을 동시에 지녔다. 물론 아Q의 저항성, 즉 아Q 내면에 존재하는 등급질서 이데올로기에 상징화되지 않은 영역은 저절로 외화 되어 새로운 세상과 새로운 질서를 향한 동력이 되는 것은 아니다. 지금까지 살펴본 대로, 아Q를 등급질서 이데올로기에 갇힌 일종의 강박증 환자라고 본다면 그가 노예라는 것, 그리고 그가 무엇의 노예인지, 그가 강박적으로 포획당한 등급질서 이데올로기라는 대타자 역시 결여를 지니고 있다는 것 등을 깨닫게 해주는 외적 개입이 필요하다. 물론 이때 정치나 혁명이란 결국 조언자이자 분석가일 뿐 관건은 아Q에게 달려 있지만, 그럼에도 불구하고 아Q가 진정한 주인으로 서는 데는 정치이든 혁명이든, 일종의 정신분석가 역할을 해주는 어떤 것이 필요한 것이다. 적어도 아Q를 등급질서 이데올로기에 갇힌 강박증 환자라고 볼 경우 그렇다. 하지만 「아Q정전」은 그런 아Q를 치유하지 못하고, 아Q는 죽음을 맞고 끝난다. 아Q의 실패이자, 등급질서 세계 속 혁명과 정치에 관한 하나의 알레고리로서 신해혁명의 실패다. 전통 예교사회이든, 자본주의 계급사회이든 등급질서 사회와 그 이데올로기 속에서 일종의 강박증 환자로서 사는 사람들에게 아Q의 죽음과 혁명의 실패가 던지는 비극적 암시가 여기에 있다.

5장

「애도(傷逝)」와 기억과 망각의 서사

5장

「애도(傷逝)」와 기억과 망각의 서사

1. 「애도」 해석의 쟁점

루쉰 소설 「애도(傷逝)」(1925)는 그동안 해석이 어려운 작품이라는 평가를 받아 왔다. 저우쭈어런(周作人)은 "루쉰 작품 가운데 가장 난해한 작품"[1]이라고 했고, 루쉰 연구자들은 루쉰 소설 가운데 가장 복잡하고 가장 논쟁적인 작품이라거나,[2] "가장 쉽게 곡해되고 오독된 작품"[3]이라고 평가하곤 했다. 심지어 저명한 루쉰 연구자인 다케우치 요

1 止庵編, 『周作人講解魯迅』(南京: 江蘇文藝出版社, 2012), 363쪽.

2 李今, 「析傷逝的反諷性質」, 『文學評論』 2010年 第2期, 139쪽.

3 梁偉峰, 許靜, 「爲忘却的記念」『徐州師范大學報』(哲學社會科學版), 22卷 第3期(2011年 9月), 66쪽.

시미(竹内好)도 이 작품의 주제를 전혀 모르겠다면서 실패한 작품이라고 혹평하기도 했다.[4]

「애도」 작품 해석의 난해함은 작품 제목과 부제에서부터 시작된다. 까오위앤바오(郜元寶)는, 이 작품 제목은 '傷逝'라는 고전적 어휘로 되어 있는데 부제는 '涓生的手記'라는 백화문 구조로 되어 있는 데서 느껴지는 부조화[5]를 지적하고 있지만, 이런 부조화가 지닌 문제는 차치하더라도, 작품 제목 '상서(傷逝)'를 주어+동사 구조로 볼 것인지, 동사+목적어 구조로 볼 것인지도 문제다. '슬픔'(傷)을 떠나보낸다는 동사+목적어 구조로 해석할 것인지, 아니면 죽은 자 혹은 떠나간 것을 슬퍼한다는 것으로 읽느냐는 문제가 대두되는 것이다.[6] 이는 단순한 해석 문제가 아니다. 작품 중점을 화자가 표하는 슬픔과 애도, 즉 기억에 두느냐 아니면 슬픔을 떠나보내는 것, 즉 망각에 두느냐와 연결되는 문제이다. 물론 지금까지 나온 대부분의 연구에서는 동사+목적어 구조로 해석했다.

하지만 작품 제목을 이렇게 슬픔과 애도에 맞추어 해석한다고 해서 문제가 모두 해결되는 것은 아니다. 목적어인 '서'(逝)의 내용을 어떻게 해석할 것이냐는 문제가 이어서 제기되기 때문이다. 일반적으로는 '서'를 죽음 또는 죽은 사람으로 보고, 즈쥔(子君)의 죽음을 의미하는 것으로 해석한다. 한국어 번역본이 이 작품의 제목을 「죽음을 슬퍼하며」[7]라고 번역하는 게 여기에 해당한다. 이 경우 즈쥔이 슬퍼하고 후회

4 竹内好 著, 靳叢林 編譯, 『從絕望開始』(北京: 三聯書店, 2013), 115쪽.

5 郜元寶, 『魯迅六講』(北京: 北京大學出版社, 2007), 273쪽.

6 劉清濤, 「傷, 殤之辨」, 『白城師範學院學報』 第20卷 第5期(2006), 34쪽.

7 김시준 옮김, 『루쉰소설전집–중앙일보현대문학전집 1권』(서울: 중앙일보사, 1989),

하는 대상은 즈쥔의 죽음이 되고, 작품 해석의 중점은 즈쥔이 죽게 된 원인, 즈쥔과 쥐앤성(涓生)의 사랑이 파탄이 난 이유, 쥐앤성의 후회와 슬픔(그 진실성까지 포함하여) 등에 놓이게 된다.

그런데 이런 지배적인 해석과 달리 '서'를 즈쥔의 죽음을 포함하여 지나간 모든 것이나 과거의 일 등, 좀 더 넓게 보는 경우도 있다. 루쉰 선집을 영역(英譯)하면서 양셴이(楊憲益), 그레디스 테일러(Gladys B, Tayler, 중국명 楊乃迭) 부부가 제목을 〈Regret for the Past〉로 번역한 경우가[8] 그 예다. 만일 '서'의 내용을 제목만이 아니라 내용에서도 이렇게 해석한다면 작품에서 슬퍼하고 후회하는 대상은 즈쥔의 죽음에 국한되지 않고 훨씬 확장된다. 예를 들어 쭝시엔훙(宗先鴻)의 해석이 그렇다. 그는 이 작품의 창작 의도가 '애도'[9]라는 소설 제목에 들어 있고, 제목은 두 가지 함의를 지고 있는데 하나는 즈쥔의 죽음에 대한 애도이고, 다른 하나는 과거 생활에 대한 회고와 작별로, 이는 지난 세월에 대한 장송곡이자 영혼이 피닉스처럼 부활하는 선언이라고 본다.[10] 만약 이 입장에서 「애도」를 해석한다면 제목이 암시하는 애도의 대상은 즈쥔의 죽음만이 아니라 두 사람의 애정과 더불어 두 사람의 과거, 지난 모든 것일 수 있다.

249쪽 및 루쉰전집번역위원회 옮김, 『루쉰전집』 2권(서울: 그린비, 2010), 345쪽 참조.

8 『*LU XUN SELECTED WORKS*』 Vol. 1.(Beijing: Foreign Language Press, 1985), 238쪽.

9 이 연구에서는 이 작품에서 쥐앤성이 슬픔과 애도를 느끼는 것이 즈쥔의 죽음만이 아니라 계몽의 추구와 사랑을 포함한 과거 자신의 삶과 자아를 망라하고 있다고 보고 제목을 '애도'로 번역한다.

10 宗先鴻, 「論傷逝的創作意圖與人物原型」, 『魯迅研究月刊』 2005年 11期, 42쪽.

제목과 더불어 작품의 부제 역시 다양한 해석을 초래한 원인이었다. 이 소설은 화자인 '나'의 수기인데, 제목에 딸린 부제는 '쥐앤성의 수기'로 되어 있다. 여기서 작자(혹은 숨은 화자) 루쉰과 작품 속 화자, 즉 쥐앤성과의 관계를 어떻게 처리하느냐는 문제가 발생한다. 부제가 '쥐앤성의 수기'로 되어 있다는 것은 작품 속 화자인 '나'의 수기를 '쥐앤성'의 수기로 명명하는 숨은 화자, 혹은 작자의 시선이 개입되었다는 것을 암시하는데, 그럴 때 문제가 되는 것은 작자가 작품 속 화자이자 주인공인 쥐앤성을 보는 시선이다. 요컨대 작자 루쉰과 쥐앤성 사이의 이동(異同)이 문제로 부상하는 것이다. 작자와 쥐앤성은 일치하는지, 아니면 작자는 작품 세계를 '쥐앤성의 수기'라고 명명하면서 작자는 쥐앤성과 비판적 거리두기를 하고 있는지에 대한 판단이 작품을 해석하는 관건 가운데 하나가 된다.

소설의 서사 구조 역시 문제다. 주지하듯, 이 소설은 기억의 서사와 망각의 서사로 구성되어 있다. 「애도」에서 기억의 서사는 쥐앤성과 즈쥔이 만나서 동거하고, 그런 뒤 파탄에 이르는 과정에 대한 쥐앤성의 회상, 즉 과거에 대한 기억이다. 이에 비해 망각의 서사는 애정이 파탄을 맞고 즈쥔이 죽은 이후 쥐앤성이 느끼는 감상과 자신의 심정 토로, 즉 쥐앤성의 현재와 미래에 관한 서사다. 분량으로 보자면, 과거에 대한 기억과 회고가 압도적이지만 작품의 의미 구조 차원에서 보자면 과거에 대한 기억과 현재에 대한 서술이 두 개의 서사를 형성하고 있다. 소설 속 서사를 수기의 서술 주체인 쥐앤성 차원에서 보자면, 〈기억하는 자아(현재의 쥐앤성)/기억의 대상인 자아(과거의 쥐앤성)〉 사이의 관계가 축을 이루고 있다. 이 경우, 「애도」 해석은 이 두 자아 사이의 관계를 어떻게 볼 것인지에 관한 판단과 밀접하게 관련을 맺을 수밖에 없다. 기억의 서사와 망각의 서사로 구성된 이 소설에서 이 두 서사의 관계를 어떻게 볼 것인지를 두고 해석의 차이가 발생할 수 있는 것이다.

이처럼 제목에서부터 서사구조에 이르기까지 「애도」 해석에 여러 가지 난제와 쟁점이 내재되어 있지만, 「애도」 연구사를 보면 1990년대 이전까지 「애도」는 비교적 단순하게 읽혔다. 가장 오랫동안, 그리고 가장 많이 견지된 해석은 계몽과 여성해방, 반봉건 등을 핵심 키워드로 삼아 작품을 해명한 것이었다. 먼저, 「애도」가 루쉰의 여성해방 사상을 집약하고 있다고 보는 연구는 이 작품을 루쉰의 강연 「노라는 집을 나간 뒤 어떻게 되었는가?(娜拉走後怎樣)」(1924)의 연장선에 놓고서, 각성하여 가출한 노라가, 즉 작품 속 즈쥔이 봉건적 억압과 경제적 궁핍 등에 직면하여 겪는 어려움을 다룬 작품으로 주로 해석하였다. 루쉰이 「노라는 집을 나간 뒤 어떻게 되었는가?」라는 강연에서 여성해방을 위한 경제권을 강조한 점에 주목하면서, 그것의 소설적 형상화라는 차원에서 작품을 해석한 것이다.[11]

그런가 하면 5·4시대라는 시대 배경을 강조하면서, 이 작품이 애정 문제를 중심으로, 5·4계몽 시대와 계몽가의 초상을 다룬 소설이라는 차원에서 해석이 이루어졌다. 「애도」가 당시 시대를 여실하게 반영하고 있다고 보는 것인데, 주로 5·4시대 계몽사상과 계몽가의 한계를 다룬 작품으로 해석한 것이다. 이러한 연구에서는 소설에 등장하는 쥐앤성과 즈쥔 사이의 연애와 동거, 즈쥔의 가출, 사랑의 파탄에 초점을 맞추고 그들의 파탄에서 5·4시대 계몽사상과 계몽가의 한계를 읽었다. 두 사람의 각성과 연애, 동거 등의 과정을 5·4 계몽운동의 상징으

11 대표적인 연구로는 巴淑, 「愛情與結婚－再讀傷逝」, 『魯迅研究學術論著資料匯編』 第4卷(北京: 中國文聯出版公司, 1987), 598－599쪽 참조.

로 보고, 두 사람 애정의 파국을 봉건주의의 억압에서 그 원인을 찾거나, 5·4 계몽운동의 계급적 토대를 자산계급 내지는 소자산계급으로 규정하고, 두 사람 애정의 파국을 소자산계급 지식인이 주도한 5·4 계몽운동의 한계이자 (소)자산계급 '환상'의 실패로 보는 견해가 대표적으로 그러하다. 즈쥔과 쥐앤성의 계급적 한계를 강조하면서, 소자산계급 지식인의 한계라는 차원에서 이들이 실패할 수밖에 없다고 보는 것이다.[12] 이러한 연구에서는 작품의 대립구도를 〈당시의 시대/쥐앤성 및 즈쥔이라는 계몽 청년〉으로 상정하고, 이 두 계몽 청년이 시대의 억압에 좌절하는 과정과 원인을 분석하였다. 이 관점에서 보면 쥐앤성과 즈쥔 두 사람은 다 같이 시대의 희생양이다.[13]

이러한 「애도」 연구 경향은 1990년대 이후 전환점을 맞는다.[14] 두 가지 연구 경향이 새롭게 대두하였다. 하나는 젠더(gender) 시각의 도입이고, 다른 하나는 루쉰의 인생철학, 특히 루쉰의 생명철학 차원에서 이 작품을 해석하는 경향이다. 젠더 시각의 연구는 5·4 계몽 담론을 젠더 차원에서 질문하는 가운데, 쥐앤성은 5·4 계몽주의의 한 속성인 남성주의 권력 담론을 상징하는 인물이며, 즈쥔은 5·4 남성주의 계몽

12 이러한 해석에 대해서는 須旅, 「一出悲壯劇──九二五年的傷逝」, 『魯迅研究學術論著資料匯編』 第3卷(北京: 中國文聯出版公司, 1987), 457-464쪽 및 李希凡, 「幻想 破滅 求生」, 『魯迅研究學術論著資料匯編』 第5卷(北京: 中國文聯出版公司, 1987), 924-938쪽 참조.

13 대표적인 연구로는 劉俊, 「對啓蒙者的反思和除魅-魯迅哀悼新論」, 『文藝爭鳴』 2007年 第3期 110-113쪽 참조.

14 1990년대 이후 중국 대륙의 연구 경향에 관한 정리로는 다음을 참조. 何雲貴, 「近年來傷逝研究綜述」, 『魯迅研究月刊』 1997年 9期, 28-31쪽 및 翟永明, 「傷逝研究綜述」, 『柳州師專學報』 第22卷 第1期(2007年 3月), 21-24쪽.

담론의 피계몽자이자 희생자라고 본다. 「애도」를 기본적으로 남성주의 텍스트로 보는 것이다. 루쉰의 여성해방 사상이 들어 있는 작품이라고 보는 연구와 비교하여, 젠더 차원의 「애도」 연구는 루쉰 여성해방 사상의 특징에 국한하지 않고 젠더 차원에서 5·4 계몽운동의 의미를 다시 질문한다는 점에서 중국 근대 계몽운동의 본질에 대한 여성주의적 비판으로까지 작품 해석을 밀고 나간다. 이 작품을 근대 계몽주의 담론 및 민족담론과 남성 담론, 혹은 여성담론 사이의 관계, 계몽자 남성(작품 속 쥐앤성)과 피계몽자 여성(작품 속 즈쥔)과의 관계 속에서 계몽주의가 어떻게 여성을 계몽에 동원하는지의 문제 등을 젠더 차원에서 질문한 작품으로 해석하는 것이다.[15] 이러한 젠더 시각에서는 이중의 대립과 갈등이 중요하게 분석된다. 〈시대/쥐앤성, 즈쥔〉 사이의 대립만이 아니라 〈계몽의 주체이자 남권의식의 소유자, 그리고 즈쥔의 죽음에 대한 직간접적 책임자이자 가해자로서의 쥐앤성과 계몽의 대상이자 시대 억압의 희생자이자 남성주의의 희생자로서의 즈쥔〉 사이의 대립구도가 중요하게 부각되는 것이다. 여기서 즈쥔은 남성주의의 희생자가 되고, 「애도」는 쥐앤성으로 상징되는 남성주의의 허위와 위선, 억압을 드러낸 텍스트가 된다. 이런 젠더 시각의 도입은 「애도」를 거의 새로운 작품으로 재탄생시켰다고 할 수 있을 정도로, 작품 해석에 새로운 지평을 열었다.

이에 비해 루쉰 인생철학과 관련한 연구의 경우, 왕후이(汪暉)처럼 「애 」를 루쉰의 인생철학의 특징인 '절망에 대한 반항'이 여실히 드러

15 대표적 연구로는 임우경, 「민족서사와 망각의 정치」, 『중국현대문학』 제27호, 113-136쪽 참조.

난 작품으로 보거나,[16] '진실'과 '거짓' 사이의 곤혹, '기억'과 '망각' 사이의 인생 곤경, 혹은 지식인의 곤경을 표현한 작품으로 해석한다.[17] 또한 루쉰의 생명철학을 강조하면서, "「애도」는 『방황(彷徨)』 가운데 생명 창조 의지가 가장 풍부한 소설이다"라고 보고, 생명의 공허에 대한 반격을 다룬 작품으로 읽기도 한다.[18] 이러한 연구에서는 쥐앤성이 새로운 삶과 새로운 출발을 도모하는 것에 의미를 둔다. 비극과 절망을 딛고 새롭게 출발하려고 각오를 다지는 쥐앤성과 작자 루쉰이 겹쳐 있다고 보고, 쥐앤성의 선택을 루쉰 생명철학을 실천하는 것으로 보는 것이다. 작품 말미에 표출된 쥐앤성의 생각에 중점을 두고서 작품을 해석하는 것으로, 왕후이의 지적에서 보듯이 쥐앤성을 통해 '절망에 대한 반항'이라는 작자 루쉰의 인생철학을 해명하기도 한다.

이렇게 기존 연구사를 회고하고 보면 난해하고 복잡한 서사 구조를 지니고 있다고 여겨지는 이 작품의 해석이 갈수록 다양해지는 가운데, 작품 발표 초기에 크게 주목받지 못하였던 것과 비교하면 시간이 갈수록 주목받는 텍스트로 부상하고 있다는 것을 알 수 있다. 특히, 여성주의 시각의 해석은 작품 해석에 새로운 지평을 열면서, 연구사에서 획기적인 전환을 가져왔다. 하지만 그렇다고 하여 이 소설이 원래 지니고 있던 해석의 여러 가지 난점이 모두 해소된 것은 아니다. 특히 현재의 쥐앤성과 과거의 쥐앤성 사이의 관계, 계몽과 실존 사이의 관계, 기억과 망각의 관계와 그 의미 등을 고려할 때 그러하다.

이 글에서는 기존 해석의 성과 및 남겨진 과제에 유의하면서 다음

16 汪暉, 『無地彷徨』(杭州: 浙江文藝出版社, 1994), 407쪽.

17 錢理群, 『走進當代的魯迅』(北京: 北京大學出版社, 1999), 16-17쪽.

18 彭小燕, 『存在主義視野下的魯迅』(北京: 北京大學出版社, 2007), 275쪽.

과 같은 점을 집중 분석하려고 한다. 첫째, 「애도」를 애정소설 차원으로만 한정하는 것이 아니라 애정소설이면서 애정문제와 더불어 삶의 실존 문제가 담긴 소설로 보려고 한다. 이 소설에서 가장 많이 등장한 단어가 '공허'[19]라는 점에 주목하고, 삶의 의미 추구, 그리고 좌절과 공허에 직면한 개인이 자아를 재구축하고 다시 조형해 가는 과정과 그 의미에 중점을 두고서 읽어 보려는 것이다. 이는 한편으로 쥐앤성의 후회를 젠더 차원보다는 삶에 대한 성찰과 자아의 재구성과 재조형이라는 차원에서 검토하는 일이 될 것이다.

둘째, 분석의 초점을 쥐앤성에 두고서 과거의 쥐앤성과 현재의 쥐앤성이라는 두 쥐앤성 사이의 긴장과 되비춤 과정에서 형성되는 작품의 의미에 주목하고자 한다. 쥐앤성을 중심에 두고서 쥐앤성 내면에서 일어나는 심리적 갈등에 주목하면서, 이 작품을 즈쥔을 위해 쓴 글이라기보다는 쥐앤성 자신을 위한 글이라고 보고, 쥐앤성이라는 분열된 자아의 내면 기록 차원에서 읽어 보려는 것이다. 기존 연구가 쥐앤성과 즈쥔 사이의 관계, 쥐앤성 기억에서 즈쥔이 갖는 의미 등에 집중하였다면, 이 연구는 현재의 쥐앤성과 과거의 쥐앤성 사이의 내면의 대화에 보다 더 집중하려는 것이다. 이때 작품 해석의 중심은 과거의 연구에서처럼 〈시대/즈쥔, 쥐앤성〉이나 〈즈쥔/쥐앤성〉 사이의 관계보다는 〈과거의 쥐앤성, 반성되는 자아/현재의 쥐앤성, 반성하는 자아〉 사이의 관계가 될 것이다.

요컨대 이 연구는 「애도」에서 삶의 공허와 적막, 그리고 정신적 외상(trauma)을 입은 채 삶의 파국에 직면한 자아가 그 정신적 외상을 극

19 「傷逝」에는 중국어 원문 기준으로 '空虛'가 20회, '虛空'이 8번 등장하여, 두 단어를 한국어로 '공허'라고 번역할 경우, 공허는 28회 등장한다.

복하고 자아를 재구축하기 위해 동원하는 기억과 망각의 의미를 살펴 보려는 것이다. 이 소설에 등장하는 공허와 적막에 주목하면서, 삶의 적막과 공허에 직면한 자아의 갱신 과정에서 기억과 망각이 갖는 의미를 중심으로 작품을 분석하려는 것이다. 이 연구는 즈쥔과 쥐앤성 두 사람 사이의 관계나 두 사람과 시대 사이의 관계에 중점을 둔 기존의 연구가 충분한 성과를 거두었다고 전제하고, 작품 분석의 중점을 전환하려는 시도이다.

2. 두 쥐앤성과 후회

주지하듯, 「애도」 서두에서 쥐앤성은 즈쥔과 자신을 위해서 "할 수만 있다면 내 후회와 슬픔을 적고 싶다"[20]라고 말한다. 소설 첫머리의 이 진술은 이 소설을 읽게 될 독자들이 내면 고백 형식인 이 글에서 화자가 후회와 슬픔을 고백하게 될 것이라고 기대하게 만든다. 소설 속 쥐앤성의 후회와 슬픔의 내용에 우선적으로 관심 갖지 않을 수 없는 것이다. 「애도」에 관한 많은 연구가 쥐앤성의 후회와 슬픔의 내용에 관심 갖고, 쥐앤성이 진정으로 후회하고 슬퍼하는지, 그 여부를 중심으로 진행된 것도 이 때문이다.

그런데 소설에서 쥐앤성이 후회와 슬픔을 쓰겠다고 하였지만, 기존의 많은 「애도」 연구에서는 쥐앤성이 무엇을 후회하고 있는지 알 수 없고, 후회를 한다고 하더라도 진정성 있는 반성적 성찰이 없다고 지적하였다. 쥐앤성의 후회와 참회, 슬픔의 진정성을 인정하지 않는 것이

20 『全集』 1卷, 110쪽.

다. 특히 젠더 차원의 여성주의 해석에서는 더욱 그렇게 본다. 쯔쥔의 죽음에 책임이 있다는 차원에서 보자면, 쥐앤성이 진정으로 참회하지 않고 있다고 보면서, 그런 쥐앤성과 작가 루쉰 사이에는 연관보다는 비판적 거리가 존재한다고 보는 것이다. 예를 들어, 가오위앤바오(郜元寶)의 해석이 그러하다. 그에 따르면, 소설에서 쥐앤성은 마음속 깊은 곳에서 자기가 무슨 근본적인 잘못을 했다고 생각하지 않으며, 따라서 진정으로 참회할 필요성을 느끼지 못하고 있다고 본다. 쥐앤성은 후회로 포장하여 자기변호를 하고 있을 따름이고, 그리하여 결국 잘못에 잘못을 더하고 있고, 죄에 죄를 더하고 있다고 지적하는 것이다.[21]

그런가 하면 리디아 리우(Lydia H. Liu)는 기본적으로 「애도」를 "자신이 전복하려고 하는 가부장제를 재생산하고 있는 근대적 사랑의 개념에 대한 재사유를 포함"한 텍스트라고 보는 가운데 '서술하는 자아'와 '경험하는 자아' 사이에는 '중요한 연계'가 있으며, 이 두 자아는 '도피 모티프'로 연계되어 있다고 본다. 리디아 리우는, 쥐앤성의 후회는 쯔쥔을 자신의 기억에서 축출하고 소거하기 위한 것이며, "과거의 자신의 '후회'를 동정 받을 만하게 투사하려고 노력함으로써 책임 추궁으로부터 자신을 보호"하려는 동기에서 쥐앤성은 서사를 조작한다고 본다. 쥐앤성이 기억을 조작하여 쥐앤성을 자신의 기억에서 축출하려 하고, 쥐앤성의 후회는 자신이 동정 받기 위한 합리화 차원이라는 것이다. 이렇게 보자면 쥐앤성의 두 자아, 즉 기억하는 자아와 기억의 대상인 자아, 리디아 리우의 표현에 따르면 '서술하는 자아'와 '경험하는 자아'는 연계되어 있다.[22] 이처럼 여성주의 해석의 경우, 쥐앤성의 후

21 郜元寶, 『魯迅六講』(上海: 上海人民出版社, 2007), 278쪽.

22 리디아 리우(Lydia H. Liu) 지음, 민정기 옮김, 『언어 횡단적 실천』(서울: 소명출

회와 자책, 반성의 진실성을 인정하지 않는다. 소설 속 기억은 쥐앤성의 자기 합리화와 도피, 변명을 위한 기억이며, 이 때문에 기억하는 자아와 기억 속 자아 사이에는 성찰적 거리가 존재하지 않는다고 보는 것이다.

그런데 여성주의 해석은 리디아 리우의 해석에서처럼 두 쥐앤성 사이의 성찰적 거리는 부정하지만 소설의 화자인 쥐앤성과 숨은 화자인 루쉰 사이에는 성찰적 거리가 존재한다고 본다. 예를 들어 리진(李金)은, 작자 루쉰은 '비극의 주범'이자 '도의를 저버린' 쥐앤성과 거리를 유지하고 있고, 가치와 판단에서 둘 사이에 아이러니적('反諷') 거리가 존재한다고 본다.[23] 요컨대 여성주의 해석의 경우, 과거의 쥐앤성과 현재의 쥐앤성 사이에 반성적 성찰의 거리가 존재하지 않지만 화자 쥐앤성과 작자 루쉰 사이에는 비판적 거리가 존재한다고 보는 것이다. 이 입장에서 보면, 「애도」는 쥐앤성의 남성주의를 남김없이 드러내는 가운데 루쉰의 여성주의 사상을 표현한 소설이며, 임우경의 지적대로 5·4시기 계몽 청년들의 위선적인 남성주의를 여실히 드러낸 소설이 된다.[24]

그런데 이러한 여성주의 해석과 달리 일본의 루쉰 연구자인 후지이 쇼조(藤井省三)는 쥐앤성이 자신의 죄를 자각하고 있고 속죄하고 있다고 본다. 후지이는 루쉰이 「애도」(1925년 10월)와 「연(風箏)」(1925년 2월), 「아버지의 병환(父親的病)」(1926년 11월), 「노라는 집을 나간 뒤 어떻게 되었는가?」(1923년 12월), 「행인(過客)」(1925년 3월) 등, 「애도」를 쓰

판, 2005), 281-283쪽.

23 李今, 〈析傷逝的反諷性質〉, 『文學評論』 2010年 第2期, 139쪽.

24 임우경, 〈민족서사와 망각의 정치〉, 『중국현대문학』 제27호, 119-128쪽 참조.

던 때를 전후한 3년 시기 루쉰의 문학 활동을 죄를 자각한 자가 속죄하는 마음을 지닌 채 안식하지 못하면서 영원히 길을 걷는 루쉰 속죄의 철학이 표출된 시기로 보고, 이 맥락에서 「애도」를 '죄'와 '떠돎'에 관한 소설로 해석하는 것이다. "여자가 배신감을 느끼고 자살에 이르게 한 청년이 자책 속에서 그 시절을 회상"하는 소설로 보는 가운데 '죄'와 '떠돎'이라는 이 시기 루쉰 문학의 두 테마가 루쉰 문학에서 격렬한 싸움을 전개하는 상징적 작품으로 보는 것이다.[25]

「애도」를 해석하는 여성주의 관점과 후지이 쇼조의 관점의 차이는 다음과 같이 요약할 수 있다. 여성주의 해석의 경우, 작품 해석에서 〈즈쥔/쥐앤성〉 사이의 관계에 주목하면서 여성주의 차원에서 쥐앤성의 후회를 검토하고 그 진정성을 부정하였다면, 후지이 쇼조는 이른바 방황시기 루쉰의 철학 차원에서 쥐앤성의 후회와 죄의식의 진정성을 긍정한다. 그리고 여성주의 해석은 수기의 화자인 쥐앤성과 숨은 화자인 루쉰 사이에 비판적 거리가 있으며, 이 거리는 여성주의 차원에서 루쉰이 쥐앤성을 비판적으로 바라본 데서 생기는 거리라고 본다. 반면에 후지이 쇼조는 쥐앤성을 루쉰 철학의 체현자로 보면서, 쥐앤성과 루쉰은 겹쳐있다고 보는 것이다. 또한 쥐앤성이 진정으로 후회하는지, 후회한다면 무엇을 후회하는지를 두고, 여성주의 해석에서는 쥐앤성이 진정으로 후회하지 않으며, 후회하더라도 그의 후회는 매우 제한적이며, 며칠을 참지 못하고서 사랑하지 않는다고 말해 버린 차원이라고 본다.[26] 하지만 후지이 쇼조의 경우, 쥐앤성은 진정으로 후회하고

25 藤井省三, 『魯迅事典』(東京: 三省堂, 2002), 86쪽 및 후지이 쇼조 지음, 백계문 옮김, 『루쉰』(서울: 한울아카데미, 2014), 110쪽.

26 郜元寶, 『魯迅六講』(上海: 上海人民出版社, 2007), 278쪽.

있고, 그가 후회하는 것은 즈쥔의 죽음에 자신이 개입되어 있다는 죄의식과 관련 있다고 본다.

이러한 두 해석은 「애도」 해석사에서 중요한 연구적 진전이다. 여성주의 해석의 경우, 기존 해석이 쥐앤성과 즈쥔을 한 묶음으로 묶고, 두 사람을 동시에 시대의 희생양으로 처리하던 것에 비해, 쥐앤성과 즈쥔을 분리시켜 〈쥐앤성/즈쥔〉 사이의 대립 구도 속에서 작품을 읽으면서 쥐앤성과 작자 루쉰 사이의 거리에 주목한 점 등에서 성취를 거두었다. 후지이 쇼조의 경우, 「애도」를 루쉰 철학과 연결하여 루쉰의 이른바 '방황' 시기를 상징하는 작품이라는 차원에서 해명하면서, 이 작품이 루쉰의 속죄의식과 갖는 연관성을 지적한 데 의미가 있다.

하지만 한계도 있다. 먼저 후지이 쇼조의 경우, 그의 해석은 엄밀히 말하자면 「애도」 텍스트 해석이라기보다는 작가론 차원에서 나온 것이다. 그의 해석은 루쉰, 그리고 「애도」와 비슷한 시기에 나온 루쉰의 여러 텍스트와의 관계 속에서 해명하는 가운데 이른바 '방황' 시기 루쉰 사유와 글쓰기의 성격을 전체적으로 규정하는 데는 의미가 있다. 하지만 「애도」 텍스트 자체에 대한 세심한 독해는 아니다. 그로 인해, 여성주의 비평에서 제기하는 일련의 문제라든가, 루쉰의 속죄의식이 이 작품에서는 어떤 기원을 갖고 어떤 성격인지를 루쉰이 아니라 쥐앤성 자신의 논리 속에서 해명하지 못한다. 이 때문에 두 쥐앤성 사이의 거리 같은 문제가 연구적 관심 대상이 되지 못하고, 소설 속 화자 쥐앤성과 숨은 화자 루쉰이 너무 쉽게 동일시된다. 후지이 쇼조의 해석은 「애도」 텍스트 해석이라기보다는 루쉰 해석이다.

그런가 하면, 여성주의 해석의 경우 쥐앤성의 후회와 슬픔의 내용, 그리고 그 진정성을 쥐앤성의 남성주의 차원에서 비판적으로 해명한 점이 장점이지만, 이는 동시에 약점이기도 하다. 그 약점은 크게 두 가지 차원이다. 첫째, 여성주의 해석은 주로 〈쥐앤성/즈쥔〉 사이의 관계'를 작품의 주요 축으로 삼아 즈쥔에 대한 쥐앤성의 생각과 태도를 검토한다. 하지만 〈과거의 쥐앤성(기억의 대상으로서의 쥐앤성/현재의 쥐앤성(기억하는 쥐앤성)〉 사이의 관계를 축으로 작품의 중심을 이동시켜 분석해 볼 필요도 있다. 왜 그런가 하면, 이 작품이 즈쥔을 위한 수기인 동시에 쥐앤성, 즉 수기를 쓰는 자기 자신을 위한 수기이기도 하다는 점을 거듭 확인할 필요가 있기 때문이다. 여성주의 연구의 경우, 쥐앤성이 즈쥔의 죽음에 책임이 있다는 것을 전제로 하여 쥐앤성이 표하는 후회와 슬픔에 얼마나 진정성이 있는지, 진정으로 반성하고 참회하는지를 중심으로 텍스트를 읽는 것이다.[27]

그런데 쥐앤성의 후회와 속죄의 내용, 그 진정성 여부에 대한 이러한 상이한 해석, 그리고 각각의 해석이 지닌 장단점에도 불구하고 후지이 쇼조와 여성주의 해석이 공유하는 전제가 있다. 쥐앤성과 즈쥔 둘 사람 사이의 관계 차원에서 작품을 해석한다는 점이 그것이다. 작품의 중심 축을 〈즈쥔/쥐앤성〉 관계에 두고서 즈쥔의 죽음에 쥐앤성이 개입되어 있고 쥐앤성에게 책임이 있다는 것을 전제로 하는 것이다. 이 공통의 전제 위에서 둘의 차이는 후이지 쇼조의 경우 쥐앤성이 책임을 느끼고 참회하고 있다고 보는 것에 비해 여성주의 해석은 쥐앤성의 참회를 인정하지 않는다는 점이다.

그런데 이러한 공통의 전제 자체를 비판적으로 볼 필요도 있다.

27 이러한 여성주의 해석에 대해, 전형준은 쥐앤성의 망각에 관한 진술을 포함하여 쥐앤성의 수기를 아이러니의 맥락 속에서 읽어야 한다고 지적한다. 전형준, 「루쉰 소설의 페미니즘적 해석에 대한 재검토」, 『동아문화』 제51집(2013), 84-85쪽 참조.

왜 그런가? 두 가지 이유 때문에 그렇다. 첫째, 이 수기가 망자인 쥐앤성을 위한 글이기도 하지만 동시에 지금 살아 있는 자기 자신을 위한 글이기도 하다는 점을 쥐앤성이 분명히 밝히고 있고, 일반적인 의미의 망자를 위한 추도의 글이 아니라는 점을 거듭 확인할 필요가 있기 때문이다. 이 수기를 망자인 즈쥔을 위한 애도라는 차원에 국한할 경우, 애도에 진정성이 있는지의 여부나 그 애도가 위선인지의 여부가 주로 검토의 대상이 될 수밖에 없다. 하지만 만약에 이 수기를 "모든 것을 상실한 쥐앤성이 자기 존재의 의미를 확인하고 자신을 회복하기 위한 수기"[28]로 볼 경우, 〈과거의 쥐앤성(기억의 대상으로서의 쥐앤성)/현재의 쥐앤성(기억하는 쥐앤성)〉 사이의 관계가 중심축이 된다. 이는 우샤오뚱(吳曉東)의 지적대로, 작품의 부제인 '쥐앤성의 수기'가 암시하는 거리를 두 가지 차원에서 해석하는 일이다. 즉, 수기 속 화자 쥐앤성과 숨은 화자인 작자 루쉰 사이의 거리만이 아니라 수기 내용을 이미 먼지가 쌓인 과거의 것으로 만든 수기 속 과거의 '나'와 수기를 독자에게 보여 주는 현재의 '나' 사이의 거리[29]를 해명하는 일인 것이다. 이 입장에 설 경우, 쥐앤성이 후회하는 대상은 즈쥔과의 관계 차원만이 아니라 과거 자신의 삶, 자신이 기준으로 살았던 삶의 원리에 대한 성찰로 확대될 수 있고, 이 차원에서 쥐앤성의 후회와 참회가 지니는 의미를 새롭게 검토할 수 있다고 본다. 여성주의 차원이나 루쉰의 속죄의식 차원의 해석과는 다른 일종의 실존적 차원에서 쥐앤성의 후회와 참회를 검토할 여지가 있다는 것이다.

둘째, 쥐앤성이 지난 과거를 회상하는 기억의 서사에서 공허와

28 永井英美, 王建華譯, 「論魯迅傷逝」(下), 『上海魯迅研究』 14(2003), 351쪽.

29 吳曉東, 「魯迅第一稱小說的複調問題」, 『文學評論』 2004年 第4期, 137쪽.

적막, 진실과 허위 등의 단어를 사용하면서 지난날을 정리하고 있다는 점을 의미 있게 볼 필요가 있기 때문이다. 소설에서 쥐앤성은 과거를 다분히 추상화된 인생 일반의 문제와 실존적 차원에서 회상한다. 그런데 여성주의 해석에서는 이를 쥐앤성이 문제를 직시하지 않고 책임을 회피하기 위한 동기에서 나온 것이라고 본다. 물론 쥐앤성이 이런 추상적인 단어를 동원하는 것은 자기 잘못을 은폐하고, 호도하려는 의도이고, 그 이상의 의미가 없다고 볼 여지도 있다. 하지만 한국어 번역을 기준으로 '공허'라는 단어가 28회나 등장하고 있고, 적막은 10회,[30] 진실과 허위(거짓 포함)는 각각 10회와 9회[31]씩 등장하는 것을 고려하면 이를 단순히 쥐앤성이 자기 잘못을 호도하거나 변명하기 위해 동원하는 지적 책략이라고만 넘길 일은 아니다. 더구나 쥐앤성은 즈쥔이 죽은 뒤에 지난 사랑과 즈쥔과의 관계만이 아니라 즈쥔의 죽음으로 계기로 계몽과 이상, 추구 등 지난 시간의 모든 것을 두고 공허감과 적막감을 느낀다는 점을 고려하면, 이 소설에 담긴 공허와 적막 등을 사랑의 소실이나 즈쥔의 죽음 차원만이 아니라 실존적 차원에서도 검토해 볼 여지가 있다. 특히 공허와 적막의 경우 루쉰의 이른바 '방황' 시기는 물론이고 루쉰이 창작 초기 시절부터 즐겨 사용하던 단어였다는 점을 감안할 때 더욱 그러하다. 이는 궁극적으로 이 소설을 즈쥔과 쥐앤성이라는 두 남녀의 사랑과 동거, 결별을 다룬 일종의 애정소설 차원에서 해독하느냐 아니면 애정소설이면서도 이와 더불어 정신적 외상을 입고 생존자 콤플렉스(survivor complex)에 빠진 채 삶의 파국에

30 중국어로 '寂靜'은 9회, '寂寞'가 3회 나오는데, 이 두 단어를 '적막'으로 번역할 경우, 적막은 12회 등장한다.

31 허위와 거짓의 경우, 중국어 원문 기준으로 '虛僞'가 6회, '說謊'이 3회 등장한다.

직면한 자아가 자신을 재구축하고 다시 조형하려고 하는 삶의 실존적 고민이 담긴 소설로 보느냐의 차이다.

결국, 「애도」의 중심축을 즈쥔과 쥐앤성 사이의 관계에서 과거의 쥐앤성(기억의 대상인 쥐앤성)과 현재의 쥐앤성(기억하는 쥐앤성) 사이의 관계로 중심축을 이동시켜 작품을 읽는 것과 작품에 등장하는 공허와 적막 등에 주목하여 실존적 차원에서 읽는 일은, 이 소설을 궁극적으로 쥐앤성을 위한 수기라는 차원에서 읽는 일이다. 즈쥔의 죽음을 위로하거나 즈쥔을 추억하고 기억하기 위해 쓴 수기라기보다는 상처 입은 쥐앤성이 스스로를 응시하고 성찰하는 가운데 자신을 재구축하기 위한 기억의 글쓰기라는 차원에서 작품을 읽는 일인 것이다.

3. '새로운 삶'과 기억, 망각

즈쥔이 죽고 혼자서 원래 자신이 살던 회관으로 다시 돌아온 쥐앤성은 왜 수기를 쓴 것일까? 소설에서 정신적 외상 상태인 쥐앤성은 왜 기억의 글쓰기를 동원하는 것일까? 당겨 말하자면, 이는 무엇보다도 쥐앤성이 자책하면서 죽는 길이 아닌 "새로운 삶의 길"을 택했기 때문이다. 새 출발을 위해 회관으로 돌아와 과거를 기억하는 것이다. 애초에 쥐앤성은 즈쥔이 죽었다는 것을 확인한 뒤 죽음을 생각한다. 그러나 이내 "그것은 새로운 삶의 길보다 공허하다"라고 여기면서 '새로운 삶의 길'을 택한다. 쥐앤성에 따르면 자신이 처한 상황은, "지금은 온통 초봄의 밤뿐이고, 게다가 저토록 길"다. 하지만 쥐앤성은 "나는 살아 있다"면서, "새로운 길을 향해 나아가야 한다"고 외치고는, "그 첫 걸음으로" 즈쥔과 자신을 위해 이 수기를 쓴다(129). 삶이 공허하다고 하더라도 죽음 또한 공허하다는 인식, 그리고 무엇보다 지금 자신은 살아 있다는 실존적 감각이 삶을 지속시키는 동기로 작용하는 것이다. 물론 이와 더불어 아수이(阿隨)가 돌아왔다는 점도 중요한 동기다. 쥐앤성은 자신이 지자오후퉁(吉兆胡同)을 떠난 큰 이유가 아수이 때문이라고 말한다(129). 즈쥔은 다시 돌아오지 않지만, 즈쥔이 애써 키우던 아수이가, 자신이 내다 버렸던 아수이가 다시 돌아온 것이다. 쥐앤성은 아수이가 돌아오기 이전에는 갈 곳을 잃은 채 "어디로 가나?"를 자문하면서 "아득한 공허"와 "죽음의 정적"에 사로 잡혀 있었다(128). 그런데 아수이가 돌아오고 이사를 결심한다. 흡사 즈쥔의 분신처럼 살아서 돌아온 아수이는 쥐앤성을 위로해 주고 쥐앤성의 "심장이 일순간 멈추고 그런 뒤 요동치"게 만들면서, 쥐앤성이 지자오후퉁을 떠나 회관으로 가서 "새로운 삶의 길"을 개척하게 되는 데 중요한 동기로 작용하는 것이다.

그렇게 죽음이 아니라 "새로운 삶의 길"[32]을 택한 쥐앤성은 다시 회관으로 돌아오고 과거를 회상하는 수기를 쓴다. 삶을 지속하고 "새로운 길을 향해 나아가"는 그 첫걸음이 기억의 형식으로 쓰는 수기인 것이다. 사실, 정신적 외상을 입고 일종의 생존자 콤플렉스에 빠져 있는 쥐앤성이 기억을 통해 과거를 회상한다는 것 자체가 쥐앤성이 생을 포기하지 않고 그의 삶을 보존하고 지속시키려고 한다는 것을 확인시켜 주는 일이다. 쥐앤성의 기억의 서사는 정신적 외상을 입은 뒤 그것

32 여기서 '삶의 길'로 번역한 '生路'와 관련하여, 전형준은 이를 '살 길'이나 '살아갈 방도'라는 뜻으로 읽어야 한다고 본다. 하지만, 여기서는 이를 새로운 인생 태도와 관련된 것으로 보고, '삶의 길'로 옮긴다. 전형준의 관련 논의에 대해서는 전형준, 「루쉰 소설의 페미니즘적 해석에 대한 재검토」, 『동아문화』 제51집(2013), 81쪽 참조.

을 치유하여 자신을 재구축하고 다시 조형하기 위한 기제인 것이다.

그런데 쥐앤성의 기억의 서사를 이렇게 규정할 때 쥐앤성의 기억이 진실인지의 여부, 진정성 있는 참회인지의 여부를 가리는 것보다는 쥐앤성이 무엇을 어떻게 기억하는지를 검토하는 일이 더 중요한 작업일 수 있다. 정신적 외상을 입은 사람의 치유 과정에서 기억이 어떻게 작동하는지를 생각할 때 그렇다. 인지심리학에서 지적하듯이, 기억은 기억을 불러내는 현재 순간의 맥락에 따라 재구성된다. 현실 상황에 맞게 각색되고 꾸며진다는 의미에서 기억은 작화(作話)의 특징을 가지는 것이다.[33] 정신적 외상을 입은 사람이, 특히 쥐앤성처럼 생존자 콤플렉스에 빠진 사람이 삶의 유지와 보존, 혹은 자아의 재구축과 재조형을 위해 기억을 통해 과거를 불러낼 때 객관적 사실을 그대로 끌어내는 것이 아니라 구성의 성격과 작화의 경향을 지니는 것이다. 그리고 이런 차원의 "기억 능력은 삶을 위해 진리조차도 희생시키는 경향이 있다."[34] 이를 감안하면, 쥐앤성의 기억의 서사를 두고서 오직 쥐앤성의 입장에서 이기적이고 위선적으로 회상하고 있다고 비판하면서 그 기억의 진리 여부를 논할 수도 있겠지만, 쥐앤성에게 기억은 어차피 작화의 특징을 지닐 수밖에 없다는 차원에서 쥐앤성의 기억을 이해할 필요가 있다. 쥐앤성의 기억의 서사는 작화를 통해 자신을 재구성하여 생을 지속하고 재출발하기 위해 동원한 기제, 일종의 기억의 작화술인 것이다. 이렇게 쥐앤성 기억이 새로운 삶이라는 차원에서 원래 작화의 성격을 지닐 수밖에 없다고 할 때 그 기억의 진실성 여부를 가리는 것보다 쥐앤성이 기억을 통해 자신을 어떻게 성찰하고 재구성하

33 진은영, 「기억과 망각의 아고니즘」, 『시대와철학』 제21권 1호(2010), 163쪽.

34 *Ibid.*, 165쪽.

려고 하는지, 이 과정에서 무엇을 후회하고 슬퍼하는지를 검토하는 것이 의미 있는 일이다.

그렇다면 쥐앤성은 무엇을 후회하고 무엇을 성찰하는가? 이를 기존의 연구에서처럼 〈즈쥔/쥐앤성〉 관계가 아니라 〈과거의 쥐앤성/현재의 쥐앤성〉 관계에 중점을 두고 본다면 쥐앤성이 후회하고 반성적으로 성찰하는 것은 무엇인가? 두 쥐앤성 사이에는 어떤 성찰적 거리가 존재하는가? 이에 대한 답을 위해 주목할 것은 쥐앤성이 새로운 삶의 출발과 자아의 재구축을 위해 시도하는 기억의 작화술에서, 쥐앤성이 과거 자신을 몹시 부정적인 모습으로 기억하여 재현한다는 점이다. 굳이 여성주의 시각에서 보지 않더라도 소설에서 쥐앤성의 모습은 매우 부정적이다. 수기 속 쥐앤성의 모습을 두고 많은 연구자들이 "괴팍하고 신경질적인 청년"[35]이며 "공상적이고 맹목적"[36]이라든가, "차갑고 비겁하고 무정한 이기주의자"[37]라고 지적할 정도로, 기억 속 쥐앤성의 모습은 부정적이다. 소설을 읽다 보면 쥐앤성이 즈쥔을 진정으로 사랑했는지조차 의심스러울 정도로 애초의 사랑하는 감정이 동거 직후부터 급격하게 식는가 하면, 실직 이후 대처하는 자세, 나날이 삶에 지쳐가는 즈쥔을 바라보는 쥐앤성의 시선, 자신은 언제든지 자유를 향해 날아갈 수 있지만 쥐앤성에게 붙잡혀 있다고 생각한 점 등을 볼 때 그렇다. 쥐앤성 기억 속에서 쥐앤성은 과거의 자신을 이기적이고 공상적이

35 李希凡, 「幻想破滅求生」, 『魯迅研究學術論著資料匯編』 第5卷(北京: 中國文聯出版公司, 1987), 938쪽.

36 巴淑, 「愛情與結婚－再讀傷逝」, 『魯迅研究學術論著資料匯編』 第4卷(北京: 中國文聯出版公司, 1987), 599쪽.

37 劉俊, 「對啓蒙者的反思和除魅－魯迅哀悼新論」, 『文藝爭鳴』 2007年 第3期, 112쪽.

고, 무정하며, 현실을 직시하는 것이 아니라 늘 도피적이고, 삶을 관념적이고 낭만적으로 대하는 인물로서 재현된다. 굳이 젠더 차원의 잣대를 들이댈 필요도 없이 한 인간으로서도 문제가 다분하다. 「애도」를 읽은 독자들이 쥐앤성에 대해 부정적인 평가를 내릴 수밖에 없도록 쥐앤성은 부정적으로 묘사되고 있는 것이다.

여기서 중요한 것은 그처럼 부정적인 이미지로 그려졌다는 것을 확인하는 것 자체가 아니라 그런 부정적 이미지가 무엇보다 쥐앤성 스스로의 기억에 의지하고 있다는 점이다. 쥐앤성을 부정적으로 재현하여 독자들에게 전시하는 사람이 즈쥔이나 다른 어떤 사람이 아니라 수기를 쓰며 과거를 회상하는 쥐앤성 자신이다. 이는 쥐앤성이 현재의 시점에서 과거의 자신과 거리를 두면서 과거의 자신을 반성하면서 성찰하고 있다는 것을 의미한다. 기억을 통해 과거의 자신을 부정적으로 재현하는 것은 과거의 쥐앤성과 현재의 쥐앤성 사이의 성찰적 거리를 전제한다는 점에서 그렇다. 이 점을 감안하면, 쥐앤성이 과거의 남성주의를 후회하거나 성찰하지는 않지만, 쥐앤성 자신은 그와는 다른 차원에서 나름의 반성과 성찰을, 소설 속 쥐앤성의 용어를 빌자면 후회를 하고 있다고 볼 수 있다. 과거의 쥐앤성(기억 속 쥐앤성)과 현재의 쥐앤성(기억하는 쥐앤성) 사이는 반성적 성찰의 관계가 형성되어 있는 것이다.

그런데 두 자아 사이에서 진행되는 반성적 성찰의 대상은 일차적으로는 쥐앤성 자신의 인격이나 관념성, 낭만적 기질, 이기적 성향 등이지만 이뿐만이 아니라 쥐앤성이 생각하는 삶의 근원적인 원리들까지를 포함한다. 공허와 적막, 진실과 허위 등의 개념을 동원한 성찰이 바로 그것으로, 쥐앤성은 이들 추상적 개념을 통해 과거 자신의 가치관과 생활을 회상하고 성찰하는 것이다. 이를 두고 쥐앤성이 공허와 적막, 진실과 허위 등의 추상적 개념을 사용하며 과거를 회상하면서 현실을 호도한다는 비판이 그동안 지속적으로 나왔지만, 이런 윤리적 비판 이전에 중요한 것은 쥐앤성은 이들 개념을 빈번하게 사용하면서 즈쥔과 만남에서부터 파국까지의 전 과정을 기억한다는 사실 자체이다.

그렇다면 쥐앤성이 과거를 회상하고 성찰하면서 빈번하게 말하고 있는 공허나 적막, 진실과 허위, 기억과 망각은 어떤 의미인가? 쥐앤성은 이들 개념을 사용하여 무엇을 후회하고, 무엇을 성찰하는가? 소설에서 쥐앤성의 기억의 서사는 회관의 낡은 방에서 시작하여 다시 회관의 낡은 방으로 돌아와 끝난다. 말하자면 쥐앤성은 원래 살던 곳으로 다시 돌아온 것이다. 그리고 이제 다시 혼자다. 쥐앤성은 원점으로 다시 돌아와서, 원점에 다시 서 있는 것이다. 원점으로 다시 돌아오는 과정이란 즈쥔과의 만남에서부터 즈쥔이 죽고 사랑이 파탄 나기까지다.

그런데 쥐앤성은 다시 회관으로 돌아온 것, 다시 원점에 서 있는 것을 두고 공허와 적막에서 다시 공허와 적막으로 돌아온 것으로 해석한다. 물론 두 적막과 공허 사이에 차이는 있다. 1년 전 쥐앤성은 공허와 적막에 사로잡혀 있었다. 그런데 즈쥔을 만나고부터 그 적막과 공허에 즈쥔이 올 것이라는 기대가 담기기 시작했다. 하지만 이제 즈쥔은 죽었고, 그런 기대도 없는 적막과 공허 속에 놓여 있다. 쥐앤성은 회관의 낡고 외진 방으로 다시 돌아왔듯이 적막과 공허라는 원점으로 다시 돌아온 것이다. 적막과 공허 속에 놓여 있던 쥐앤성이 그것에서 탈출할 수 있었던 계기는 즈쥔을 만나면서였다. 그의 표현에 따르면 "나는 즈쥔을 사랑했고, 그녀에게 의지해 적막과 공허에서 벗어났다"(110). 그럴 때 쥐앤성에게 즈쥔은, 구체적으로 즈쥔과의 사랑은 무엇보다 적막과 공허 상태에서 그를 구출하였다는 의미다. 소설의 도입부에 즈쥔은 자신이 과거에 거주하던 회관의 공간을 폐허와 생명력이 고갈되는 이미지로 묘사하고 있다. 쥐앤성은 '외진 곳'('偏僻'), '낡은 방'('破屋'), '깨진 창'('破窓'), '반은 고사한 회화나무'('半枯的槐樹'), '늙은 등나무'('老紫藤') 등의 이미지로 자신이 거주하고 있던 회관의 방을 묘사하고 있다. 그런 폐허와 생명이 고갈되는 공간은 쥐앤성이 실제 거주하는 공간인 동시에 당시 즈쥔의 처지와 정신 상태의 상징이다. 쥐앤성의 회상에 따르면 즈쥔은 쥐앤성의 방에 오면서 "반은 고사한 회화나무에 새로 나온 잎을 가져다" 쥐앤성에게 보여 주었고, "쇠 같은 늙은 나무 가지에 달려 있는 송이송이 하얀 등나무 꽃도 따다 주었다"(110). 적막과 공허 속에서 '늙은 등나무'와 '반은 고사한 회화나무', '깨진 창', '낡은 방' 등으로 상징되던 그의 당시 상황에 꽃과 새 잎을 가져다 주면서 그에게 생기를 가져다 준('使我驟然生動起來') 존재가 즈쥔인 것이다. 즈쥔 때문에 그는 적막과 공허에서 벗어나서 희망과 기대를 갖게 되었다. 그가 1년 전의 적막과 공허는 지금 같지 않았고 기대가 들어 있었다고 말하는 것은 그 때문이다.

문제는 쥐앤성과 동거를 시작하고 나서였다. 동거 이후 쥐앤성의 사랑은 빠르게 식어갔다. 즈쥔을 사랑하는 쥐앤성의 마음이 변한 원인은 여러 가지로 추정할 수 있겠지만, 그중 하나는 두 사람의 만남을 지탱하던 계몽 구도의 파탄도 중요한 원인이다. 두 사람은 원래 계몽 차원의 선생과 학생 구도로 만났지만, 그것이 동거한 이후 새롭게 다른 관계로 발전하지 못한다. 즈쥔은 과거의 선생과 학생 구도를 쉼 없이 복습하면서 기존의 계몽 구도를 유지하거나 복원하려고 노력하지만, 쥐앤성은 그것에 흥미를 잃었을 뿐만 아니라 그것을 망각하기 시작한다. 쥐앤성은 계몽 선생으로서의 두 사람 사이의 정체성에서 벗어나서 동거 이후 남녀 사이의 새로운 정체성을 만들려는 적극적인 노력을 하지 않았으며, 그렇다고 즈쥔의 집요한 '복습' 요구에 기꺼이 응하면서 과거의 구도를 복원하거나 유지하려 하지 않았다. 두 사람의 애정이 애초에 계몽 구도를 바탕으로 하였지만, 동거 이후 그것이 새로운 것으로 대체되지 못하는 가운데 과거의 관계를 복원시키려는 즈쥔의 노력에도 불구하고 두 사람 사이는 멀어지는 것이다. 이런 가운데 즈쥔은 '밥하는 것'으로 상징되는 일상에 점점 깊숙이 파묻히면서, 두 사람 관계는 그들이 타파하려고 했던 전통적인 남녀 관계로 빠르게 빠져들게 된다. 그리고 여기에 경제적 압박이 밀려들면서 두 사람의 관계는 더욱더 위기에 직면한다. 쥐앤성은 "사랑은 늘 새로워지고 자라고 창조되어야 한다"(115)고 생각하지만 사랑은 식어가고 자신은 새장에 갇힌 새라고 생각하게 된다. 이제 쥐앤성은 즈쥔을 사랑하지 않게 된 것이다.

사랑이 식은 쥐앤성에게 즈쥔을 사랑하지 않게 되었다는 것, 이 사실은 이제 진실이다. 쥐앤성의 생각에 자신이 즈쥔을 더 이상 사랑하지 않는다는 것을 숨기는 것은 허위다. 처음에 쥐앤성은 이 진실을 즈쥔에게 말할 용기가 없어서, "허위 속에서 꾸역꾸역 살아"(122)간다. 그러다가 마침내 "나는 더 이상 당신을 사랑하지 않아!"(123)라고 말한다. 즈쥔을 사랑하지 않은 채 자신의 진심을 숨기는 허위의 삶을 더 이상 살 수가 없어서 진실을 택한 것이다. 그런데 그 결과 모든 것이 공허해졌고, 즈쥔은 죽었다. 그 뒤 쥐앤성은 이렇게 말한다.

> 나는 진실을 즈쥔에게 말하지 말았어야 했다. 우리가 서로 사랑한 이상, 나는 영원히 그녀에게 나의 거짓말을 바쳐야 했다. 진실이 소중한 것이라면 즈쥔을 무겁게 짓누르는 공허가 되지 말아야 하는 것이다. 물론 거짓말도 당연히 공허하다. 하지만 적어도 이렇게까지 무겁게 짓누르지는 않는다.

(중략)

나는 허위의 무거운 짐을 질 용기가 없어서 진실의 무거운 짐을 그녀에게 부려 버렸다(127).

이것이 쥐앤성의 후회이다. 자신이 더 이상 즈쥔을 사랑하지 않는다는 것, 그것이 진실이라는 것, 하지만 그것이 진실이라고 하더라도 그 진실의 무거운 짐을 그녀에게 부려 버리지 말았어야 한다는 후회다. 그의 후회는 "며칠 더 참지 못하고" 성급하게 진실을 즈쥔에게 말했다는 차원이다. 쥐앤성은 자신이 즈쥔을 사랑하지 않게 되는 과정이나 사랑하지 않게 된 사실 자체를 자책하거나 후회하는 것이 아니다. 쥐앤성이 후회하는 것은 허위 속에서, 거짓 속에서 살지 못하고 진실을 택했다는 사실이다. 쥐앤성에 따르면, 즈쥔의 죽음과 두 사람 사이에 비극이 초래된 근본 원인은 자신이 허위가 아닌 진실을 택한 때문인 것이다. 그로 인해 즈쥔은 죽었고, 즈쥔의 삶은 물론이고 자신의 모든 것이 공허해져 버렸다. 쥐앤성은 그래서 후회한다.

과거 자신 행동과 생각에 대한 이러한 후회를 바탕으로 한 쥐앤성의 반성적 성찰은, 적어도 쥐앤성 스스로의 논리에 따르자면, 삶의 원리와 관련된 것으로, 삶이 진실만으로 영위되지 않는다는 것을, 삶에는 허위가 수반될 수밖에 없으며 허위가 삶의 근원적인 형식의 하나라는 것을 인식하지 못한 채 진실에 집착하며 허위를 끌어안지 못한 것에 대한 반성적 성찰이다. 쥐앤성은 즈쥔도 죽고 모든 것이 공허해져 버린 비극을 삶의 원리에 대한 새로운 각성 차원에서 성찰하는 것이다. 이러한 성찰을 바탕으로 쥐앤성은 이제 허위를 길잡이로 삼아 자신의 길을 가겠다고 말한다(130). 이는 분명 즈쥔의 죽음을 애도하는 차원이라기보다는 쥐앤성 자아의 재구축이나 새로운 자아 조형과 관련된 성찰이다. 즈쥔의 죽음을 계기로 쥐앤성은 즈쥔의 죽음을 직간접적으로 초래한 그동안의 자신의 삶의 자세, 인생 태도에 대해 성찰하는 것이다. 이렇게 보자면, 과거의 쥐앤성과 현재의 쥐앤성 사이의 성찰적 관계는 인생 태도, 삶의 자세 차원이다. 그리고 쥐앤성의 기억의 서사는 그런 인생 태도, 삶의 자세에 대한 성찰을 바탕으로 과거의 상처를 치유하고 자아를 재구축하고 다시 조형하기 위한 기억의 작화술이다. 이때 기억은 과거 자신을 기억하고 자신의 동일성으로 귀환하기 위한 기억이 아니다. 비유하자면 이 기억은 플라톤(Platon)적 의미의 기억이 아니다. 기억을 통해 망각의 강을 건너 이데아(idea)의 세계로 귀환하는 차원의 기억이 아닌 것이다. 과거의 나를 반성적으로 성찰하고 새로운 나를 재구축하고 다시 조형한다는 점에서 보자면 이 기억은 과거의 자신을 성찰하면서 과거의 자신과 현재의 자신 사이의 거리를 낳는 기억이자 과거의 나를 잊으려는 망각의 성격을 동시에 지닌다.

사실, 「애도」에서 새로운 삶의 길을 떠나려는 쥐앤성에게 기억과 망각은 동전의 양면처럼 하나로 작동하고 있다. 소설에서는 새로운 삶의 출발을 위해서 기억의 작화술만 작동하고 있는 것이 아니라 망각의 기제 역시 작동하고 있다. 기억의 서사가 끝난 뒤 쥐앤성은 새로운 출발선 앞에서 허위와 더불어 망각을 이야기한다. 허위와 망각을 길잡이 삼아 자신의 새 길을 가겠다는 것이다. 그런데 흥미로운 것은 자신과 즈쥔을 위해서 후회와 슬픔을 쓰겠다고 한 쥐앤성이 유독 망각은 오직 자신을 위해서라고 말하고 있다는 점이다.

> 나는 그저 노래 부르듯이 곡을 하며 즈쥔을 장송하고 망각 속에 묻는다.

> 나는 잊을 것이다. 나는 내 자신을 위해서, 즈쥔을 망각으로 장송하는 것마저도 다시는 생각하지 않을 것이다(130).

이를 보면 망각은 이기적 동기에서 나온 것으로 보인다. 쥐앤성 자신을 위해 이제 즈쥔을 망각하겠다는 것이다. 이를 두고 즈쥔을 자신의 기억에서 영원히 소거시키려 한다고 해석할 경우, 망각은 쥐앤성의 이기적이고 위선적인 성격을 상징하게 된다. 더구나 기억에 비해 망각이 부정적으로 여겨지는 것이 통례여서, 즈쥔의 죽음에 직간접적으로 책임이 있는 쥐앤성이 망각을 꺼내는 것 자체가 비난의 대상이 될 수밖에 없다. 여성주의 해석에서 그러하듯이, 쥐앤성이 망각을 통해 즈쥔을 자신의 기억에서 영원히 추방한 채 쥐앤성이 동일한 잘못을, 쥐앤성이 즈쥔에게 범했던 남성주의 차원의 잘못을 반복할 것이라고 예상하는가하면, "쥐앤성이 망각을 통해 남성적 민족서사를 완성하려"[38] 한다고 평가하게 된다.

그런데 위에서 검토한 것처럼 쥐앤성의 수기를 정신적 외상을 입은 채 삶의 파국에 직면한 자아가 그 정신적 외상을 극복하고 자아를 재구축하고 다시 조형하기 위한 것이라고 규정할 경우 쥐앤성이 말하는 망각의 의미를 다시 검토해 볼 여지가 있다. 자아의 재구축 차원이나 니체(Friedrich Nietzsche)가 말하는 능동적 망각을 통한 자아의 조형이라는 차원에서 검토해 볼 수 있다는 것이다.

주지하듯, 그리스어에서 진리를 뜻하는 알레테이아(aletheia)는 망각(lethe)된 천상의 진리를 다시 기억하여 드러내는 것, 즉 상기와 관련되어 있듯이, 진리란 망각이 없이 기억이 지배하는 상태를 의미한다.

---

38 임우경, 「민족서사와 망각의 정치」, 『중국현대문학』 제27호, 135쪽.

플라톤이 말하는 이데아에 대한 상기 능력도 기억을 전제로 하는 것은 이런 맥락이다.[39] 이처럼 기억이 진리와 관련을 맺는 이상 망각은, 진리를 잊는다는 것과 연관되면서 잊는다는 것, 잊힌다는 것은 재앙이자 공포이거나 치명적 결핍이나 손실 상태로 여겨질 수밖에 없나.

그런데 니체는 "망각이란 천박한 사람들이 믿고 있듯이 그렇게 단순한 타성력이 아니다"라면서 "망각이 없다면, 행복도, 명랑함도, 희망도, 자부심고, 현재도 있을 수 없다"[40]고 말한다. 니체는 기억이 부정적이며 수동적인 능력이라면 망각은 능동적이며 창조적인 능력이라고 보면서 플라톤 이래의 '기억/망각' 사이의 가치론적 이분법을 전도시킨다.[41] 니체가 이렇게 망각의 의미를 긍정하고 망각의 긍정적이고 능동적인 능력을 긍정하는 것은 망각을 마음에 각인된 어떤 정신 상태나 심리 상태를 단순하게 부정하는 심리상태가 아니라 새로운 활동을 만들어 내는 것, 즉 하나의 긍정이라고 보기 때문이다. 여기서 망각은 불행한 기억을 삭제하거나 회피함으로써 또다시 동일한 위험에 자신을 노출하거나 잘못을 범하는 차원이 아니라, 자신이 변화했다는 것을 인식하고 그 새로운 조건 속에서 외상적 기억의 외부성과 타자성을 보존하는 태도이다. "외상적 경험을 자신의 쓰라린 보물로 내부화하고 전유하는 방식"인 것이다. 알렌카 주판치치가 "니체적 망각은 외상적 조우의 삭제라기보다는 그것의 외부적 특성의, 그것의 외래성의, 그것의 타자성의 보존이다"라고 한 것은 이런 의미다.[42] 이런 의

39 전광식, 「귀향 그 철학적 의미」, 『대동철학』 제2집(1998. 11), 361쪽.

40 니체, 김정환 옮김, 『선악의 저편 도덕의 계보』(서울: 책세상, 2002), 396쪽.

41 강신주, 『망각과 자유』(서울: 생각의 나무, 2008), 28-29쪽.

42 니체적 망각의 이러한 의미에 대해서는 진은영, 「기억과 망각의 아고니즘」, 『시

미에서 보자면 니체에게 망각이란 자아를 재구축하기 위한 조형적 힘이다. "스스로 고유한 방식으로 성장하고 과거의 것과 낯선 것을 변형시켜 자기 것으로 만들며, 상처를 치유하고 상실한 것을 대체하고 부서진 형식을 스스로 복제할 수 있는 힘"이라는 차원의 조형적 능력인 것이다. 이를 쥐앤성 차원에서 보자면 즈쥔과의 사이에 그런 일이 있었다는 것을 회피하고 외면해 버리는 것이 아니라 쥐앤성 스스로 과거 자신의 삶에 대한 성찰을 통해 이제 자신의 정신적 능력이 변했다는 것을 인식한 상태에서 자아를 새롭게 조형하는 힘이 바로 망각이다. 여기서 즈쥔과의 사이에 일어난 비극과 고통이라는 외상적 기억은 이제 외부적 특성으로 보존되는 것이다. 이는 단순한 소거로서의 망각과 다르다. 어렸을 적에 물에 빠진 경험이 있는 어린이가 이제 자신이 컸다는 것을 인식하고 물에 대한 공포에서 벗어나는 일과 같다. 물론 그렇다고 하여 물에 빠진 사실 자체가 기억에서 소거되는 것은 아니다. 결국 쥐앤성의 자아 재구축과 자아 조형이라는 실존적 차원에서 보자면 과거를 기억하는 일과 망각하는 일은 실은 동전의 양면처럼 하나이며, 동일한 비극에 자신을 노출시키지 않는 가운데 자신을 재구축하기 위한 기제이다. 이를 통해 쥐앤성은 새롭게 출발하고 이전에 비해 삶에 대해 보다 성숙한 사고를 지닌 채 그의 자아가 갱신되는 것이다.

그런데 다시 조형되고 다시 구축된 자아 앞에 놓인 새로운 삶의 길은 어찌 보면 비루하다. 자아의 갱신이 낭만적이고 관념적인 과거의 자신에 대한 반성적 성찰을 통해 성숙해졌다는 사실만이 아니라 삶이란 진실만으로 영위되지 않으며 허위가 삶의 근원적인 조건 중의 하나

대와철학』, 2010 제21권 1호, 20-21쪽 참조.

이자 삶을 유지시키는 기제일 수 있다는 자각을 포함한 갱신이기 때문이다. 기억과 망각 기제를 통한 쥐앤성 자아의 재구축과 재조형은 즈쥔과의 사랑으로 상징되는 사랑과 이상, 열정, 계몽, 낭만 등이 모두 공허와 적막이 된 뒤, 현실과 삶은 물론이고 자기 자신을 새롭게 인식한 데 바탕을 둔다. 다시 새로운 삶의 출발점에 서서 '허위와 망각을 길잡이로 삼아' 새로운 길을 가려는 쥐앤성의 앞길이 "잿빛 긴 뱀"처럼 다가오지만 "가까이 다가온 듯 하다가 한 순간 어둠 속으로 사라져 버린"(129) 길로서, 루쉰 소설에 나오는 다른 어떤 길보다 흐릿하고 모호한 것은[43] 바로 이 때문이다. 진실과 사랑, 열정만으로 삶의 길을 갈 수 있다는 낭만적 환상이나 자신은 언제든지 자유롭게 날아오를 수 있는 새라는 환상은 사라졌고, 쥐앤성은 이제 허위와 더불어 걸음을 내딛는 새로운 출발점에 서 있다. 현실과 삶에 대한 인식이 깊어졌다는 점에서 쥐앤성은 이제 현실로 내려 와 현실주의자가 되었다. 이런 맥락에서 보면 레오판리(Leo Ou-fan Lee)가 이 소설을 두고 5·4 소설에 흔히 등장하는 낭만적 주인공에 대한 비판이라고 본 것은 의미 있는 지적이다.[44]

이처럼 쥐앤성이 즈쥔과의 사랑과 이별, 그리고 즈쥔의 비극적 죽음을 겪으면서 낭만적이고 관념적이며 주관적이던 인물에서 좀더 현실주의자로 재탄생했다는 점에 동의한다면, 쥐앤성의 이러한 재탄생을 루쉰 소설 속 인물들의 유사한 경우가 비교하여 그 의미를 검토해 볼 수도 있다. 주지하듯, 소설에서 쥐앤성은 관념적이고 계몽적이며, 공상

43 Leo Ou-fan Lee, *Voices from the Iron House – A study of LU XUN*, Indiana Univ. Press, 1987, p. 88.

44 *Ibid.*, 63쪽.

적인 가운데 오직 자신만이 진리라고 생각하던 영웅주의 성향을 지닌 인물이다. 그런데 그런 인물이 비극적 현실의 세례 속에서 그러한 비극적 현실과 자신 사이의 연계와 자신의 유죄의식을 확인한 뒤 각성하게 된다. 이러한 쥐앤성의 자아 재구축 혹은 자아 갱신의 길은 루쉰의 소설 「광인일기(狂人日記)」(1918) 속 광인의 그것과 견주어 볼 만하다. 일본의 루쉰 연구자 이토 토라마루(伊藤虎丸)는 광인이 광기에서 치유되는 과정을 광인이 관념적 낭만적 계몽가에서 일종의 '회심'(回心)을 통해 각성한 현실주의자로 탄생하는 과정이라고 본다. 애초에 홀로 각성한 영웅인 줄 알았던 광인이 '나도 식인했다'는 자각을 바탕으로 현실 사회의 일상 세계 속으로 들어와 세계에 대해 책임을 지는 주체로 거듭나면서, 일종의 회심(回心)을 통해 거듭나면서 현실 속으로 깊이 들어간다는 것이다.[45] 만약 쥐앤성이 기억과 망각을 통해 자아를 재구축하고 갱신하는 것을 광인과 유사한 회심의 과정으로 볼 경우, 쥐앤성은 죄의 자각을 통해 회심하여 현실로 귀환하는 루쉰 소설 속 광인 계보의 인물에 속한다고 볼 수 있다. 물론 광인과 쥐앤성 사이의 이동에 대해서는 면밀한 분석이 따로 요구되지만, 낭만적, 계몽적 인물이 엄혹한 현실의 교훈 속에서 이토 토라마루 식의 현실주의자로 재탄생한다는 차원에서 보자면 유사성을 지닌다고 볼 수 있다. 그리고 이렇게 보자면 광인이 자신의 유죄성을 자각한 채 광기가 치유되어 관리의 길을 가는 것을 광인의 타락과 현실에 대한 일방적 투항으로 볼 수 없듯이, 쥐앤성의 새로운 출발 역시 죄의 망각을 통해 남성주의나 이기적인 차원에서 생존을 도모하는 일이라고, 윤리주의나 여성주의 차원에서 쉽게 단죄할 일은 아니라고 본다. 이처럼 쥐앤성의 재탄생을

45 伊藤虎丸 著, 『魯迅, 創造社與日本文學』(北京: 北京大學出版社, 1995), 144-148쪽.

「광인일기」 속 광인과 비교하여 광인의 계보 속에서 고찰한다면, 수기 속 화자인 쥐앤성에 대한 숨은 화자 루쉰 사이에는 비판적 거리만이 아니라 연민도 함께 존재한다는 점도 확인할 수 있을 것이다.

지금까지, 「애도」를 쥐앤성의 수기라는 차원에서 보고 쥐앤성이 기억과 망각의 기제를 통해 자아를 재구축하고 다시 조형하려고 하는지를 중심으로 분석하였다. 이는 「애도」 연구사에서 〈시대/즈쥔, 쥐앤성〉을 대립 축으로 하거나 〈즈쥔/쥐앤성〉을 대립 축으로 한 기존의 연구가 충분한 성과를 거두었다는 판단을 전제로, 〈과거의 쥐앤성(기억의 대상인 쥐앤성)/현재의 쥐앤성(기억하는 쥐앤성)〉을 대립 축으로 삼아 두 쥐앤성 사이의 관계를 중심으로 해명하려는 시도였다. 낭만적이고 관념적이며 영웅적이고 이기적인 기질이 다분한 쥐앤성이 즈쥔의 죽음으로 상징되는 삶의 파국을 맞아 입은 정신적 외상을 치유하여 자아를 재구축하는 과정으로 이 소설을 읽고, 그 과정에서 기억과 망각 기제의 의미를 살핀 것이다. 이러한 해석 시도는 「애도」를 좀 더 실존적 맥락에서 읽어 보려는 의도였다. 만약 「애도」 속의 기억과 망각의 기제를 루쉰의 여타 소설과 산문 등을 아울러 검토한다면 루쉰 문학 속 계몽과 실존 사이의의 관계가 심도 있게 검토될 수 있으리라고 본다.

6장

미신, 혹은 종교적 심리와 실존 –「복을 비는 제사(祝福)」 재해석

6장

미신, 혹은 종교적 심리와 실존 -「복을 비는 제사(祝福)」 재해석

1. 소설 속 화자 곤혹감의 의미

루쉰 소설 「복을 비는 제사(祝福)」(1924)는 마오쩌둥(毛澤東) 사회주의 시기(1949-76)에 일종의 '정치적 정전(political canon)'이었다. 사회주의 중국 건국 직후인 1950년에 출판된 『중등어문교과서(中學語文課本)』에 수록된 루쉰의 소설과 산문 11편 가운데 하나였고,[1] 1956년 10월 19일 루쉰 서거 20주년에 맞추어 중국 첫 컬러 영화로 제작되었다. 국가 권력과 문화 및 교육 제도에 힘입어 대중에게 보급되면서 하나의

1 王吉鵬, 韓艶梅, 劉洪梅編著, 『中學語文中的魯迅』, 長春, 吉林人民出版社, 2000, 26-34쪽 참조.

'정치적 정전'으로 구축된 것이다.[2] 그 결과 「복을 비는 제사」는 루쉰 작품 중 중국인이 가장 많이 읽은 작품 가운데 하나가 되었다.

이러한 배경의 영향으로 마오쩌둥 사회주의 시기에 「복을 비는 제사」 해석은 강한 정치성을 지녔다. 주로 샹린(祥林)을 죽음에 이르게 한 범인을 찾는 차원에서 연구가 진행되었고, 넷째 루 나리(魯四爺)를 살인자로 지목하고 비판하는 관점이 유행하였다.[3] 작품의 대립 축을 넷째 루 나리와 샹린으로 설정하여 해석한 것이다. 특히 마오쩌둥이 「호남농민운동조사보고서(湖南農民運動考察報告)」에서 언급한 정치권력, 가부장 권력, 종교 권력, 남성 권력 등 봉건 사회 네 가지 권력을 키워드로 삼아 작품을 해석하였고, 이 소설이 마오가 말한 봉건사회 억압성을 가장 잘 드러낸 반봉건적인 작품이라고 보았다.[4]

중국 대륙에서 「복을 비는 제사」가 '정치적 정전' 차원의 해석에서 벗어난 것은 1980년대 이후였다. 루쉰 사상과 이 작품 사이의 연관성에 주목하면서 이 작품을 초기 루쉰이 지녔던 계몽주의가 위기 혹은 전환점을 맞은 것을 상징하는 작품이라는 차원에서 해석이 이루어졌다.[5] 「복을 비는 제사」를 반봉건 작품으로 해석하는 관점이 샹린 댁

2 영화 「복을 비는 제사」의 개봉 이후 상황은 劉鑫, 「十七年時期現代名著的電影改編問題-以『祝福』「林家鋪子」「二月」爲例」(首都師范大學碩士學位論文, 2008), 11-30쪽 참조.

3 薛世昌, 「魯迅小說『祝福』的主題再探」, 『天水師范學院學報』, 第26卷 第3期, 2006. 88쪽.

4 林志浩, 「論「祝福」思想的深刻性和藝術的獨創性」, 『魯迅研究學術論著資料匯編』 第5卷(北京: 中國文聯出版公司, 1987), 918쪽.

5 薛世昌, 「魯迅小說『祝福』的主題再探」, 『天水師范學院學報』, 第26卷 第3期, 2006, 88쪽.

을 작품 중심에 두는 해석이라면, 루쉰 계몽주의와 관련하여 이 작품을 해석하는 연구는 작품 속 '나'에게 해석의 중점을 두는 입장이었다. 작품 화자인 '나'를 분석의 중심에 두고서 '나'가 상린이 영혼이 있는지 유무를 묻는 질문에 답을 하지 못한 채 당황하고 곤혹스러워한 이유를 중점 해명하였다. '나'의 당황과 곤혹을 계몽의 한계나 루쉰 계몽주의의 변화라는 차원에서, 혹은 지식인의 한계 차원에서 해석하기도 했다.[6]

이 연구 역시 작품 속 화자인 '나'의 당황과 곤혹에 주목하는 것에서 출발한다. 하지만 화자가 느끼는 당황과 곤혹의 이유를 기존 연구와 다른 차원에서 검토하고자 한다. '나'의 당황과 곤혹의 기원, 그리고 '나'가 회피하고 도망하는 이유를 루쉰의 계몽주의, 혹은 보편적 의미의 계몽주의, 그리고 종교적 차원에서 해석하는 기존 연구의 관점과 다르게 삶의 실존이라는 차원에서 구명하려는 것이다. 이를 위해 루쉰의 종교관에서 출발하여 상린과 넷째 루 나리 사이의 대립을 '미신과 가짜 선비(僞士)' 사이의 대립으로 보는 가운데, 루전(魯鎭) 고향 세계의 권력 질서에서 우위를 점하는, 이른바 '가짜 선비'의 '바른 믿음(正信)'에 상린의 미신이 부정당해서 상린이 절망에 빠진다는 점을 지적할 것이다. 이를 바탕으로 화자인 '나'가 절망에 빠진 상린을 구해 주지 못하는 원인은 화자가 상린의 진퇴양난을 계몽적, 종교적 차원만이 아니라 실존적 차원에서 생각하기 때문이라는 점을 해명하려고 한다. 이를 위해 루쉰의 종교관을 아울러 검토할 것이다.

물론 기존 연구 중에도 「복을 비는 제사」를 실존주의 차원에서 분

6 이러한 연구 경향에 대해서는 崔紹懷, 「21世紀初期「祝福」研究綜論」, 『哈爾濱師範大學社會科學學報』, 2014年 第3期(總第22期), 91-95쪽 참조.

석한 연구가 있다. 대표적으로 양추(楊矗)의 연구가 그렇다.[7] 양추는 작품의 기본 축을 샹린, '나', 넷째 루 나리 삼자 관계 속에서 본다는 점, 실존(주의) 차원에서 본다는 점에서는 이 연구와 기본 관점을 같이 한다. 하지만 양추의 연구가 하나의 지적 사조로서 실존'주의' 차원에서 이 작품을 해명하는 것이라면, 이 연구는 이 작품이 실존적 성찰을 담은 소설이지만, 그 성찰이 루쉰의 종교관(미신관)[8]과 연결되어 있다고 보는 점이 다르다.

이 글은 이러한 차원에서 「복을 비는 제사」 재해석을 시도하는 데 계기가 된 것은 첸리췬(錢理群)의 「복을 비는 제사」 해석이었다. 첸리췬이 '나'의 곤혹감의 기원을 해석하면서, 현대 지식인이 형이상학적인 심층 문제에 대한 관심과 사고가 부족한 때문이라고 해석한 점은 여타 기존 연구와 차이가 없다. 하지만 첸리췬은 이런 시각에 덧붙여 다음과 같이 지적한다.

> (나는) 샹린 댁의 잇따른 질문 앞에서 '진실 말하기(說出眞實)'와 '거짓말하기(說謊)' 사이에서 진퇴양난에 빠졌고, 나는 결국 '잘 모르겠다(說不淸)'는 말, 즉 중국 전통적 중용의 도리로 질문에 대한 명확한 답을 회피한다.[9]

첸리췬은 화자가 느끼는 곤혹감과 당황함을 '진실'과 '거짓' 사이에

7 楊矗, 「「祝福」的存在主義美學闡釋」, 『上海師范大學學報(哲學社會科學版)』, 第41卷 第4期(2012年 7月), 118-128쪽.

8 여기서는 루쉰이 인간이 지닌 근원적 종교적 심리라는 차원에서 종교와 미신을 구별하지 않았다는 차원에서 종교관과 미신관을 같은 의미로 쓴다.

9 錢理群, 『走進當代的魯迅』(北京: 北京大學出版社, 1999), 160쪽.

서 진퇴양난에 빠진 것으로 보는데, 이러한 해석은 이 연구의 입장과 같다. 하지만 첸리췬이 '나'의 곤혹과 당황을 현대 지식인의 한계나 중국 전통적인 중용에 빠진 중국 지식인의 한계, 혹은 '나'가 전통정신과 내재적으로 연결되었기 때문이라고 해석하는 것에 이 연구는 동의하지 않는다. 이 연구에서는 첸리췬의 지적처럼 화자가 '진실'과 '거짓' 사이에서 당황함과 곤혹감을 느끼지만, 그 기본 원인은 첸리췬의 해석과 달리 화자가 삶의 실존이라는 차원에서 샹린의 질문을 해석하는 가운데 진실과 거짓 어느 하나를 택할 수 없는 데 있다고 보는 것이다.

이 글은 루쉰의 개별 작품에 대한 해석이지만, 크게는 이른바 '방황(彷徨) 시기' 루쉰의 실존적 사고를 해명하는 작업의 일환이다. 두 번째 소설집 『방황(彷徨)』을 쓴 이른바 루쉰의 '방황 시기'에 루쉰은 동생과 불화를 겪는 등 개인적인 이유와 어두운 중국 현실의 이유 등이 겹쳐서 삶의 실존에 대한 생각이 깊어졌다고 보고, 이것이 이 시기 산문과 소설에 투영되어 있다고 보는 것이다. 그리고 그러한 삶에 대한 루쉰의 실존적 사고를 상징적으로 보여 주는 소설 작품이 「애도(傷逝)」(1925)와 더불어 「복을 비는 제사」라고 보고, 이러한 기본 관점에서 작품을 분석하려는 것이다.

이런 관점에서 진행할 이 글은 기본적으로 두 부분으로 구성한다. 먼저 기존 연구 관점, 특히 (루쉰) 계몽주의와 관련하여 「복을 비는 제사」를 해석하는 관점이 지닌 의의와 한계를 나름대로 비판적으로 검토할 것이다. 이를 바탕으로 3장에서는 이를 바탕으로 루쉰의 종교관 차원에서 샹린과 넷째 루 나리 사이의 대립을 분석한 뒤, 화자인 '나'의 당혹감과 당황, 그리고 무능이 삶의 실존에 대한 화자의 고민과 연결되어 있다는 점을 지적할 것이다. 이 글이 기존 연구에 대한 비판적 검토를 비중 있게 하는 것은 루쉰 소설 연구의 경우 수많은 기존 연구가 축적되어 있고, 이에 대한 검토 자체가 루쉰 소설 연구의 중요한 부분이라고 보기 때문이며, 이러한 기존 연구에 대한 비판적 검토를 바탕으로 이와 구별되는 해석 관점을 제시하려는 의도 때문이다.

2. 계몽주의와 「복을 비는 제사」 해석: 의의와 한계

마오쩌둥 사회주의 시기 「복을 비는 제사」 해석이 지닌 가장 큰 문제점은 작품 속 화자인 '나'에 대한 분석이 없는 점이다. 작품의 대립 구도를 〈샹린/넷째 루 나리로 상징되는 억압적 봉건질서〉로 설정하고, 샹린이 봉건 질서에 죽임을 당하는 비극을 다룬 소설로 주로 해석하였다. 이 구도의 작품 해석에서는 봉건 체제 최하층인 극빈 여성 샹린의 비극과 샹린을 죽음으로 이끈 가해자인 넷째 루 나리의 존재를 크게 부각하였지만, 화자인 '나'는 샹린이 겪은 비극적 이야기를 끌어내는 단순 서술자 역할만 하는 존재였다. 샤옌(夏衍)이 「복을 비는 제사」를 영화로 개편하면서 '나'를 단순히 나레이터로 설정한 것도 '나'의 의미를 단순한 서술자로 국한한 때문이었다.[10] 이 때문에 샹린이 영혼이 있는지 그 여부를 두고 '나'에게 질문하고, '나'가 그 질문에 제대로 답을 하지 못하는 부분 역시 작품 해석에서 의미를 지니지 못한 채 무시되었다.

10 「복을 비는 제사」 소설과 영화 사이 차이와 그 의미에 대한 연구로는 곽수경, 「소설 「복을 비는 제사」과 영화 「복을 비는 제사」 비교 분석」, 『중국현대문학』, 12호(1997), 121-142쪽 참조.

1990년대 이후 중국대륙에서 나온 「복을 비는 제사」 연구는 기존 해석이 지닌 이러한 편향과 한계를 극복하는 방향으로 전개되었다. 그 연구 경향을 나름대로 나누어 정리하자면 셋이다. 하나는 텍스트 자체에 주목하면서 작품 분석의 중점을 '나'의 역할과 의미에 두는 연구가 대두한 점이고, 둘째는 근대 계몽주의의 위기 혹은 무력함과 연관된 관점에서 연구한 점이며, 셋째는 루쉰 계몽주의의 변화와 관련하여 작품을 해석한 연구가 대두한 점이다. 루쉰 계몽주의와 관련하여 해석하면서 자연스럽게 화자인 '나'가 작자 루쉰과 일치하는지, 그 여부도 함께 연구 쟁점으로 부상하였다.[11]

이러한 새로운 해석이 대두한 것은 「복을 비는 제사」의 주요 대립을 다시 설정하는 것과 관련되어 있다. 마오쩌둥 사회주의 시기 「복을 비는 제사」 해석은 소설을 샹린과 넷째 루 나리라는 양자 관계 속에서 해명할 뿐, 샹린과 넷째 루 나리, 화자인 '나'라는 삼자 관계가 형성하는 의미망 속에서 해석하지 않았다. 하지만 소설 전체 구조에 좀 더 주목하면 「복을 비는 제사」는 이렇게 단순히 양자 대립 구도 속에서만 진행되지 않는다. 소설 「복을 비는 제사」는 두 요소로 구성되어 있다. 화자인 '나'가 이야기를 이끌면서 샹린의 삶을 서술하는 부분과 화자인 '나'의 독백 부분, 즉 '나와 나' 사이에서 진행되는 나 자신의 질문과 고민 부분이다. 첸리췬이 이 소설은 샹린의 이야기와 나의 이야기 두 분으로 소설이 구성되어 있다고 지적한 것은 옳은 지적이다.[12]

11 이러한 흐름에 대해서는 崔紹懷, 「21世紀初期『祝福』研究綜論」, 『哈爾濱師範大學社會科學學報』, 2014年 第3期(總第22期), 91−95쪽 참조.

12 錢理群, 「『祝福』: 我的故事與祥林嫂的故事」, 『語文學習』 1993年 第7期, 10−12쪽.

이렇게 보자면 소설 「복을 비는 제사」 모든 이야기의 시작과 끝에 '나'가 있다. 따라서 기존 해석에서 '나'를 제외한 채, 텍스트를 해석하는 것은 텍스트 일부를 과장하여 해석하는 일이자, 텍스트의 핵심인 '나'의 의미를 해석에서 제외하는 일이었다. 샹린의 이야기로만 소설을 해석할 뿐 소설 속 '나'의 이야기를 의미 없이 본 것이다. 소설에서 '나'의 역할과 의미가 이렇게 큰 비중을 차지하고 있다고 할 때, 「복을 비는 제사」는 화자인 '나', 넷째 루 나리 집안으로 상징되는 루전 고향 세계, 샹린이라는 삼자 관계 속에서 소설을 분석하는 것이 옳다. 샹린과 넷째 루 나리 사이의 대립이나 '나'와 루전 고향 세계 사이의 관계만이 아니라 샹린과 나 사이의 관계에 보다 더 천착하여 작품을 해석할 필요가 있다는 것이다. 요컨대 샹린 질문에 화자가 당황하고 무력을 자인하면서 답을 하지 못하는 텍스트의 핵심 부분을 의미 있게 해석하는 것이 중요하다는 것이다.

소설은 고향을 떠났던 화자가 세밑에 고향을 찾는 것으로 시작한다. 처음에는 〈'나'와 루전 고향 세계〉 사이의 양자 대립으로 전개된다. 이 대립에서 '나'는 루전 고향 세계와 전적으로 단절되어 있고, 고향에 온 나는 고향 세계 속에서 고립되어 있으며, 고향 세계 밖에 있다. '나'는 이미 고향을 떠난 사람이고, 고향에는 집도 없다. 그리고 고향에 도착하자마자 임시 기거하게 된 숙부 관계가 되는 넷째 루 나리의 비판을 듣는다. 넷째 루 나리는 신해혁명에 가담하거나 동조하는 일파를 지칭하는 '신당'에게 "온갖 욕을 퍼부"[13]으면서 비판할 뿐만 아니라, 캉유웨이(康有爲) 같은 신해혁명을 반대한 군주제 개혁론자까지도 못마땅하게 여기는 인물이다. 그는 국자감 학생 출신으로 성리학을

13 「祝福」, 『全集』 2卷, 5쪽.

신봉하는 완고한 보수주의자다. 신당과 캉유웨이를 향한 그의 욕은 실은 '나'를 향한 것이다. '나'는 넷째 루 나리와 "이야기가 통하지 않고" "그래서 혼자 서재에 남겨졌다"(5). '나'와 넷째 루 나리 사이의 대립, 그리고 '나'의 고립은 '나'와 고향세계 사이의 대립과 단절, 그리고 내가 고향 세계로부터 배제당하고 고립된 상황을 상징한다.

그런데 화자가 루전 고향 세계와 단절된 이유는 무엇인가? 표면적으로 보면 내가 고향을 떠났기 때문이다. 하지만 심층적으로 보면 그 이유는 고향 세계가 여전히 전통 세계 속에서 변하지 않은 채로 있어서다. '나'와 고향 세계 사이에 존재하는 간극은 여기서 기원한다. 고향 세계는 캉유웨이의 입헌군주 개혁이든 쑨원(孫文)의 공화제 혁명이든 그 어떤 변화와도 상관없는 정체된 세계이다. 오랜만에 만난 '나'의 고향 친구들이 "그저 조금 늙었을 뿐" "크게 변한 게 없는"(5)것처럼, 고향은 여전히 그대로다. 소설에서 변화가 없는 정체된 세계인 고향을 상징하는 것은 둘이다. 하나는 고향의 전통적 민간 종교 행사의 하나인 '복을 비는 제사'이고, 다른 하나는 넷째 루 나리로, 이 둘은 분리할 수 없이 결합되어 있다. 고향은 전통시대에 늘 그래온 것처럼 여전히 '복을 비는 제사'를 성대하게 치르고, 넷째 루 나리가 중심에 있는 세계이다. '복을 비는 제사'라는 종교적 의례이든 넷째 루 나리이든 하나같이 고향세계의 시간은 정체되어 있고, 외부의 변화와 무관한 채 단절되어 있다.

이런 정체된 루전 고향 세계와 달리 '나'는 외부 변화 속에 있다. 고향을 이미 떠난 인물이고, 넷째 루 나리가 그를 신해혁명을 지지하는 '신당'에 동조하는 인물로 간주하고 비난한다든지, 샹린이 "글을 아는 분이고, 출세까지 한 분이며 아는 게 많은 분"(7)이라고 말한 것에서 알 수 있듯이, 그는 근대 지식을 접한 지식인이다. 근대 세계에 있다. 왕후이(汪暉)의 지적처럼 "고향의 질서 밖에서 유일하게 근대 사상을 갖춘"[14]인물인 것이다. 이렇게 보자면, 기존 많은 연구에서 지적한 것처럼 소설 시작에서부터 볼 수 있는 〈나와 고향세계〉 사이의 대립은 〈근대 계몽 지식인과 전통 사회〉 사이의 대립을 상징한다. 이 구도는 근대 소설에서 낯설지 않다. 근대 계몽 소설에서 보이는 전형적인 대립 구도이다. 이 구도에만 주목하면, 「복을 비는 제사」는 전형적으로 근대 계몽 세계와 전통 세계 사이의 대립을 다룬 소설이 된다.

그런데 소설 「복을 비는 제사」를 이러한 대립 구도 속에서만 읽는 것은 이 소설을 절반밖에 읽지 않는 일이다. 「복을 비는 제사」의 진정한 문제성은 이런 근대 계몽 소설의 전형적인, 어쩌면 상투적인 대립 구도가 소설 초반에 위기를 만난 데 있다. 그 지점은 화자인 '나'가 샹린이 던지는 세 가지 질문에 대답을 하지 못하고 자신의 무능을 자인하는 대목이다. 이 지점에서 「복을 비는 제사」는 근대 계몽 소설의 전형적인 이분법적 대립을 넘어서고, 소설 초반의 양자 대립구도가 삼자 관계로 바뀌게 된다. '나'와 넷째 루 나리로 상징되는 고향 세계, 그리고 샹린으로 구성되는 삼자 구도로 변화한다. '나'와 샹린, 그리고 넷째 루 나리로 상징되는 루전 고향 세계라는 삼자 사이의 관계가 작품의 축으로 부상하는 것이다. 이렇게 삼자 관계가 형성되는 지점에 「복을 비는 제사」 해석의 관건이 있으며, 「복을 비는 제사」가 근대와 전통 세계의 대립을 축으로 하는 여타 다른 근대 계몽 소설과 구별되는 개성과 의미가 있다. 소설은 이 지점에서 계몽적 차원을 넘어서 미신과 종교를 포함한 실존적 질문을 향해 나아간다.

---

14 왕후이 지음, 송인재 옮김, 『절망에 반항하라』(서울: 글항아리, 2014), 328쪽.

소설에서 그 대목은 동네 길을 가던 화자인 '나'를 본 샹린이 화자가 전혀 예상하지 못한 질문을 던지면서부터 시작한다. 유명한 세 가지 질문이다. 사람이 죽어도 혼은 남는 것인지, 지옥이 있는지, 지옥이 있다면 죽은 가족을 다시 만날 수 있는지, 그 여부에 관한 질문이다. 이 세 가지 질문을 받고 '나'는 자신이 "완전히 바보라는 것을 알"게 된다. 왜 이렇게 생각하는가? "아무리 생각해도 이 세 가지 질문을 감당할 수가 없어"(7)서다. '나'는 그저 "잘 모르겠다(說不清楚)"고 답할 뿐이다.

샹린이 던진 세 가지 질문을 감당하지 못하는 '나'의 무능은 어디서 오는가? 그는 왜 이 세 가지 질문을 감당하지 못하는가? 사실 '나'라는 사람이 근대 계몽 세계에 있는 지식인이라면 이 문제에 쉽게 답할 수 있다. 일반적으로 볼 때, 근대 계몽 지식이라면 샹린의 질문을 우스운 것으로, 한낱 미신에 불과한 것으로 치부해 버리는 것으로 지적 권위를 확립할 수 있다. 이는 근대 계몽 소설에서 흔히 발견할 수 있는 익숙한 장면이다. 하지만 「복을 비는 제사」에서 '나'는 다르다. 근대 계몽 지식인임에도 불구하고 이런 질문에 답을 하지 못하고, 자신이 무능하다고 자인한다. 왜 그런가?

이에 대한 기존 연구의 해석은 아래 몇 가지로 나뉜다. 우선, 지식인인 '나'의 무력함과 위선 때문으로 보는 관점이다. 지식의 나약함과 위선을 상징하는 인물로 '나'를 분석한 것이다. "중국 지식인이 이처럼 무능하고 무력하다는 것"을 상징하는 인물로서 여기에는 "루쉰 자신을 포함하여 모든 지식인에 대한 심각한 반성과 엄중한 비판"을 의미한다고 보는가 하면,[15] 지나치게 고려가 많고 책임감이 약한 도피자로 보기

15 薛世昌, 「魯迅小說『祝福』的主題再探」, 『天水師范學院學報』, 第26卷 第3期, 2006.

도 하였다.[16] 그런가 하면, 리오우 판(李歐梵)은 지식인인 '나'를 루쉰 소설에 자주 출현하는 통속 대중('庸衆')이자, 부정적 의미를 지닌 구경꾼('看客')의 일원으로 규정하였다.[17]

이러한 시각의 연구는 지식인인 '나'가 샹린의 질문에 제대로 답을 하지 못해 샹린을 구해 내지 못하였고, 결국 샹린이 죽을 맞은 것에 '나' 역시 책임이 있다는 주장으로, '나' 역시 샹린 살해의 공범자라는 주장으로 이어지기도 한다. 예를 들어, 루어강(羅崗)은 '나'는 결국 "무명 살인단의 일원"이 되었다고 지적하였다.[18] 지식인인 '나'의 한계와 책임을 지적하는 연구는 국내에서도 제기되었다. 임춘성과 김명희의 연구 역시 지식인의 책임이라는 차원에서 '나'의 한계를 지적하였다. 임춘성은 "무책임한 언사로 계몽 대상의 불행을 가중시키는 역할"을 한 '나'의 책임을 지적하면서 루쉰이 "기층 농민에 대한 지식인의 반민중적 태도를 신랄하게 비판"했다고 보았다.[19] 그런가 하면, 김명희는 "'나'라는 지식인은 마땅히 보통 민중들로 하여금 살 길('生路'), 생명의 길로 나아가도록 해야 하는데, 실제로는 그렇지 못하다."라고 지적하면서, "그녀의 최후 노력은 '나'의 무성의한 대답으로 인해 부수어져 버렸다."라고 비판하였다.[20]

90쪽.

16 崔紹懷, 「21世紀初期「祝福」研究綜論」, 『哈爾濱師範大學社會科學學報』, 2014年 第3期(總第22期), 92쪽.

17 Leo Ou-fan Lee, *Voices from the Iron House*, Indiana UP, 1987, p. 75.

18 羅崗, 「閱讀魯迅的當代意義」, 『中國自學指導』, 2004年 第3期, 26쪽.

19 임춘성, 『소설로 보는 현대중국』, 서울, 종로서적, 1995, 27쪽.

20 김명희, 「「노신의 복을 비는 제사」에 나타난 영혼의 문제」, 『중국현대문학』, 24호(2003), 140쪽.

이러한 관점의 연구는 지식인으로서 '나'의 한계를 적시한 점이 장점이다. 하지만 한계도 있다. 그 한계는 작품 속에서 화자가 샹린이 제기한 문제에 답을 못하고 도피하는 존재라는 점을 주로 부각할 뿐, 화자가 작품 속에서 시종 자책과 책임감을 느끼는 부분을 소홀히 여기는 점이다. 물론 화자는 하루빨리 이곳을 떠나고 싶어 하고 샹어지느러미 요리만 떠올리기도 한다. 그리고 소설 끝에서는 자신의 "낮부터 초저녁까지 하던 근심거리가 복을 비는 공기에 깨끗이 날아갔다"(21)고 독백한다. 하지만 화자의 이 언급은 그의 진심을 표현한 것이라고 해석하기보다는 역설로 보고 해석하는 것이 옳다고 본다. 그가 근심과 책임감에 시달리고 있다는 것을 역설적으로 표현하고 있다고 해석하는 것이 더 타당한 해석이라는 것이다. 왜냐하면 작품에서 화자는 작품 말미까지 문득 "마음이 무거워지는 것"을 느끼고 있다는 점에서 그렇다. 자신이 샹린의 죽음에 얼마간 개입되어 있다는 것을 느끼고 있고, 그래서 근심하는 것이다. 화자에게 샹린의 죽음은 마지막까지 '근심거리'이다. 이렇게 보자면 화자인 '나'를 지식인의 나약함과 위선을 상징하는 인물로만 규정하는 것은 일면적인 해석이고, 샹린의 죽음에 자신이 개입되어 있다는 것을 끝까지 자책하고 있고 마음에 무거운 짐으로 생각하고 있다고 보아야 한다.

그런가 하면, 화자인 '나'의 무능을 지식인의 나약함과 위선이라는 차원이 아니라 5·4 계몽주의 변화라는 차원에서 그 무력과 나약함을 분석하는 연구 시각도 있다. 「복을 비는 제사」가 발표된 1920년대 중반은 중국 사회에 거대한 변화가 일어난 시기이고, 이로 인해 5·4 계몽주의 문화 담론이 와해하기 시작하고, 계몽 지식 담론이 힘을 잃고, 계몽 주제와 지식인 담론이 위기에 처하게 되는 상황을 상징하는 작품이라고 보는 것이다.[21] 이러한 관점에 따르면 샹린의 질문에 답을 하지 못하는 것은 한 사람의 지식인으로서 '나'의 무능과 무력 때문이 아니라 중국 근대 계몽주의 자체의 무능과 무력이 된다. 이러한 시각은 이른바 『신청년(新青年)』 잡지를 중심으로 모였던 지식인들이 1920년대 중후반 이후 분화하는 것이 상징하듯이, 5·4 계몽주의가 중국의 시대 변화에 따라 한계에 직면했다는 것을 분석하는 시각에서 이 소설을 활용하는 관점이다. 그만큼 다분히 텍스트 외적 해석이다. 중국 현실에서 일어난 계몽주의의 분화과정을 소설에 기계적으로 대입하여 읽는 일이다.

중국 계몽주의 일반이 아니라 작자 루쉰의 계몽주의와 연결하면서 샹린의 질문에 대한 '나'의 무능은 루쉰 계몽주의의 변화를 상징한다고 보는 시각도 있다. 소설 속 화자가 연구 쟁점이 되면서 화자인 '나'가 작자 루쉰 사이의 이동(異同)을 두고 논란이 일기도 했는데,[22] 이러한 관점의 연구 시각은 화자인 '나'가 작자 루쉰과 겹쳐 있다고 전제한다. 그리고 작자 루쉰이 「복을 비는 제사」을 쓰던 시기에 루쉰 전기의 계몽주의 한계에 직면하였고, 새로운 전환점을 암시하는 작품이 「복을 비는 제사」라고 본다. 대표적으로 천궈언(陳國恩)의 관점이 그렇다. 그는, 루쉰은 '선명한'('清醒的') 계몽주의 사상가였지만, "1920년대 말 자신이 일찍이 굳게 믿었던 계몽주의에 대해 깊이 있는 성찰을 진행했"는데, "그 전형적인 예가 「복을 비는 제사」"라고 본다. 그에 따르

21 楊若蕙, 「現代啓蒙主義知識分子的精神原型」, 『甘肅高師學報』 第9卷 第6期(2004), 64쪽.

22 이에 관한 논란에 대해서는 李景彬, 「也談「祝福」中的我」, 『四平師院學報(哲學社會科學版)』 1978年 第2期, 42-46쪽.

면, 루쉰은 계몽주의 목표에 바탕을 두고 창작을 해왔고 그 실천이 국민성 개조였는데, 「복을 비는 제사」에 이르러서 계몽주의에 대한 회의적 태도를 보여 주게 되었고, 이는 '중대한 변화'라는 것이다. 그는 루쉰의 이러한 변화는 (중국) 계몽주의의 두 가지 한계에 대한 자각에서 나온 것으로, 그가 말하는 두 가지 한계란 이성 자체의 한계, 그리고 이성이 중국에서 민중적 토대를 결여하고 있다는 한계에 대한 자각이다. 천궈언은 화자가 샹린의 질문에 대답하지 못하는 것을 중국 계몽주의자인 '나'의 두 한계를 루쉰이 이미 의식했기 때문이라고 보는 것이고, 루쉰은 "더 이상 전지전능한 태도로 민중의 어리석고 낙후된 면을 비판하는 것이 아니라 비교적 평화로운 마음으로 현대(근대) 지식인의 약점"을 드러냈다고 해석하는 것이다.[23]

지금까지 논의를 종합하면, 화자가 샹린의 질문에 대답을 하지 못하는 이유에 관해 기존 연구에서는 주로 세 가지 차원에서 그 원인을 찾았다. 지식인의 한계, 중국 계몽주의의 한계, 그리고 루쉰 계몽주의에 대한 인식 변화 등이 그것이다. 이들 연구 관점은 작품의 중심을 '나'에 두고서 분석함으로써 마오쩌둥 사회주의 시기 「복을 비는 제사」 연구를 넘어서는 새로운 연구 시각을 열었다. 특히 계몽주의 지식인인 '나'의 한계를 루쉰 계몽주의의 변화와 관련하여 분석한 연구는 「복을 비는 제사」 해석을 넘어 루쉰 계몽주의의 성격과 그 변화와 관련된 루쉰 사상을 깊이 이해하는 데 연구적 기여가 있다.

그런데 이러한 관점에서 「복을 비는 제사」를 해석하는 관점이 지닌 한계와 관련하여, 류허(劉禾)가 기존 연구에서는 이 소설을 주로 리

23 陳國恩, 「論魯迅啓蒙主義觀的轉變一從「祝福」說起」, 『南京師范大學文學院學報』 2007年 12月 第4期, 80-83쪽.

얼리즘 틀로 해석해 왔다고 비판한 점에 주목할 필요가 있다. 류허는 이 소설을 종교적 메시지를 담은 텍스트로 접근하길 제안한다. 류허는, 생명의 진실이 리얼리즘의 토대에 건립될 수 있는지에 관해서 질문한다면, 「복을 비는 제사」에서 루쉰이 이에 대해 내놓은 대답은 부정적이라고 지적한다. 이 소설은 문학 리얼리즘의 경계선('邊界')에 놓여 있으며, 삶과 죽음의 궁극적 의미를 찾고 있다는 것이다.[24] 류허의 관점은 소설 속 이야기의 원형이 『현우경(賢愚經)』 속 불교 이야기에 있듯이, 화자가 샹린의 질문에 대답을 하지 못하는 것은 이 소설이 종교적 문제를 다루고 있기 때문이라고 본다. 류허의 관점을 풀어서 해석하자면 루쉰은 "종교적 교의도 인정하지 않았지만 과학적 교의도 인정하지 않았"는데, 그것을 상징적으로 보여 주는 작품이 「복을 비는 제사」이고, 화자가 종교적 차원에서 샹린의 질문에 대답하지 못한다고 보는 것이다. 류허의 관점은 이 소설을 리얼리즘의 시각이 아니라 종교와 미신 등 루쉰이 지녔던 종교관, 미신관이라는 차원에서 볼 필요성을 제기한 점에서 의미가 있다.

「복을 비는 제사」를 루쉰의 종교관과 관련하여 분석한다는 점에서 류허의 관점은 이 연구의 입장과 같다. 하지만 이 연구에서는 「복을 비는 제사」 속 화자가 곤혹과 무능을 느끼는 이유가 화자가 샹린이 던진 질문을 종교적 차원에서 받아들였기 때문만이 아니라 여기에는 종교적 차원과 더불어 삶의 실존적 차원에서 샹린이 던진 질문을 고민한 데서 기인한다고 본다. 화자가 느끼는 당황하는 감정과 관련하여 서영채는 이것이 단순히 계몽적 차원에서 기인하는 것이 아니라 계몽

24 劉禾·孟慶澍 譯, 「魯迅生命觀中的科學與宗教(下)」, 『魯迅研究月刊』 2011年 第4期, 10쪽.

의 불안이자 존재론적 간극의 출현이라고 해석하였는데,[25] 이 연구에서는 종교적인 것과 삶의 실존적인 것의 결합으로 그것을 해석하는 것이다. 이는 넓게 보면 기본적으로 「복을 비는 제사」는 계몽주의나 리얼리즘 시야를 넘어 루쉰의 종교관, 미신관과 더불어 루쉰의 존재론적 고민이 결합된 작품이라고 보는 시각이다. 이는 소설의 기본 축을 화자와 샹린, 넷째 루 나리로 상징되는 루전 고향세계의 삼자 관계로 설정한 가운데 소설 속 화자 독백의 의미를 중요하게 분석하는 시각이고, 루쉰의 종교관과 삶의 실존적 사고 속에서 작품을 해석하는 관점, 특히 화자의 당황과 무능력의 원인을 구명하는 관점이다. 그렇다면 샹린의 믿음, 그리고 샹린과 넷째 루쓰 나리 사이의 대립, 그리고 화자인 '나'가 느끼는 곤혹과 당혹, 무력감에 루쉰의 삶에 대한 실존적 사고가 어떻게 드러나 있는가?

2. '정(正)'과 '미(迷)', 그리고 '나'의 진퇴양난

「복을 비는 제사」에서 샹린의 불행은 첫 남편이 죽어 과부가 된 것에서 시작한다. 하지만 진정한 불행의 시작은 시어머니가 자신을 돈에 팔아서 자신이 원하지 않은 두 번째 결혼을 하면서다. 홀몸이 되어 전통 윤리에 따라 재가를 하지 않고 수절하는 삶도 샹린에게는 큰 비극이다. 하지만 그래도 재가를 하지 않았다면 소설에서와 같이 생을 비참하게 마감하는 비극은 일어나지 않았을 것이다. 재가한 뒤 잠

25 서영채, 「계몽의 불안: 루쉰과 이광수의 경우」, 『한국현대문학연구』 51호(2017), 126쪽.

시 편안한 생활을 보냈지만 뜻하지 않게 이리에 아이를 잃으면서 불행이 겹치게 되었다. 이 불행의 최대 피해자는 자기 자신인데, 정작 샹린은 죄의식으로 고통스러워하고 괴로워한다. 샹린은 자신의 고통을 루전 사람들에게 강박적으로 호소하지만 루전의 누구도 그녀에게 귀 기울여주지 않고, 그저 구경할 뿐이다. 루쉰이 말한 극을 구경하는(看戲) 구경꾼(看客)일 뿐이다.[26] 샹린은 수절을 하지 않고 재가한 죄, 그리고 자신이 "어리석어서" 아이를 죽게 한 죄로 괴로워한다. 그 죄의식은 재가를 해서, 이제 저승에 가면 두 남자가 자기 때문에 싸울 것이고, 염라대왕이 몸을 둘로 나누어 두 남자에게 주는 형을 받을 것이라는 이야기를 듣고는 극도의 공포감으로 발전한다. 저승에서 남편과 아이를 만날까 공포에 시달리는 것이다. 이런 샹린을 구해준 묘책이 토지묘(土地廟)에 문지방을 바치는 것으로 액땜하라는 제안이었다.

샹린은 열심히 돈을 모아 문지방을 기부했고, 액땜했다고 생각했다. 그녀는 "표정이 홀가분해 졌"고, "눈빛도 아주 힘 있고 기쁜" 모습이 되었고, "일하는 게 힘이 넘쳤다"(20). 샹린은 원래 저승 세계에 이중의 감정, 모순된 감정을 지니고 있었다. 죽어서 저승에 가면 재가한 자기 몸이 둘로 나뉠 것이라는 두려움을 지닌 한편으로 저승에 가면 그녀가 "어리석어" 죽게 한 사랑하는 아들을 볼 수 있으리라는 기대감이다. 저승에 대한 이 양가적 모순된 감정을 지닌 샹린에게 문지방을 기부하라는 제안은 이 양가적 모순에서 그녀를 구출해 준다. 저승에 가면 몸을 두 토막 내서 두 남자가 가져갈 것이라는 공포심이 사라지고, 이제 아들을 볼 수 있을 거라는 희망만 남은 것이다. 저승에 대한

26 이 점에 주목하자면 샹린을 죽음으로 내몬 가해자로 넷째 루 나리 집안과 더불어 구경꾼인 동네 사람들을 같이 지목하는 것은 옳은 지적이다.

공포가 사라졌다.

그런데 이제 액땜으로 깨끗해졌다고 생각한 그녀가 동지 제사를 지낼 때 술잔과 젓가락을 집어드는 순간 그 희망은 허사가 된다. 넷째 숙모가 "내려 놔"라고 다급하게 소리친 것이다. 샹린은 영문을 알 수 없어서 멍하니 서 있고, 그러자 넷째 루 나리가 비키라고 한다. 이런 일이 일어난 다음 날로 샹린은 달라진다. 정신도 혼미해지고, "낮에 놀러 나온 생쥐 꼴"이 되고, 멍한 것이 '목각인형'처럼 변해 버린다(21).

샹린은 문지방을 바치면 자기 죄를 액땜할 수 있을 것이라는 희망으로 살았다. 그래서 열심히 일하고 악착같이 돈을 모았다. 그것이 삶의 동력이자 삶의 이유였다. 샹린이 이렇게 근면하게 열심히 일하는 것을 두고 마오쩌둥 사회주의 시대 「복을 비는 제사」 연구에서는 노동 인민의 근면함을 상징하는 것으로 해석하기도 했지만, 샹린의 이러한 근면함은, 적어도 문지방으로 액땜하라는 이야기를 들은 이후 샹린이 보여 주는 근면함은 미신에 관한 믿음이 가져다 준 근면함이라고 보는 것이 타당하다. 요컨대, 샹린에게 열심히 살 희망을 주고 삶의 동기를 준 것은 미신이었고, 미신이 그녀의 삶에 새로운 계기를 준 것이다.

문지방을 기부한 뒤 이제 자신이 속죄했고 깨끗해졌으며, 따라서 제사에 참여할 수 있다고 생각했지만, 이것은 샹린의 착각이었다. 결국 미신이 가져다 준 샹린의 희망이 깨진 것이다. 누가 샹린의 희망을 깼는가? 넷째 루 나리와 넷째 루 나리 집안이다. 샹린과 넷째 나리 사이의 대립이 극점에 이르는 순간이다. 그리고 이 때문에 샹린의 인생은 파국을 맞는다. 그렇다면 샹린과 넷째 나리 사이 대립의 실체는 무엇인가? 이를 두고 마오쩌둥 사회주의 시기 「복을 비는 제사」 연구 시각을 대표하는 린즈하오(林志浩)의 분석처럼 "전형적인 대립 계급 사이의 첨예한 충돌"이라고 볼 수 있을 것이다.[27] 하지만 이는 둘 사이 대립을 오직 계급대립이라는 차원으로만 해석하는 관점이다.

그런데 이 둘 사이 대립을 계급대립으로만 해석하는 게 타당할까? 물론 둘 사이에 계급 대립이 있는 것이 사실이지만, 둘 사이 대립과 차이를 다른 차원에서 검토해 볼 필요도 있다. 샹린과 넷째 루씨나리 사이의 대립과 차이를 루쉰의 종교관 차원에서 검토해 볼 필요도 있다는 것이다. 루쉰에게 미신과 종교를 구별하는 것은 의미 없는 일이다. 루쉰에게 미신과 종교를 나누는 기준인 일정한 교리의 유무 등이 중요하지 않은 것은 루쉰이 사람의 정신 작용인 '믿음('信')'의 차원에서 종교와 미신을 같이 보기 때문이다. 루쉰은 범신론이든 미신 혹은 일신교이든 믿음이라는 차원에서는 같은 기원을 지닌다고 본다. 루쉰이 생각하는 가장 중요한 종교의 기원은 둘이다. 첫째는, 물질생활이 불안한(不安物質之生活) 사람들이 '향상'(向上), 즉 더 나아지고 싶은 욕구를 지니고 있기 때문에 종교가 기원하였다. 루쉰은 종교란 '더 나아지고 싶은 마음을 지닌 사람이 스스로 만든 것'(向上之民所自建)이라고 규정한다. 루쉰은 이런 '더 나아지고 싶은 필요'(向上之需要)라는 차원에서 보자면 유일신 신앙이든, 무형을 섬기든 유형을 섬기든 차이가 없다고 본다.[28] 루쉰이 말하는 종교 기원의 둘째 동기는 "사람의 마음은 반드시 의지할 데가 필요"('人心必有所馮依')하기 때문이다.[29] 이렇게 종교든 미신이든, 유일신이든 범신론이든 인간 마음에서 일어나는

27 林志浩,「論「祝福」思想的深刻性和藝術的獨創性」,『魯迅研究學術論著資料匯編』, 第5卷(北京: 中國文聯出版公司, 1987), 5卷, 921쪽.

28 「破惡聲論」,『全集』8卷, 30쪽.

29 「破惡聲論」,『全集』8卷, 29쪽.

종교를 갈구하는 마음의 기원은 같기 때문에, 유일신 신도들이 범신론을 숭배하거나 형체가 없는 것을 숭배하는 것을 미신이라고 배척하는 것에 루쉰은 동의하지 않는다. 이는 루쉰이 중국 서민들이 믿는 미신을 존중하는 이유이자, 미신을 타파하라는 주장을 비판하는 이유이기도 하다.

이러한 루쉰의 종교관으로 보자면 샹린은 진실한 믿음을 지닌 신앙인, 종교인이다. 적어도 토지묘에 문지방을 바치고 속죄하려는 마음을 지니고 있고, 그것을 위해 성실히 일하면서 돈을 모을 때 샹린은 루쉰의 종교관 차원에서 보자면 진실한 믿음을 지닌 신앙인, 종교인이다. 왕빙(王兵)의 지적처럼, 단지 의식만 중시하고 신앙의 진정한 함의는 중시하지 않는 루전 사람들과 비교하면, 그녀야말로 루전이라는 "가짜 믿음('僞信')"이 넘치는 곳에서 진정으로 경건한 신앙심을 지니고 있다.[30] 그녀는 어딘가에 기대고 싶고, 그녀의 삶이 더 나아지기를 바라면서 미신을 믿고 문지방을 기부하려고 한다. 그런데 문제는 그녀의 신앙심이 좌절당한다는 것이다. 그 좌절은 문지방을 기부하지 못해서가 아니라 문지방을 기부한 뒤에 직면한 넷째 루 나리의 권력 때문이다. 루전 고향세계의 권력자인 넷째 루 나리 집안 때문이다. 샹린의 믿음이 넷째 루 나리 집안에 무너진 이 두 대립을 어떻게 볼 것인가? 이를 마오쩌둥 시기 연구에서처럼 봉건 체제의 억압자, 권력자와 봉건 체제 최하층 약자인 샹린 사이의 대립 관계로 볼 수도 있다. 하지만 이 연구에서는 루쉰의 종교관의 지평에서 양자 사이 대립을 보도록 하겠다.

루쉰의 종교관에서 특징적인 것은 그가 종교와 미신을 구별하지

30 王兵, 「反諷的信仰悖論-「祝福」新解」, 『魯迅研究月刊』 2009年 第7期, 24쪽.

않는 데서 한 걸음 나아가 이른바 '가짜 선비(僞士)'와 '미신'을 구별하면서 '가짜 선비'를 비판하고 미신을 옹호한 점이다. 루쉰이 말하는 '가짜 선비'는 스스로는 '바른 믿음(正信)'을 지녔다고 자부하지만, 사실은 마음에 진실한 믿음이 결핍된 사람이다. 이에 비해 미신을 믿는 서민은 '깨끗한 마음(白心)'을 지닌 사람들이다. 루쉰은 이 양자의 구별을 중요하게 생각했다. 이토 토라마루(伊藤虎丸)가 지적하듯이, 루쉰이 이 둘을 구별하는 것은 모종의 정확한 것과 정통적인 신앙으로 다른 사람의 신앙, 특히 서민의 신앙을 '미(迷)'로, 즉 미신과 이단으로 척결하는 '가짜 선비'의 태도를 비판하기 위해서였다.[31] 종교 심리 차원에서 볼 때, 즉 '믿음(信)'의 차원에서 볼 때는 정확한 것과 미혹된 것, 즉 '정(正)'과 '미(迷)' 사이에는 아무런 차이가 없지만, 다만 권위를 지니고 있고, '정확한 믿음과 사상'을 가지고 있다고 생각하는 '가짜 선비'들이 서민의 생각과 신앙을 미혹된 것을 재단하면서 배척한다는 것이다. 이토 토라마루는 루쉰이 이렇게 미신과 이단을 배척하는 것에 반대한 점을 지적한다. 루쉰이 반대한 이유는, 이른바 '정확한 것'이 실제로는 특정 시대에 어떤 사회 집단의 다수 의견일 뿐이라고 보기 때문이다. 이는 '다수'를 비판하고 '개인'을 중시하는 초기 루쉰의 생각과 연결되어 있다. '개인(個)'을 '다수'보다 우선하는 루쉰의 사고가 루쉰의 유명한 요청인 "가짜 선비는 제거해야 하지만 미신은 보존해야 한다(僞士當去, 迷信可存)"는 주장과 연결된다.[32] 루쉰이 생각에 비추어 보자면 루전 고향세계의 복을 비는 제사는 다수, 즉 지배적 권력자의 믿음이고 샹린의 믿음은 미신이다.

31 伊藤虎丸 著, 『魯迅, 創造社與日本文學』(北京: 北京大學出版社, 1995), 113쪽.

32 伊藤虎丸, 위의 책, 114쪽.

결국 루쉰의 종교관 차원에서 볼 때, 자신이 속죄해서 깨끗해졌다고 생각하면서 제사 준비를 거드는 샹린과 샹린이 액땜을 하고 깨끗해졌는지, 그 여부와는 상관없이 오직 자신의 믿음을 기준으로 샹린을 여전히 부정한 사람으로 여기면서 제사에서 배제하는 넷째 루 나리(그의 부인을 포함하여) 사이 대립은 〈가짜 선비와 미신〉 사이의 대립이다. 루쉰이 말한 종교의 정의 차원에서 보자면 넷째 루 나리 집안이 동지에 제사를 올리고 복을 비는 축복례를 올리면서 복을 기원하는 것도 인간의 기본적인 종교적 심리에서 기원하고, 샹린이 토지묘에 문지방을 헌납하면서 용서를 기원하는 것도 종교적 심리에서 기원한다. 루쉰이 말하는 종교적 심리라는 차원에서 보자면 넷째 루 나리 집안의 믿음과 샹린의 믿음은 같은 성격이다. 루쉰이 종교적 심리의 특징으로 지적한 것, 즉 인간의 마음, 기댈 곳을 찾는 약한 인간의 마음과 나아지기를 기원하는 종교 심리 차원에서 볼 때 공통점을 지니는 것이다. 물론 루전 고향세계에서 문지방을 바치면 속죄가 된다는 샹린의 생각은 복을 비는 제사를 올리는 넷째 루 나리 집안의 제도화된 믿음의 영역이 아니라 미신의 영역에 놓여 있다. 미신일지라도 샹린에게는 그 미신의 믿음이 더없이 절실한 신앙이다. 루쉰의 종교관에 따르면 진정한 종교적 믿음이다.

그런데 소설에서 두 믿음 사이에는 이런 공통점만 있는 것이 아니다. 중요한 차이도 있다. 두 믿음 사이의 권력 관계다. 넷째 루 나리 집안은 권력과 권위를 지니고 있고, 그래서 그들의 믿음과 신앙은 정통, '바름(正)', 깨끗함의 입장에 서 있고, 샹린의 믿음과 신앙은 '미(迷)'와 더러움, 부정(不正)의 자리에 있다. 권력관계 속에서 둘 사이에 차이가 존재하는 것이다. 이 권력관계가 양자의 믿음과 신앙 사이에 작동하여 넷째 루 나리라는 '가짜 선비'의 '바른' 믿음에 샹린의 믿음은 미신으로 거부당하고 배척당한 것이다. 비록 미신일 수 있지만, '깨끗한 마음('白心')'에서 기원한 샹린의 믿음이 넷째 루 나리 집안에 철저히 배반당했다. 넷째 루 나리와 샹린 사이에 권력관계가 작동하면서 넷째 루 나리로 상징되는 루전의 종교 율법에 따라 샹린이란 존재는 더러운 존재가 되고,[33] 결국 샹린이 토지묘에 문지방을 바친 것은 전혀 의미가 없게 된다. 샹린이 진정 절망으로 빠진 것은 개가하고 아들을 잃었다는 사실보다도 자신은 이제 액땜했고, 속죄했다고 하는 믿음이 처참하게 깨진 순간이다. 샹린의 믿음과 신앙이 고향세계에서 권위와 권력을 쥐고 있는 넷째 루 나리 집안의 믿음, 넷째 루 나리 집안의 신앙에게 미신으로, 부정한 것으로 배척당한 때문이다. 이 배척으로 인해 이제 샹린은 진정으로 절망에 빠지게 되고, 사람이 "크게 변"하게 된다. 루쉰이 「노라는 집을 나간 뒤 어떻게 되었는가(娜拉走後怎樣)」(1923)에서 "꿈꾸고 있는 사람은 행복하고 인생에서 가장 고통스러운 것은 꿈에서 깨어났지만, 갈 길이 없을 때"[34]라고 말한 것에 비유하자면, 샹린은 계속 미신 세계 속에서 꿈을 꾸고 있었다면 오히려 행복했을 것이다. 그런데 그는 넷째 루 나리에 강제로 미신 속 꿈에서 깨어났고, 그녀는 지금 갈 길이 없는 상황에 놓인 것이다.

이제 작품의 배경인 루전의 고향세계에서 샹린을 구원할 것은 아무것도 없다. 루전에서 그녀가 유일하게 희망을 걸었던 미신도 이제 그녀를 구할 수 없다. 루쉰이 샹린의 처지를 두고 말한 것처럼 이제 샹린은 "죽으려 해도 죽을 수도 없고, 살려 해도 살 수가 없는" 진퇴양난의

33 王兵, 「反諷的信仰悖論—「祝福」新解」, 『魯迅研究月刊』 2009年 第7期, 23쪽.

34 『全集』 1卷, 166쪽.

지경에 빠져 있다.[35] 유일한 희망이 무너졌고, 자신의 절실한 믿음, 자신의 신앙이 부정당한 것이다. 이렇게 샹린이 절망에 처해 있을 때 루전 밖에 있는 화자인 '나'가 온다. 루전의 세계에서는 더 이상 희망과 답을 찾을 수 없는 샹린에게 루전 밖에서 오고 배운 것도 많은 화자는 그녀를 구제해 줄 수 있는 유일한 희망일 수 있다. 하지만 화자 역시 그녀의 세 가지 질문에 답을 하지 못하고, 당황하며 무능을 자인한다.

화자인 '나'가 받은 샹린의 첫 질문은 "사람이 죽어도 혼은 남나요?"란 질문이다. 이 질문에 화자는 오싹함을 느낀다. 이 상황을 화자는 마치 벼락 시험을 치는데 옆에 선생이 서 있는 것보다 더 당황스럽다고 비유한다. 샹린은 그를 "글을 아는 분"이자 "출세까지 한 분"이고, "아는 것도 많은" 사람이라고 여긴다. 즉 선생이라고 여기고 물었다. 그런데 샹린의 이 질문 앞에서 그는 벼락 시험을 치는 학생의 처지에 자신을 비유한다. 이 대목을 보면, 확실히 화자가 느끼는 당혹과 곤혹, 무능감은 종교적 문제에 무력한 계몽과 계몽 지식인의 한계에서 기인한다고 해석할 수 있다. 하지만 샹린의 첫 질문은 죽어도 혼이 남는지, 그 유무를 묻는 종교적인 질문이다. 이를 보면, 화자의 당혹과 곤혹, 무능감은 샹린이 던진 질문에 종교적 차원에서 답하지 못하는 데서 오는 것이다.

하지만 화자는 단지 종교적 차원에서만 샹린의 질문을 해석하는 데 머무는 것이 아니다. 기존 연구는 주로 종교적 문제에 무력한 계몽의 한계, 그리고 이와 관련된 계몽 지식인이 지닌 한계라는 차원에서 샹린의 질문과 화자가 느끼는 당혹과 곤혹, 무능감을 해명했다. 하지만 좀 더 섬세하게 이 부분 텍스트를 들여다 보면, 이와 더불어 화자

35 陳根生, 『魯迅名篇問世之後』(上海: 復旦大學出版社, 1986), 98쪽.

가 샹린의 질문을 삶의 실존 차원에서 받아들이고, 삶의 실존이라는 차원에서 샹린에게 어떻게 답해야 할지를 고민한다는 것을 발견할 수 있다. 화자가 느끼는 당혹과 곤혹, 무능감에는 종교적 차원과 더불어 삶의 실존적 차원이 결합되어 있는 것이다. 이런 해석은 화자 내면의 독백으로 이루어진 다음 구절을 고려할 때 그렇다.

> 차라리 그녀가 희망하는 것을 말해 주는 것이 낫지 않을까. 있다는 것을 희망하든, 없다는 것을 희망하든…, 인생의 막다른 곳에 이른 사람에게 고통을 더해 줄 필요가 무엇인가? 그녀를 위해서 있다고 말하는 게 낫지 않을까(7).

이 독백에 주목하면, 지금 화자는 인생 막다른 곳에 처해 고통받는 샹린에 연민을 느끼면서 그 고통을 덜어 줄 답을 고민하고 있다. 화자는 계몽이나 종교 차원에서보다는 고통받는 샹린이 지금 처한 삶의 실존 차원에서 샹린의 고통을 덜어 줄 답을 할 마음이 있다. 그녀가 희망하는 것이 무엇인지에 따라 그 답을 할 생각을 지니고 있다. 그녀의 고통을 덜어 주고 희망을 줄 답이 무엇인지를 고민하는 것이다. 요컨대, 화자는 샹린의 질문을 계몽 차원, 진리 차원의 문제가 아니라 삶의 막다른 곳에 이른 그녀의 희망에 관한 질문으로 받아들이고 있다. 그는 삶의 실존 지평에서 그녀의 질문을 받아들이고 있는 것이고, 그의 답으로 자칫하면 샹린이 절망의 나락으로 떨어질 수도 있다는 것을 알고 있다.

만약에 화자가 계몽의 입장에 선다면 답은 간단할 수 있다. 샹린에게 그런 생각은 미신이라고 말하면서 계몽의 진리를 설파할 수 있다. 하지만 화자가 샹린의 질문으로 느끼는 고민과 당혹은 삶의 실존 차원이다. 그는 계몽의 차원, 진리의 차원이 아니라 삶의 실존적 차원에서 답을 어떻게 해야 할지 고민하고 있다. 그가 진리나 계몽 차원의 답이 아니라 그녀가 희망하는 것을 답하려고 고민한다는 점에서 그렇다. 이를 루쉰의 종교관 맥락에서 풀자면, 넷째 루 나리는 '올바른 믿음'이라는 입장에서 샹린의 믿음을 미신이자 부정한 것으로 배척하였지만, 화자는 그렇지 못하는 것이다. 화자가 넷째 루 나리와 다른 점이 여기에 있다. 화자는 샹린의 고통에 연민을 느끼고 있다. 이 연민은 나중에 샹린이 죽은 뒤 자책감으로 남게 된다. 결국 그는 넷째 루 나리처럼 '올바른 믿음'이라는 차원에서 샹린의 '미신'을 배척하는 입장에서 있지도 않으며, 샹린의 비극적 처지 앞에서 느끼는 모종의 연민 때문에 그녀를 쉽게 배척하지도 못한다. 그는 삶의 실존 차원에서 샹린의 비극을 바라보는 것이다.

그런데 단순하게 생각하면, 샹린의 질문을 삶의 실존 차원에서 고민하고, 샹린의 고통에 연민을 느낀다고 해서 그 답을 하지 못할 이유는 없다. 그런데 왜 화자는 답을 못하는가? 그것은 샹린이 처한 진퇴양난 때문이다. 앞서 살펴본 대로, 작가 루쉰은 샹린의 처지를 두고서 샹린이 살아가려고 해도 살 수도 없고 죽으려고 해도 죽을 수 없는 진퇴양난에 처해 있다고 지적하였다. 그런데 샹린이 놓인 이 진퇴양난에서 샹린을 구해 주고 샹린에게 희망을 줄 수 있는 답은 무엇일까? 샹린이 처한 진퇴양난 때문에 그 답 역시 진퇴양난의 곤혹 속에 놓여 있다. 이와 관련하여 샹린의 진퇴양난에 관한 루쉰의 언급을 다시 한 번 고려할 필요가 있다. 루쉰은 샹린의 진퇴양난과 관련하여, 샹린에게는 만약 "영혼(귀신)이 있을 경우 그녀는 몸이 톱에 잘릴까 봐 무섭고, 영혼이 없을 경우에는 그가 애지중지하던 유일한 아들인 아마오(阿毛)를 영원히 보지 못할 것"이기 때문에 그녀는 영혼 유무에 관한 진퇴양난에 빠져 있다.[36] 그녀 스스로 해결하지 못하는 이 진퇴양난 속에서 그녀는 화자에게 답을 구한 것이다. 이런 샹린의 진퇴양난을 고려하면 화자가 어느 한쪽을 쉽게 선택할 수 있는 일이 아니다. 물론 계몽이나 진리 입장에 서자면, 종교적 입장에 서자면 쉽게 답을 할 수 있을 것이다.

하지만 화자는 그런 입장에 서 있지 않다. 화자는 그런 샹린의 처지에 연민을 느끼고 있고, 샹린 삶의 실존 차원에서 볼 때 쉽게 어느 하나의 답을 택할 수 없다는 것을 아는 것이다. 샹린의 진퇴양난으로 인해 화자 역시 삶의 실존 차원에서 진퇴양난에 처해 있는 것이다. 이것이 화자가 당황하고, 곤혹감과 무능을 자인하는 한 이유이다.

화자의 이런 태도는 삶의 실존이라는 차원에서는 미신이나 거짓에서 기원하는 믿음도 필요하다고 보는 시각이다. 진리와 계몽, 종교적 차원이 아니라 실존의 차원에서 보자면 미신이나 거짓도 고통스러운 삶을 버티고 삶을 영위하는 데 필요하다고 보는 시각이라는 것이다. 이와 관련하여 주목할 것은 이른바 루쉰의 '방황 시기'에 쓴 루쉰 글에서 꿈('夢'), 거짓('假')과 속임('誑'), 허위('虛僞') 등을 삶의 실존 차원에서 긍정하는 언급들이 많이 등장하는 점이다. 「복을 비는 제사」를 쓰기 두 달 전에 루쉰은 「노라는 집을 나간 뒤 어떻게 되었는가?」라는 강연에서는 사람을 속이는 거짓말에 대해 말한다. 시인 이하(李賀)가 죽을 무렵 그의 어머니에게 옥황상제가 그더러 백옥루를 짓고 그더러 글을 지어달라고 한다고 거짓말을 한 것을 말하면서, 이것은 분명 사람을 속이는 거짓말이고 꿈인데, 이로 인해 죽은 사람은 즐겁게 죽고, 살아 있는 사람은 마음을 놓게 되었다면서 이것이 바로 거짓말과 꿈

36 陳根生, 『魯迅名篇問世之後』(上海: 復旦大學出版社, 1986), 98쪽.

의 위대함이라고 말한다.[37] 『방황』에 「복을 비는 제사」와 같이 수록된 소설 「애도(傷逝)」에서는 '생존자 콤플렉스' 트라우마에 시달리는 '쥐앤성(涓生)'이 '허위'와 '거짓' '위선' '망각' 속에서 이것들을 길잡이로 삼아 새 삶을 살아가겠다고 말한다. 즈쥔(子君)을 따라 죽는 것을 택하지 않고 사는 것을 택한 쥐앤성이 살아갈 수 있는 것은 허위와 거짓, 위선과 망각 속에서다. 이는 비루한 선택이지만 삶의 실존 차원에서는 이 비루함, 위선과 거짓, 망각이 필요하다. 그것이 삶이다. 쥐앤성의 선택은 이 점을 말하고 있다.

샹린에게는 미신도 삶의 실존을 위해 필수적이다. 그것이 거짓이고 허위이고, 꿈에 불과할지라도 미신이 필요했다. 문지방을 바쳐 속죄하고 액땜하려는 간절한 그녀의 믿음은 그것이 미신일지도 그녀 삶의 실존을 위한 동력이자 버팀목이었다. 하지만 넷째 루 나리로 상징되는 권력에 샹린의 믿음이 부정당하면서 샹린은 절망에 빠졌다. 이런 절망에 처한 샹린을 화자인 '나'가 구하지 못한 것은 그가 계몽이나 종교, 진리의 입장에 서 있기 때문이라고 볼 수도 있지만, 더 중요한 것은 화자가 샹린에 대한 연민 속에서 삶의 실존이라는 차원에서 샹린의 처지를 바라보기 때문이다. 즉, 삶의 실존 차원에서 샹린의 절망과 샹린이 처한 진퇴양난을 고민하기 때문이다.

루쉰이 「복을 비는 제사」를 창작한 이른바 루쉰의 '방황 시기'는 루쉰 사상은 물론이고 루쉰 작품에도 중요한 전환점을 이루었다. 이를 두고, 중국에서는 주로 루쉰 계몽주의의 변화와 전환이라는 차원에서 의미를 부여하기도 하고, 일본 루쉰 연구자인 마루오 쯔네키(丸尾常喜)는 이 시기에 '인도주의'와 '개인주의' 사이의 갈등이 점차 두드러진 가

37 『全集』 1卷, 167쪽.

운데,[38] 그 이전의 루쉰 삶이 주로 '과도성'을 의식하면서 중간물적 존재라는 의식 속에서 살았다면, 이제는 "과거의 속박에서 루쉰의 현재를 회복시켜 주었"고, 점차 "그의 생명의 일회성과 과도성을 동시에 살아가는 새로운 투쟁 장소로 나아갈 수 있었"다고 보았다.[39] 요컨대, 루쉰 문학이 "근대로부터 현대로의 발을 내딛"는 계기가 마련된 시기라는 점에서 중요성을 부여한다.[40]

마루오의 분석에서 개인적으로 중요하다고 보는 것은 루쉰의 이른바 '방황 시기'가 루쉰 문학이 근대에서 현대로 발을 내딛는 전환점이라고 보는 시각이다. 물론 이른바 '방황 시기' 이전 루쉰 문학이 전형적인 근대 계몽주의 색채를 지니는 것은 아니지만, 어쨌든 이른바 '방황 시기' 이후에는 루쉰 문학이 계몽주의 같은 근대 지평에서 좀 더 현대 지평으로 이동하는 것은 사실이라고 본다. 그런 점에서 보자면, 이른바 루쉰 '방황 시기' 문학을 더 다양한 시각으로 연구하는 일이 필요하다. 이 글은 그러한 일환으로서 삶의 실존이라는 차원에서 「복을 비는 제사」를 읽어보려고 시도하였다. 계몽을 넘어 삶의 실존 차원에서 사고하고 고민하는 데 이 작품의 개성이 있고, 여기에는 실존 차원에서 삶을 바라보는 루쉰의 사고가 깊이 스며들어 있다고 본 것이다.

38 丸尾常喜著, 金賢貞譯, 「彷徨時期的魯迅」, 『魯迅研究』 1999年 第6期, 27쪽.

39 마루오 쯔네키 저, 유병태 역, 『노신』(서울: 제이앤씨, 2006), 226쪽.

40 마루오 쯔네키, 앞의 책, 195쪽.

7장

한중 근대문학의 두 개의 진화론과 주체론
- 루쉰과 이광수의 경우

7장

한중 근대문학의 두 개의 진화론과 주체론 - 루쉰과 이광수의 경우

1. 진화론으로 인간 주체 새로 만들기

한국과 중국 근대문학을 대표하는 작가인 이광수(李光洙: 1892-1950)와 루쉰(魯迅: 1881-1936)의 글을, 특히 두 사람이 각각 한국과 중국 현실을 변혁하기 위해 쓴 글을 읽다 보면 비슷한 문구와 비슷한 문제의식을 쉽게 발견할 수 있다. 이광수의 「자녀중심론」(1918)의 문제의식은 루쉰의 「지금 우리는 아버지 노릇을 어떻게 할 것인가(我們現在怎樣做父親)」(1919)와 닮았고, 심지어 개체와 종족의 보존, 발전을 삶의 목적으로 보는 구절은 위의 두 사람 글에서 똑같이 등장한다. 진화론과 귀스타브 르 봉(Gustav Le Bon)의 영향 속에서 제기한 이광수의 민족개조 주장과 루쉰의 국민성 개조 주장도 유사한 부분이 많다. 두 사람에게서 보이는 이러한 유사함의 기원에 대해서는 다양한 분석이 가능할 것이다. 예를 들어 서영채가 지적한 것처럼, 두 작가에게는 거대한 포로수용소 같은 조선의 현실과 철의 방 같은 중국 현실의 유사함이, 그러니까 두 작가가 처한 당시 현실의 유사함이 바탕에서 작동하고 있고, 그런 까닭에 두 사람의 문학과 사상에서 계몽의 한계와 관련된 '계몽의 불안'을 공통으로 발견할 수도 있을 것이다.[1] 물론 '계몽의 불안'이라고 하더라도 그 양상과 실질은 다르다. 하지만 '계몽의 불안'이라고 묶을 수 있는 유사함을 추출할 수 있는 것은,[2] 제국주의에 침탈당하는 민족 위기 속에서 계몽을 사고하는 한중 근대문학의 숙명이 이 두 사람 문학에 기본 배경으로서 작용하였기 때문이라고 볼 수 있다. 물론 여기에 덧붙여 두 사람이 비슷한 시기에 일본에 유학했고, 일본에서 습득한 지적 양분이 유사한 점도 영향을 미치고 있다고 할 것이다.

물론 유사점 못지않게 차이점도 있다. 그리고 두 작가 중 한 사람에게는 있지만 다른 사람에게는 보이지 않는 점도 있다. 예를 들어, 루쉰의 이른바 '중간물 의식'은 이광수에게는 보이지 않고, 이광수의 기독교 관련 논설, 친일 논설 등은 루쉰에게는 보이지 않는다. 그런가 하면 두 사람이 전통이라는 아버지 세계를 격렬하게 비판하는 반전통 의식을 지닌 점은 유사하지만, 그 반전통 의식의 구조는 다르다. 이광

1 서영채, 「계몽의 불안-루쉰과 이광수의 경우」, 『한국현대문학연구』 51호(2017), 109-142쪽.

2 서영채에 따르면 이광수와 루쉰에게서 보이는 '계몽의 한계'와 관련한 이러한 유사함은 일본 근대 작가 아리시마 다케오하고는 다른 점이다. 이를 서영채는 "이광수를 치우고 루쉰을 치우면 그 밑에서 드러나는 것은 아리시마 다케오가 된다."고 지적한다. 앞의 논문, 111쪽.

수의 경우, 김윤식 등 많은 연구자가 지적한 것처럼,[3] 반전통 주장이 고아의식 혹은 청년이나 아이의 관점에서 출발하였다면, 루쉰은 아버지 의식 혹은 유사 아버지 의식으로서의 장자(長子) 의식 관점에서 이루어진다는 점에서 다르다. 이렇게 두 사람이 유사함과 차이를 지니고 있다는 점에서 보자면, 두 사람은 서로를 잘 비추어 보여 주는 거울과 같은 존재이기도 하다. 이광수 연구자로서 김윤식이 이광수를 논하면서 늘 루쉰을 소환하여 이광수 곁에 두었던 것도 이 때문일 것이다.[4]

이 글 역시 이광수와 루쉰에게서 보이는 유사함과 차이점에 주목하지만, 연구적 관심의 출발점은 차이점이다. 루쉰 연구자로서 이광수 소설을 읽다 보면 무엇보다도, 물론 어디까지나 개인적인 독서 경험이지만, 그 경쾌함과 밝음에 이끌리게 된다. 루쉰의 소설이 무겁고 어두워서 더욱 그럴 것이다. 소설 속 인물 역시 다르다. 비유하여 말하자면 이광수 소설 속 인물은 액체 같고, 루쉰 소설 속 인물은 고체 같다. 다시 비유하자면 이광수 소설 속, 특히 초기 소설 속 인물은 태양을 향해 끝없이 뻗어 오르면서 변하는 향일성 식물이고, 루쉰 소설 속 인물은 오직 죽음으로써만 다른 존재가 될 수 있는 동물성 존재이다. 이 차이는 어디서 기원하는 것일까? 이 궁금증에서 출발한 이 연구는 이광수의 『무정(無情)』(1917)과 루쉰의 「광인일기(狂人日記)」(1918) 속 인물이 지닌 이러한 특징에 주목하면서, 이러한 인물의 특징이 두 사람이 각기 해석하고 수용한 진화론과 어떻게 연결되는지를 추적하

3 이광수의 고아의식에 관해서는 대표적으로 김윤식, 『이광수와 그의 시대』(서울: 한길사, 1986), 211쪽 참조.

4 김윤식, 『동양정신과의 감각적 만남』(서울: 고려대학교출판부, 1997), 3–42쪽 참조.

려고 한다.

진화론, 엄밀히 정의하자면 생물 진화론을 사회에 적용한 사회진화론(Social Darwinism)은 한중일 동아시아 근대에 가장 큰 영향을 미친 사상이다.[5] 일본에게 진화론은 제국주의로 무장하는 논리를 제공해 주었고, 한국과 중국에게 진화론은 민족의 위기의식을 강화하였다. 강자와 경쟁하여 도태되지 않고 약자의 처지에서 벗어나기 위해서는 힘을 키워야 한다는 자강론의 사상적 토대가 되었다. 한국과 중국 근대에 진화론의 충격이 컸던 것은 진화론의 원리에 따르면 일본 제국주의의 식민지로 전락한 한국이나 서구 여러 제국주의 국가의 반(半)식민지로 전락한 중국이 도태의 운명에 놓인 것이 자연의 섭리로 설명될 수 있기 때문이다.

물론 동아시아 근대 문학인들이 진화론에 경도되었던 것이 이러한 민족적 위기의식이나 부국강병 차원에서만은 아니었다. 이들은 근대적 전환기에 새로운 문학을 통해 인간을 재발견 혹은 재구성하려는 뜻을 지니고 있었는데, 진화론은 여기에 중요한 암시를 제공하였다. 근대 초기에 동아시아 작가와 지식인에게 진화론은 생물학적 차원에서 국가와 사회를 이해하는 단초를 제공하였을 뿐만 아니라 인간 존재를 생물학적 차원에서 이해하는 새로운 시각을 제공한 것이다.

물론 동아시아 근대 작가들에게는 진화론이 촉발한 위기의식과 인간의 재구성(내지는 인간의 재발견)이라는 두 가지 문제의식은 분리되지 않은 하나의 문제였다. 물론 작가에 따라 어느 쪽에 좀 더 비중을

5 이 연구에서 말하는 진화론은 생물진화론을 사회에 적용한 사회진화론(Social Darwinism)이지만, 문학에서 다루는 진화론은 일반적으로 사회진화론이기에 이 연구에서는 진화론이라 칭한다.

두느냐는 달랐지만, 둘은 애초에 하나의 과제이자 기획이었다. 루쉰과 이광수도 그러하다. 이 두 사람 문학에서 쉽게 발견할 수 있는 계몽에 대한 초조와 강박의식은 민족적 위기의식과 새로운 중국인과 한국인에 대한 갈망이 결합되어 있고, 진화론은 여기에 큰 영향을 미쳤다. 이 글은 동아시아 근대문학 초기에 큰 영향을 미친 진화론이 한중 근대문학을 대표하는 두 작가인 루쉰과 이광수의 사상과 소설 속 인물에 어떻게 투영되어 있는지를 추적하려는 것이다. 이 연구에서 사용하는 진화론적 상상력이란 진화론이 촉발한 세계와 주체에 관한 사유가 작가의 사상과 텍스트에 투영되는 것을 통칭한다.

이광수 연구에서 이광수 소설 속 인물의 특징을 진화론과 연결하여 분석한 연구는 많다. 대표적으로 오윤호가 『무정』의 주인공 이형식의 개체 진화를 중심으로 이광수의 진화론적 상상력과 이광수 소설 속 인물의 특징 사이 관계를 분석한 것[6], 이재선이 『무정』을 진화론과 밀접한 관련을 지닌 성장소설로 본 것이[7] 그러하다. 이러한 이광수 연구 성과와 비교해 볼 때, 루쉰 연구에서는 관련 연구가 많지 않다. 그런 가운데 이 연구와 관련하여 주목할만한 루쉰 연구는 이보경이 우생학 관점에서 「광인일기」를 비롯하여 루쉰 소설을 분석한 것이다.[8] 이보경은 루쉰이 중국 근대에 유행한 우생학적 관점을 지니고 있다는 점을 루쉰 소설과 사상을 통해 지적하였다. 진화론의 일종인 우생

6 오윤호, 「근대과학지식의 재현과 진화론적 상상력—이광수의 『무정』을 중심으로」, 『한민족문화연구』 제 52집(2015), 277—308쪽.

7 이재선, 『이광수 문학의 지적 편력』(서울: 서강대학교출판부, 2010), 324쪽.

8 이보경, 「중국적 근대성의 한 테제 '아이를 구하라' 재독—우생학적 기획으로 읽기」, 『중국현대문학』 35호, 37—55쪽.

학적 관점에서 루쉰 소설 속 우생학적 사고를 분석한 점에서는 이 연구와 유사하다. 하지만 이 연구는 루쉰 소설 속 인물의 성격에 초점을 맞춘다는 점, 그리고 그 영향을 우생학이 아니라 헤켈 유전학에서 찾는다는 점에서 이보경의 연구적 접근법과 다르다. 이 연구에서는 이광수와 관련한 분석의 경우, 기존 연구 성과를 최대한 수용하면서도 이광수 『무정』 속에서 이광수 진화론적 인식이 '정(情)'의 논리로 표출되면서 근대 이상적 주체가 구상된 점을 집중하여 분석할 것이다. 루쉰의 경우, 루쉰이 진화론 수용에서 기인한 개체의 문화적 유전의 강조가 소설 속 인물에 미친 영향을 분석할 것이다. 두 사람의 진화론 수용의 차이가 이광수의 대표작 『무정』에 등장하는 '속사람' '참사람', 그리고 루쉰의 대표작 가운데 하나인 「광인일기」에 등장하는 '진정한 인간(眞的人)'과 어떻게 연결되는지를 비교하면서 검토할 것이다. 이를 통해 이 두 사람이 진화론을 각기 다르게 해석하고 수용한 것을 바탕으로 이광수는 정이 있는 인간 만들기를, 즉 '입정(立情)'을 근대문학의 과제로 삼았다면, 루쉰의 경우, 자기 생각이 있는 인간 만들기를, 즉 '입사(立思)'를 근대문학의 과제로 삼았다는 점을 지적할 것이다.

2. 「광인일기」 속 진화론적 상상력과 '진정한 인간'

일반적으로 루쉰 초기에 진화론이 중심 사상을 이루었다고 평가하지만, 많은 연구는 루쉰 진화론 사상에 미친 옌푸(嚴復)의 영향을 강조하고, 에른스트 헤켈(Ernst Haeckel)의 영향은 잘 다루지 않는다.[9] 다루더라도 주로 루쉰이 헤켈 진화론을 어떻게 극복하였는지, 두 사람 진화론 사이에 어떤 다른 점이 있는지를 주로 구명한다.[10] 특히 중국 대륙 연구가 그러한데, 여기에는 헤켈이 악명 높은 진화론적 인종주의자라는 점, 기계적 유물론자라는 점이 작용하고 있다고 본다. 하지만 루쉰이 「사람의 역사(人之歷史)」에서 헤켈의 진화론을 소개하고 있다는 점만 보더라도 루쉰 진화론에서 헤켈이 차지하는 영향은 무시할 수 없다.

루쉰은 1907년에 헤켈의 진화론을 소개하는[11] 「사람의 역사」를 발표한다. 중국인의 육체를 고치는 의사가 되는 것을 포기하고 중국인

9 헤켈은 중국 근대 지식인에게 큰 영향을 미친 사상가로, 그의 저작 대부분이 청말부터 중화민국 초기에 번역 소개되었다. 과학의 원리, 기계적 유물론을 중국에 보급하는데 기여했다. 마오쩌둥을 비롯하여 초기 사회주의자도 헤켈의 영향을 받았다. 루쉰은 헤켈 이론을 일본에서 수용하고 이를 중국에 소개한데 선구적 역할을 하였다. 중국 근대 헤켈 진화론 수용 과정에 대해서는 歐陽軍喜, 「以科學與理性的名義: 新文化運動中的海克爾其學說在中國的傳播」, 『學術研究』 2011年4期, 120-127쪽.

10 예를 들어, 孫堯天은 루쉰이 「사람의 역사」를 쓰면서 헤켈과 가토 히로유키(加藤弘之)의 영향을 받았지만, 이 두 사람의 정치화된 해석, 즉 제국주의와 인종주의 요소를 배제하였다고 본다. 孫堯天, 「跨文化語境中的'人的歷史'」, 『東岳論叢』 41卷1期(2020. 1), 95쪽.

11 물론 루쉰이 이 글을 쓰면서 루쉰이 헤켈의 저작만 참고한 것은 아니고 이시카와 지요마쓰의 『진화신론(進化新論)』(1891)과 오카 아사지로의 『진화론강화(進化論講話)』(1904)를 부분 부분 참고하기도 했다. 루쉰은 두 종류의 독일어 원본을 가지고 있었고, 일본어본도 가지고 있었다. 梁展, 「魯迅外文藏書提要」, 『魯迅研究月刊』 2011年 第8期, 95-96쪽 및 李冬木(李雅娟譯), 「魯迅與丘淺次郎」(上), 『東岳論叢』, 33卷4期(2012), 13쪽 참조.

의 정신을 고치는 문학인이 되겠다고 결심하고 도쿄에 온 이듬해였다. 루쉰은 이 글에서 헤켈을 "19세기 말 진화에 관한 논의를 완성한 사람"이라고 높이 평가하였는데, 루쉰의 헤켈 진화론 수용과 해석의 특징은 셋이다. 첫째는 헤켈의 일원론이다. 루쉰은 "모든 동식물과 인류는 모두 자연의 법칙으로 해석할 수 없는 것이 없다."[12]라면서 헤켈의 일원론을 긍정한다. 둘째는 인간 사회의 진화를 발전과 진보의 과정으로 이해한 점이다. 루쉰은 인간이 동물에서 기원하였다는 진화론을 수긍하면서, "나날이 낮은 데서 높은 곳으로 무한히 전진"한다고 보았다. 이 점에서는 "인류의 능력이 동물보다 훨씬 뛰어나다"고 말한다.[13] 진화론에서 진화가 꼭 발전을 의미하지는 않지만, 루쉰이 이해한 인간의 진화는 곧 진보와 발전이다. 이는 헤켈의 관점과도 부합한다. 헤켈은 "인류는 원숭이와 같은 조상으로부터 끊임없이 멀어져가면서 인간 스스로의 이상에 부단히 접근해 가고 있"[14]다고 보기 때문이다.

셋째는 이른바 종족발생론에 대한 공감이다. 루쉰의 헤켈 진화론 수용에서 이 세 번째가 가장 중요하다. 종족발생론은 루쉰이 헤켈 유전학에 공감한 주요 원인이기도 하고, 이후 오카 아사지로(丘淺次郎)와 귀스타브 르 봉의 사상을 수용하게 되는 출발점이다. 루쉰은 「인간의 역사」를 통해 헤켈의 진화론을 설명하면서 헤켈의 『우주의 수수께끼』

12 『전집』 1권, 40쪽.

13 루쉰전집번역위원회 옮김, 『루쉰전집』 1권(서울: 그린비, 2010), 34쪽. 이하 『전집』이라 약칭하고, 권수와 쪽수만 밝힘. 일부 인용 문장의 경우 인용자의 수정 부분 있음.

14 헤켈은 "'고도 문화'를 향해 진보하는 것이 '자연법칙'이라고 본다. 헤켈의 언급은 와다 토모미, 번역감수 방민호, 『이광수 장편소설 연구』(서울: 예옥, 2014), 145쪽에서 재인용.

중 5장을 집중적으로 소개한다.[15] 루쉰은 왜 『우주의 수수께끼』 가운데서 5장을 거의 번역하다시피 하여 소개한 것일까? 이는 5장의 내용을 보면 짐작이 간다. 5장은 인간이라는 '종'의 역사(The History of Our Species)를 다루면서, 헤켈 진화론의 중심 사상 가운데 하나이자 훗날 악명 높은 오류로 밝혀진 이른바 '개체발생은 계통발생을 되풀이한다(Ontogeny recapitulates phylogencv)'는 발생반복설(recapitulation theory)을 다루고 있다.[16] 루쉰이 「사람의 역사」의 부제로 '독일인 헤켈의 종족발생학에 대한 일원적 연구 해석'이라고 붙인 것에서 알 수 있듯이, 루쉰이 헤켈의 진화론에서 가장 관심을 가진 것은 바로 발생반복설이다. 루쉰은 헤켈에 따르면 "개체발생이란 실제로 종족 발생의 반복이"[17]며, "헤켈이 등장함으로써 (...) 생물의 종족 발생학이 성립되었으며, 이를 통해 인류의 진화발전에 관한 일이 의심의 여지 없이 밝혀지게 되었다."[18]고 평가한다.

루쉰이 해석한 헤켈 관점에 따르면, 인간은 동물에서 진화하였지만 보다 나은 단계로 나날이 발전해야 한다. 그런데 개체로서의 인간은 종, 즉 종족인 민족과 밀접한 관계를 지니고 있다. 즉, 개체는 종의 발생과정을 되풀이한다. 루쉰은 이를 개인과 민족 사이에 대입하여 개

15 일본 학자 中島長文의 연구에 따르면 5장 내용 가운데 약 40%가 번역 수준으로 겹친다. 『우주의 수수께끼』와는 30여 곳이 겹치고, 『進化新論』과는 15곳 가량이 비슷하고, 『進化論講話』와는 12곳 가량이 겹친다고 지적한다. 李冬木(李雅娟譯), 「魯迅與丘淺次郎」(上), 『東岳論叢』, 33卷4期(2012), 13쪽.

16 Ernst Haeckel, *The Riddle of the University(e-book)*, Harper & Brothers Publishers, 1905, pp. 71–87.

17 『전집』 1권, 44쪽.

18 『전집』 1권, 43쪽.

인은 자기 민족의 발생을 반복한다는 것으로 계통발생론을 이해한다. 루쉰은, 물론 이광수도 마찬가지이지만, 헤켈 진화론을 수용하면서 진화가 개체의 경우와 마찬가지로 종족과 민족을 단위로도 일어난다고 생각하였고,[19] 계통발생론 차원에서 보자면 민족의 진화와 발전 없이는 개인의 진화와 발전도 불가능하다고 보았다. 이는 물론 다윈 진화론과는 다른 헤켈의 진화론이지만, 진화론적 구도 속에서 민족존망의 위기를 겪고 있던 루쉰과 이광수는 개체를 넘어 종족, 즉 민족 단위의 진화를 언급하는 헤켈 이론에 자연스럽게 관심이 간 것이다.

루쉰과 이광수가 국민성과 민족성 개조에 관심을 쏟은 것은 이와 관련된다. 이 계통 발생론적 진화 논리에서 개체와 종족, 즉 개인과 민족은 분리할 수 없다. 개인은 민족과 유전적으로 연결되어 있다. 루쉰은 이 관점에서 헤켈의 진화론을 해석하고 수용하면서 어떤 종족의 진화를 결정짓는 것은 '유전과 적응'이라고 말한다.[20] 특히 유전이 종족의 진화에 중요한데, 루쉰은 유전 가운데 개인에게 영향을 미치는 민족의 문화적, 정신적 유전을 중요하게 여겼다. 물론 헤켈은 주로 신체적 차원에서 일어나는 종족의 유전적 영향을 강조하였고, 그가 인종주의자인 것은 주로 이와 관련된다. 하지만 루쉰은 이를 신체에 한정하지 않고, 정신 차원까지 확장한다. 루쉰이 귀스타브 르 봉의 민족 진화론에 공감한 것도 이 맥락에서다. 루쉰은 「수감록 38(隨感錄三十八)」에서 르 봉의 『민족진화의 심리학적 법칙』의 내용을 들면서, 르 봉이 "우리의 일거수일투족은 주체적으로 행하는 것 같지만 사실은 죽은

19 이에 대해서는 와다 토모미, 번역 감수 방민호, 『이광수 장편소설 연구』(서울: 예옥, 2014), 142-144쪽 참조.

20 『전집』 1권, 44쪽.

귀신('死鬼')의 견제를 받는다. 우리 세대의 사람들을 과거 수백 세대 이전의 귀신에 비교하면 수적으로 절대로 대항할 수 없다."[21]고 말하였다고 소개한다. 그런 뒤 루쉰은 "우리의 수백 세대 이전 조상 속에는 정신이 혼미한 사람이 "분명 적지 않다"면서 이를 "중국의 혼미병(昏迷病)"이라고 지칭하면서 혼미한 사상이라는 유전의 폐해를 지적한다. 루쉰은 이를 선천성 매독에 비유하면서 정신적 유전을 비판한다.

> 병원에서 일을 해보면 선천성 매독을 앓는 아이들의 참상을 흔히 볼 수 있다. 그리고 아무렇지도 않은 듯이 아이를 데리고 오는 사람들은 대개 그들의 부모다. 하지만 무서운 유전은 매독만이 아니다. 그 밖에도 정신적인 체질적인 결점도 자손들에게 유전될 수 있고, 그것이 오래 지속되면 사회도 그 영향을 받는다.[22]

여기서 루쉰은 정신적인 유전에 따른 질병을 육체적 질병인 매독과 비교하면서 "조상 대대로 내려온" "혼미한 마음과 혼미를 조장하는 물건"[23]을 치료하는 일이 쉽지 않다고 말한다. 루쉰은 "혼미한 조상이 혼미한 자손을 걸러낸다는 것은 유전의 정해진 이치"[24]라면서 "장래의 운명은 이미 지금 결정되어 있어서 부모의 결점은 바로 자손 멸망의 복선"[25]이라고 생각한다. 조상의 문화적, 정신적 유전이 귀신처럼 지금 중국인에게 서려 있다는 것이다. 루쉰은 「우리는 지금 아버지 노릇

21 「수감록38」, 『전집』 1권, 452쪽.

22 「지금 우리는 아버지 노릇을 어떻게 할 것인가?」, 『전집』 1권, 209쪽.

23 「수감록38」, 『전집』 1권, 452쪽.

24 앞의 책, 451쪽.

25 「지금 우리는 아버지 노릇을 어떻게 할 것인가?」, 『전집』 1권, 208쪽.

을 어떻게 할 것인가?」에서 "수많은 정신적, 체질적 결함 역시 자손에게 유전될 수 있다."[26]라고 말한다. 육체적 결함만이 아니라 정신적 결함도 유전병처럼 유전된다고 여긴 것이다. 그런가 하면, 이보경의 적절한 지적처럼, 소설 「고독자(孤獨者)」(1926)에서 화자는 아이가 나쁜 인성을 지니는 것을 유전적 요인으로 여긴다.[27] 루쉰에게 '병'은 종적 유전의 상징이며, 르 봉이 조상이 후대에 미친 유전적 영향은 좋은 것도 있고, 나쁜 것도 있다고 보았지만, 루쉰은 유전을 유전'병'으로 인식하였다.[28]

루쉰이 보기에 중국인이 지닌 정신의 질병은 조상 대대로 물려받은 유전병이다. 정신적인 종족 유전이다. 중국인의 문화적 DNA가 개인에게 침투해 있는데, 루쉰은 이러한 중국인의 문화적 유전병을 여러 가지로 표현한다. '낡은 습관'이라든가, '습속(習俗)' '낡은 장부(帳簿)'[29] 혹은 '인습의 무거운 짐', '묵은 빚'[30] 등이 그것이다.

루쉰 소설 「광인일기」는 무척 다양한 독법이 가능한 다성악을 지닌 소설이지만,[31]이 작품을 루쉰 진화론 인식이 소설적으로 구현된 진

26 앞의 책, 209쪽.

27 이보경은 이를 루쉰의 우생학적 인식에서 기원하는 것으로 분석한다. 이보경, 「중국적 근대성의 한 테제 '아이를 구하라' 재독-우생학적 기획으로 읽기」, 『중국현대문학』 35호, 37-53쪽.

28 劉婉明, 「遺傳的鬼影: 勒龐學說與魯迅的身體書寫」, 『南昌大學學報(人文社會科學版)』 52卷3期(2021. 6), 93쪽.

29 「수감록 40」, 『전집』 1권, 462쪽.

30 「지금 우리는 아버지 노릇을 어떻게 할 것인가」, 『전집』 1권, 202쪽.

31 국내 연구 중 이러한 다층적 측면에 주목한 대표적 연구로는 전형준, 「김지하와 왕멍을 통한 '광인일기' 다시 읽기」, 『중국현대문학』 63호(2012), 93-117쪽 참조. 광인일기에 대한 중국, 한국, 일본 등의 연구 경향 전반에 대해서는 이주

화론적 상상력의 텍스트로서 읽을 때, 우선 주목할 수 있는 것은 식인 습관이라는 중국인의 사상적, 문화적 유전 문제이다. 「광인일기」에서 중국인이 지닌 문화적 DNA의 상징은 4천 년 동안 중국인이 지녀온 식인 습관이다. 소설에서 중국인의 식인 습관은 부모가 자식에게 전승해 주고, 효도라는 윤리와 가족제도를 통해서 계승되며, 교육을 통해서 재생산된다. 그런 가운데 식인이 문화적 무의식이 되었다. 그래서 광인이 한 청년에게 "사람을 잡아먹는 일이 옳은 일이야?"[32]라면서 옆 동네에서는 식인한다고 따져 묻자, "그럴 수도 있지요. 옛날부터 그래왔으니까요"라고 답한다. 식인이 문화적 무의식으로서 유전되는 중국인의 문화 유전자가 된 것이다.

리오우판(李歐梵)은 루쉰 소설에 등장하는 대중이 대개는 추상적이든 구체적이든 혁명적이 아닌 '통속 대중(庸衆)'이라고 지적하는데,[33] 루쉰 소설 속 인물이 이렇게 통속 대중인 이유도 이와 관련된다. 루쉰에게 대중은 예전부터 내려오는 관습적 인식에 젖어 있다. 대중은 그것이 과연 옳은지 그른지 사유하지 않으며, 식인하는 관습적 인식은 「광인일기」 속 청년의 생각처럼 대중의 무의식으로 자리 잡았다. 이런 통속 대중의 반대편에 루쉰이 '약간의 광기' '약간의 천재적 기질'을 지녔다고 말한 '독특하면서도 다른 개인(獨異個人)'이 있다.[34] 루쉰은 모든 새로운 사상은 이들 '독특하고 다른 개인'에게서 나오지만, 이들의 생

노, 『루쉰의 광인일기, 식인과 광기』(서울: 21세기북스), 2019 참조.

32 루쉰 저, 이욱연 역, 『광인일기』(서울: 문학동네, 2014), 25쪽. 이하 이 책에서 인용은 본문에 면수만 표시.

33 Leo Ou-fan Lee, *Voices from the Iron House*, Bloomington: Indiana Univ. Press, 1987, p. 71.

34 「수감록 38」, 『전집』 1권, 449쪽.

각은 '통속 대중'에게 이해받지 못하고, 이들은 세속에 분노하고 세속을 원망하며, 그러다가 염세가나 민중의 적으로 된다고 말한다.[35] 루쉰이, 특히 초기에 다수 대중에 매우 비판적이었던 것도 이런 차원이다.

루쉰이 바이런을 이른바 '악마파 시인'이라고 부르면서 높이 평가하는 것도 이 맥락에서다. 루쉰은 바이런을 '독특하면서도 다른 개인'의 상징으로 보고, 이상적인 시인으로 평가한다. 루쉰의 바이런 평가는 이광수와 크게 다르다.[36] 루쉰은 바이런을 "강인한 자신의 의지"에 따라 "일체 허식과 저속한 습속을 모두 쓸어버리려" 했고, "국민성의 비열함을 크게 꾸짖"은 사람, "습속에 저항한" 사람, "세상과 세속에 대해 분개"한 시인으로 평가한다. 바이런이 대중과 적대적이고, 대중의 혐오와 비방을 받은 것도 대중이 습속에 물들어 있기 때문이라고 본다.[37] 여기서 바이런은 루쉰이 생각하는 이상적인 문학인의 상징이며, 그의 시는 루쉰이 생각하는 진정한 문학 정신을 상징한다. 여기에 이르면 루쉰이 생각하는 이상적인 시인, 혹은 이상적 인격과 대중 사이의 대립이란 기실 문화적 유전병과 관습적 인식을 해체하고, 치유하려는 각성한 사람과 그 반대편에 있는 사람들 사이의 대립이다. 루쉰이 문학으로 전향한 뒤에 쓴 글인 「과학사 교재(科學史教篇)」(1908), 「악의 소리를 타파하라(破惡聲論)」(1908), 「악마파 시의 힘(魔羅詩力說)」(1908) 등에서 루쉰이 언급한 이상적 시인과 문학의 정신, 정신계의 투사, 그리고 진정한 과학의 정신에서 공통적인 것은 모방과 습관, 거짓 지혜, 상식, 전통의 위선을 거부하는 한편, 이런 것에 물든 '통속 대중'

35 위와 같음.

36 이에 대해서는 3장을 참조.

37 「마라시력설」, 『전집』 1권, 134-135쪽.

에 맞서 싸운 정신과, 그러한 정신을 지닌 사람이다. 이 계보에 바이런을 비롯한 악마파 시인이 있고, 광인이 있다.

「광일일기」에서 식인을 둘러싼 광인과 마을 사람 사이의 대립은 기본적으로 루쉰 초기 사상에서 등장하는 〈독특하면서 다른 개인/통속 대중〉 사이 대립 계보에 서 있다.[38] 이 대립 구도 속에서 광인은 4천 년 역사가 식인의 역사라는 것을 안 뒤, 형을 비롯하여 자기 주변 사람에게 식인하는 것을 그만두라고 설득한다. 그런데 이 설득 과정에서 광인은 자신의 진화론적 인식을 동원한다. 광인의 인식은 이렇다. 예전에는 모두 식인했는데, 나중에 어떤 사람들은 생각이 달라져서 사람을 먹지 않고 "좋아지려고 하여 사람이 되고, 진정한 인간이 되었"(25)다. 광인은 원래는 같은 벌레였지만, 좋아지려고 한 사람은 물고기나 새, 원숭이로 변했고, 마침내 사람이 되고, 진정한 인간이 되었으며, "식인을 하는 이런 사람은 식인하지 않는 사람들과 비교하면 벌레가 원숭이에게 부끄러운 것보다 더 부끄러운 일"이라고 말한다. 광인의 논리에 따르자면 인간은 야만적인 벌레 단계에서 물고기, 새, 원숭이, 사람, 진정한 인간으로 진화한다. 식인하는 사람은 벌레 단계이다. 진화의 단계에 비추어 볼 때 벌레 단계로 낙후되어 있으며, 진정한 인간을 볼 낯이 없는 부끄러운 단계에 놓여 있다는 지적이다.

진화론 차원에서 볼 때 광인의 진화론적 인식은 두 가지 특징을

38 「광인일기」 텍스트가 지닌 다층적 측면 및 광인의 상징에 관한 대표적인 국내 연구로는 전형준, 「김지하와 왕멍을 통한 '광인일기' 다시 읽기」, 『중국현대문학』 63호(2012), 93–117쪽 및 이욱연, 「'광인일기' 해석의 몇 가지 문제」, 『중국현대문학』 10호(1996) 참조. 광인일기에 대한 중국, 한국, 일본 등의 연구 경향 전반에 대해서는 이주노, 『루쉰의 광인일기, 식인과 광기』(서울: 21세기북스, 2019) 참조.

지닌다. 하나는 진화를 단지 변화가 아니라 더 나은 단계로의 발전이라고 여기는 것, 다른 하나는 진화의 원리를 좋게 되려고 하는 인위적인 노력, 즉, 관습적 인식 등 문화적 유전을 극복하기 위한 후천적 노력이라고 보는 점이다. 즉, 좋게 되려고 마음먹고 노력하면 진화된 인간이 될 수 있다. 그래서 광인은 형을 비롯하여 주변 사람에게 좋게 되려고 노력하라고 촉구한다. 즉 계몽한다.

결국, 「광인일기」 속 광인의 진화론적 인식은 헤켈식으로 표현하면 일원론과 계통발생론이 그 토대이다. 이를 바탕으로 광인은 진화를 변화가 아니라 특정 목적을 위한 발전이라고 이해하며, 그러한 발전의 단위로서 집단(민족)을 상정하고 있다. 이러한 광인의 진화론적 인식은 두 가지 문제점을 지니고 있다. 첫째는 광인이 자신의 설득, 즉 계몽을 통해 식인하는 사람이 쉽게 변하여 식인을 그만두리라 생각하는 낙관적 인식이다. 둘째는 식인이 하나의 종족으로서 중국인에게 대대로 유전되어 온 하나의 문화적 유전이고, 식인이 대중에게 무의식의 수준으로 육화한 사람들이 사는 곳이 식인 세계라고 할 때, 이러한 식인 세계에서는 광인이라고 해서 예외일 수 없다는 것을 인식하지 못한 점이다.

이러한 치명적 문제점을 광인은 소설 말미에서 스스로 깨닫는다. 광인이 원래 식인을 끊고 좋게 되려고 노력하는 일은 "문지방 하나, 고비 하나 넘는 것"(24)처럼 쉬운 일이라고 생각한다. 그러나 식인하는 사람들은 "부모와 자식, 형제, 부부, 친구, 스승과 제자, 원수, 그리고 서로 모르는 사람까지 한패가 되어 서로 권하고 서로 견제하면서 죽어도 그 한 걸음을 내디디려 하지 않는다"(24). 광인의 설득, 즉 계몽의 노력에도 불구하고 주변 사람들은 전혀 변하지 않으며, 그런 가운데 자신도 식인 경험이 있다는 사실 자각하게 된다.

생각을 할 수 없다.

4천 년 동안 식인을 해온 곳, 오늘에야 알았다. 나도 그 속에 여러 해 동안 섞여 있었음을. 큰형이 집안일을 관장할 때 마침 여동생이 죽었으니 형이 음식에 섞어내게 몰래 먹이지 않았다고 장담할 수 없다(32).

4천 년 동안 식인을 해 온 문화전 유전병이 지배하는 모두가 병든 식인 세계에서 광인 자신도 예외자일 수 없다는 것을 이제 깨달았다. 식인을 한 것이 자기 의도였든 아니든, 그 여부가 중요한 것이 아니라 식인 세계에 예외자가 없다는 것이 중요하다. 4천 년 동안 식인해 온 역사와 그 문화적 유전 속에서 계속 식인하는 사람들을 저주했지만, 이제 광인은 "4천 년 식인의 이력을 지닌 나"(32)라는 것을 발견한다. 4천 년 식인 역사와 자신을 분리하는 것이 불가능하며, 둘은 하나다. 이 인식을 바탕으로 광인은 "이제야 알았다. 진정한 인간을 만나기 어렵다는 것을"이라고 고백하고, "식인해 보지 않은 아이가 혹시 아직도 있을까?"라고 자문하면서, "아이들을 구하라……"라고 외친다(32).

「광인일기」에서 '진정한 인간'은 식인하지 않는 인간이고, 진화의 단계에서 가장 높은 곳에 있다. 그런데 결국 광인은 진정한 인간을 만나기가 어렵다고 자인한다. 그런 뒤 아이들을 구하라고 외친다. 중요한 것은 아이들이라고 해서 식인 경험에서 예외일 수는 없다는 인식이다. 아이들도 식인 세계에서 부모에게 이미 가르침을 받고 있다. 그래서 광인은 "혹시 아직"이라는 단서를 단 채 식인 경험이 없는 아이가 있을까?라고 자문하는 것이고, 그런 아이들이 있다면 그들을 구하라는 것이다. 이는 그런 아이들이 있다는 희망에 찬 외침이 아니라 그런 아이

들이 혹시라도 있기를 바라는 절망적 절규라고 해석할 수 있다.[39]

이렇게 보자면, 「광인일기」는 루쉰의 진화론적 상상력의 극한을 보여 준다. 루쉰은 「광인일기」 속 진화론적 상상력을 통해 중국인의 진화가 얼마나 어려운지를 역설적으로 보여 주고 있다. 동네 사람이든, 광인이든 중국인은 진화가 어려운 존재이다. 모든 존재는 과거에서 왔기에 문화적 유전병을 지니고 있다. 그리고 그 유전병은 교육과 도덕 등 후천적 요인에 힘입어 더욱 널리 퍼진다. 개체 차원의 진화가 어려운 것은 이 때문이다. 루쉰 소설 속 등장인물 중 성장형 캐릭터가 보이지 않고, 아Q와 같은 고착형 캐릭터이거나 아니면 결국은 광인처럼 출발점으로 회귀하는 유형의 인물이 많은 것은, 이광수 계몽주의 소설에서 발견할 수 있는 성장하는 식물형 캐릭터가 없는 것은 이런 루쉰의 진화론적 인식과 관련 있다고 본다.

그런데 계통발생론을 수용한 루쉰의 진화론적 인식에 따르면 종의 진화, 종의 개종 없이는 개체의 진화는 불가능하다고 할 때, 그렇다면 「광인일기」에서 보듯이 개체의 진화가 불가능한 현실에서 종족 차원의 진화를 어떻게 기약할 수 있을까? 여기서 루쉰의 중간물 의식이라는 루쉰만의 독특한 식물학적 세대론에 주목할 필요가 있다. 개체 차원에서 진화가 불가능한 상황에서 종의 진화를 이루기 위해서는, 즉, 민족차원에서 민족의 진화를 위해서는, 이미 병든 개체(개인)가 자신이 병든 존재라는 것을 자각하고 스스로 죽어야, 즉 후대를 위해서 희생해야 다음 세대에서 종족(민족)의 진화를 이룰 수 있다. 자신

39 이러한 광인의 절규에 대한 다양한 해석에 대해서는 유세종, 「루쉰 '광인일기' 절규 해석의 문제-원근법과 시각을 중심으로」, 『중국학연구』 49권(2009), 165-186쪽 참조.

이 죽고 그것이 썩어서 다음 세대가 그것을 거름 삼아 꽃을 피워야 한다. 앞선 세대는 다리의 역할, 중간물의 역할을 해야 한다. 루쉰은 이를 두고 "묵은 빚을 갚으면서 새로운 길을 열"기 위해서 "스스로가 인습의 무거운 짐을 져야 하고, 암흑의 갑문을 두 어깨로 짊어지고, 아이들을 드넓은 광명의 세상으로 내보내 앞으로 행복하게 살고 제대로 사람 노릇을 하도록 해야 한다."고 말한다.[40] "나이 든 사람"의 역할은 "길을 내어 주면서 재촉하고 격려하여 청년들을 나아가게" 하는 것이고, "길에 깊은 웅덩이가 있으면 자기가 죽어 메워서 그들을 가게 하"는 것이다.[41] 이는 이 세계에서 현존하는 개체는 변화는 불가능하고, 종의 진화를 위해서는 문화적 DNA의 단절이 필요하다는 것, 이를 위해서 기성세대는 죽어서 거름이 되어야 한다는 인식이다. 자신을 과거에서 온 존재로 여기면서 미래를 위한 희생에서 자신의 현존재의 의미를 찾는 것은 과거와 현재, 미래라는 시간 의식을 바탕으로 한 상상력이란 점에서 루쉰의 중간물 의식은 결국은 역사적 중간물 의식이며, 현재와 현재 인간에 대한 도저한 비관주의를 바탕으로 한 종족 진화론적 상상력이다. 이러한 루쉰의 중간물 의식은 루쉰의 진화론적 인식이 도달한 궁극의 장소에서 발원하였다.

3. 『무정』 속 진화론적 상상력과 '참사람'

루쉰과 이광수 두 사람의 진화론 수용과 인식을 비교한 우수한

40 「지금 우리는 아버지 노릇을 어떻게 할 것인가」, 『전집』 1권, 202쪽.

41 「수감록 49」, 『전집』 1권, 483쪽.

연구가 많지는 않지만,[42] 그중에서 일본의 대표적인 이광수 연구학자인 하타노 세츠코(渡田野節子)가 두 사람을 비교 분석한 것은 주목할 만하다.[43] 두 사람의 진화론 수용과 인식을 본격 분석한 것은 아니고, 이광수론 차원에서 덧붙여 지나가듯이 분석한 것이지만, 그 비교 분석의 시각은 충분히 의미 있다. 하타노 세츠코는 루쉰과 이광수의 차이를 부모 의식과 어린아이 의식이라는 개념으로 설명하는데, 두 사람이 비슷한 주제를 다룬 루쉰의 「지금 우리는 아버지 노릇을 어떻게 할 것인가?」와 이광수의 「자녀중심론」을 예로 들어 설명한다. 루쉰은 대가 없이 희생하는 사람이 되자는 부모의 결의를 담아서 부모의 관점에서 말하고 있지만, 이광수는 어린아이의 관점에서 "필요하거든 선조의 분묘도 헐고 부모의 혈육도 우리 양식으로 삼아야 하겠다."고 말한다는 것이다. 하타노 세츠코는 둘 사이에 이런 차이가 생긴 것과 관련하여, 김윤식이 중국이 반식민지 상태였고 한국이 완전한 식민지 상태였던 역사적 상황을 지적한 것을 들면서 사회적인 환경과 개인적인 차이, 특히 두 사람 자질의 차이가 작용하고 있다면서도, 여기에 하나를 추가한다. 그것은 두 사람에게서 보이는 진화론 수용과 인식의 차이다. 루쉰은 "키무라의 바이런과 만나기 이전에 이미 진화론에 대한 문제의식을 지니고 있었"지만, 이광수는 키무라의 바이런을 알게 된 이후 진화론을 본격적으로 알게 되었고, 이광수는 "'강대한 의지'로써 일본을 강자로 양성하자는 키무라의 해석을 거친 바이런에 심취했"기 때

42 개별 논문으로 두 사람의 진화론을 비교한 연구는 없고, 다만 주로 중국에서 나온 박사논문 등에서 두 사람의 전반적 사상을 비교하는 가운데 언급한 경우는 있는데, 기본 관점은 하타노 세츠코의 관점과 일치한다.

43 하타노 세츠코, 최주한 옮김, 『무정을 읽는다』(서울: 소명출판, 2008), 195-200쪽.

문에, 힘의 논리를 받아들였다는 것이다. 루쉰이 "바이런의 '강대한 의지'에서 발견한 것은 진화론 극복의 한 방법론, 즉 숙명적으로 도태될 약자 편에 속한 인간의 존엄이었고,"[44] 이에 비해 이광수는 키무라의 바이런을 통해 진화론을 접하였고, 그리하여 이광수는 "생존경쟁에서 살아남을 힘을 비축하자는 실력양성론, 준비론으로 나아"[45]갔다는 것이다. 요컨대 하타노 세츠코의 연구의 기본 관점은 루쉰과 이광수 문학과 사상이 지닌 다름이 진화론 수용과 인식의 다름에 중요하게 작용하고 있다는 점, 그 대표적인 예가 두 사람의 바이런 이해의 차이라는 것이다.

하타노 세츠코는 루쉰과 이광수 진화론 사상의 핵심적 차이의 핵심을 요령 있게 잘 추출하였지만, 두 사람의 진화론 해석의 차이가 바이런 이해의 차이에서 상징적으로 드러난다고 보는 관점은 문제가 있다. 하타노 세츠코는 루쉰의 바이런 해석의 핵심을 두고, 루쉰은 바이런의 강대한 의지에서 "진화론 극복의 한 방법론, 즉 숙명적으로 도태될 약자 편에 속한 인간의 존엄"을 보았다고 해석한다. 하타노 세츠코의 관점은 이광수가 헤켈 진화론을 해석하면서 말한 "강자가 선자"라는 측면에 중점을 두고서 이를 중심으로 루쉰의 진화론 사상과 비교한 한계가 있다. 물론 두 사람의 진화론은 이 점에서 중요한 차이를 지니고 있다. 하지만 두 사람 진화론의 차이가 그대로 바이런 이해의 차이에 나타나 있는 것은 아니다. 앞에서 살펴보았듯이 루쉰이 해석한 바이런 사상과 삶의 중점은 정신계의 투사로서 바이런이 낡은 습속에 젖은 대중들에게 맞서 싸웠다는 데 있다. 즉 바이런과 대중 사이의 대

44 위의 책, 198쪽.

45 위의 책, 9쪽.

립이 루쉰이 바이런을 찬양한 핵심 이유이다. 루쉰이 이렇게 이해한 바이런의 악마주의는 이광수가 해석한 바이런의 악마주의와 큰 차이가 있다. 아래 회고를 보면 그렇다. 이광수는 홍명희가 권한 바이런의 시를 읽은 뒤 일어난 감정 변화를 이렇게 적었다.

> K라는 친구에게 권함 받은 바이런의 시들, 「카인」「해적」「돈판」 등이 어떻게 청교도적 생활이 천박함과 악마주의 힘 있고 깊음을 내게 가르쳐주었는지, 나는 마치 부자유한 감옥이나 수도원에서 끝없이 넓고 밝은 자유의 신천지에 나온 것 같이 생각하였다. (…) 돈판과 함께 인생 향락의 단술에 취하여서 카인과 함께 하나님을 저주하고 싶었다. 이러한 생각을 가지게 된 것을 나는 내가 크게 진보한 것이라고 생각하였다. 나는 악마주의를 찬양하게 된 것이다.[46]

이광수가 해석한 바이런 악마주의의 핵심은 욕구의 해방이다. 그는 바이런의 악마주의를 접한 뒤 술을 먹기 시작했고, 성적 욕구를 긍정하였다고 말하고 있다.[47] 이광수는 인간의 본능, 동물에서 기원하는 인간의 육체적 욕구를 긍정하면서 기독교 비판, 그리고 도덕에 대한 비판으로 나아간다. 그는 「우선 수(獸)가 되고 연후에 인(人)이 되라」(1917)에서 인간의 기원이 아메바 같은 미생물에서 기원하고, "진화는 우자(優者)의 특권"이라는 것이 생물학의 말하는 것, 즉 진화론의 원리라고 지적하면서, "개인이 도덕, 예의 종이 되게 되면 이미 묘문(墓門)이 근(近)하였고, 민족이 도덕, 예의만 숭상하게 되면, 그는 이미 열패

46 「그의 자서전」, 『이광수전집』 9권(서울: 삼중당, 1968), 34쪽. 이하 『이광수전집』에서 인용은 『전집』이라고 약칭하고 권수와 쪽수만 밝힘.

47 위와 같음.

와 멸망을 향하는 것이라"고 말한다. 그런 뒤 결론적으로 "짐승이 될지어다."라고 요청한다.[48] 여기서 이광수의 요청은 조선 청년들이 도덕과 예의 등에 구속되지 말고 먼저 인간의 욕구를, 인간도 동물이라는 진화론적 사실에서 출발하는 본능적 욕구를 긍정하라는 것이다. 이광수의 진화론적 인식과 인간의 본능적 욕구에 대한 강조가 이 지점에서 만난다.

이광수의 진화론적 상상력의 궁극은 그가 강조한 대로 '우자'가 되는 길, '적자'가 되는 길이다. 그런데 그 '우자'와 '적자'가 되는 길 중의 하나는 도덕이나 예의, 관습 등 문명의 형식에 있지 않고, 인간의 본능적 욕구를 긍정하여 새로운 인간이 되는 것이다. 이광수가 성욕의 만족이 줄어들고, "인생의 생명인 쾌락"이 줄어든 것을 비판하면서, "자연으로 돌아가라!"고 촉구하는 것도, 도덕과 예의, 관습 등 문명의 형식이 인간이 타고난 원래의 본성, 즉 "천부의 본성을 훼손시키"고 있다는 판단 때문이다.[49] 여기서 이광수의 진화론적 상상력은 인간의 동물적 본능과 욕구에 대한 강조로 나타난다.

이광수가 '정'을 강조하는 것에는 여러 요소가 작용하고 있지만,[50]

48 『전집』 10권, 244쪽.

49 이광수의 「특별 기증 작문」에 담긴 내용, 하타노 세츠코, 앞의 책, 118-119쪽에서 인용.

50 이광수가 '정'의 문학을 비롯하여 '정'을 강조하는 지적 원천에 관해서는 여러 차원의 추적이 가능할 것이다. 이재선처럼 일본적, 서구적 기원을 추정할 수도 있고, 방민호처럼 안창호와 지닌 연관성을 지적할 수도 있을 것이다. 이재선, 앞의 책, 21-71쪽 및 방민호, 「무정 독해의 국면들과 무정 유정의 사상」, 『춘원연구학보』 10호(2017), 63-64쪽 참조. 이들 연구와 달리 이 연구에서는 진화론적 측면에서 그 기원에 접근한 것이다.

그 중요한 배경 중 하나는 인간을 생물적 소여(所與)로 규정하면서 인간의 본능적 욕구를 긍정하는 인식이다. 이광수는 "인(人)은 실로 정적 동물(精的動物)"이라고 규정하여 정을 인간의 동물적 본성의 영역에 위치 짓는다. 그가 보기에 인간은 우선 동물이고 자연물과 같은 존재이며, 그러한 자연물로서의 인간의 본성이 도덕과 관습 등에 억압되어 있는데, 인간의 정 역시 그러하다. 여기서 정을 회복하는 일이 중요한 것은, 이것이 이광수가 생각하는 새로운 인간 구상, 근대적 인간 구상과 연결되기 때문이다. 이광수가 문학을 '정(情)의 분자(分子)'로 규정하는 등 정과 '정육(情育)'을 강조하는 것에는 이러한 진화론적 인식에서 출발한 인간 재구성, 인간 재발견 구상이 자리 잡고 있다.

『무정』은 이광수가 꿈꾸는 정을 지닌 유정한 인간, 그리고 유정한 세상으로 나아가는 길에서 펼쳐진 파노라마다. 『무정』에서 이채로운 것은 근대 계몽소설의 특징적인 클리셰라고 할 수 있는 선생과 학생의 구도, 그리고 교육과 과학 등의 계몽 언설이 넘쳐난다는 점만이 아니라 정을 바탕으로 한 유정한 인간을 창출하려는 기획이 도드라진다는 점이다. 근대소설로서 『무정』이 지닌 독특한 개성이 여기에 있다. 루쉰 소설과 비교하면 더욱 그렇다. 루쉰이 「광인일기」에서 그가 생각하는 이상적인 인격으로 광인과 같은 '진정한 인간'을 염원하였다면, 이광수는 『무정』에서 참사람을 염원한다. 루쉰과 이광수 두 사람이 모두 '참(된) 사람'을 염원한 것인데, 하지만 참사람의 실질은 큰 차이가 있다.

이광수가 『무정』에서 말하는 참사람이란 속사람이 깨어난 유정(有情)한 사람이다. 속사람이 깨어나야 유정한 사람이 될 수 있다. 그렇다면 속사람은 어떻게 깨어나는가? "인생이란 불세례를 받아"[51]야 속사

51 『무정』, 『전집』 1권, 73쪽. 이하 『무정』 인용은 본문 안에 숫자로 쪽수만 밝힘.

람이 깨어나서 비로소 참사람이 될 수 있다. 이런 기준에서 볼 때 『무정』에 나오는 인물들은 아직 참사람이 되지 못한 사람들, 속사람이 아직 깨어나지 못한 사람들이다. 다만 형식은 다른 사람보다 속사람이 "일찍 여물"었고, "움이 나오는 모양"을 하고 있다. 이는 그가 다른 사람에 비해 "풍부한 실사회의 경험과 종교와 문학이라는 수분을 흠뻑 흡수"하였기 때문이다. 하지만 형식의 속사람도 완전히 깨어난 것은 아니다. 형식의 속사람이 완전히 깨어난 것은 "선형이라는 처녀와 영채라는 처녀의 봄바람 봄비"를 만나고 나서다. 그런 뒤 형식의 속사람이 "갑자기 껍질을 깨뜨리"게 된다(73면).

이렇게 보자면 이광수가 속사람이 깨어나기 위한 조건으로 든 "인생이란 불세례"란 감정의 영역과 지식의 영역을 망라한다. 실생활의 체험에서 오는 기쁨, 슬픔, 사랑, 미움 등의 자신만의 절실한 감정의 불세례와 더불어 옳고 그름을 스스로 판단하는 지식의 불세례를 받아야 한다. 여기서 중요한 것은 감정과 지적 판단이 관습적 인식 등에서 기원하는 것이 아니라 자신만의 감정과 지적 판단에서 기원한다는 점이다.

> 그 웃음과 울음은 결코 자기의 마음에서 스스로 흘러나온 것이 아니요, 전혀 타동적이었다. 자기가 지금껏 옳다, 그리다, 슬프다, 기쁘다 하여 온 것은 결코 자기의 지(知)의 판단과 정(情)의 감동으로 된 것이 아니요, 온전히 전습(傳習)을 따라, 사회의 관습을 따라 하여 온 것이었다(...) 예로부터 옳다 하니 자기도 옳다 하였고, 남들이 좋다 하니 자기도 좋다 하였다(170).

이제 형식은 참사람이 되었다. 이제 자기만의 판단과 자기만의 감정이 생겼다. 이러한 참사람은 일면 루쉰 「광인일기」에서 광인이 식인 세계에서 벗어나서 새로운 인식을 지닌 것과 유사하다. 광인은 동네 사람들과 달리 관습적 인식을 거부하고, 관습적 인식의 허위를 파헤치면서 자기만의 현실 인식의 눈을 가진 사람이다. 『무정』 속 형식으로 상징되는 참사람도 전습과 사회의 관습적 인식에 질문을 던지면서 자기 스스로 옳고 그름을 판단하는 주체이다. 이 점에서 보면 이광수 『무정』 속 참사람과 루쉰 「광인일기」 속 진정한 인간은 닮았다.

하지만 『무정』의 참사람과 「광인일기」 속 진정한 인간은 두 가지 점에서 결정적 차이가 있다. 첫 번째 차이는, 이광수에게 참인간은 웃음과 울음 등 감정의 요소가 필수라는 점이다. 감정은 인간의 나다움과 자기됨의 중요한 근거다.[52] 이는 루쉰의 염원하는 나다움, 자기됨을 지닌 인간은 광인에서 보듯이 주로 문화적 유전병 속에서 관습적 인식에 젖어 있는 대중과 달리 자기 생각과 사상을 지닌 주체인 점과 구별된다. 루쉰이 생각하는 인간의 재구성 내지는 이상적 주체 세우기가 자신만의 생각을 건립하는 '입사'(立思)를 요구한다면, 이광수는 정을 확립하는 '입정(立情)'을 중요하게 생각하는 것이다.

두 번째 차이는 『무정』에서는 누구나 변화하여 참사람이 될 수 있지만, 루쉰의 「광인일기」에서 진정한 인간이 되는 것은 매우 어렵다는 점이다. 광인조차도 나중에 "진정한 사람을 보기가 어렵다."고 말하면서 자신을 진정한 인간에게서 배제한다. 식인 세계 속 식인 문화에는 예외 지대가 없다. 하지만 이광수가 보기에 모든 사람에게는 유정한 인간으로 될 수 있는 싹을 누구나 가지고 있고, '인생의 불세례'를 겪거나 다른 사람의 '속사람'을 체험할 기회가 있으면 유정한 인간으로 변할 수 있다. 『무정』이 기본적으로 성장소설의 성격을 지니고 있고, 소

52 『무정』, 『전집』 1권, 73쪽. 이하 『무정』 인용은 본문 안에 숫자로 쪽수만 밝힘.

설 속 인물의 변화와 성장이 두드러지고, 이는 이광수의 진화론적 상상력과 관련이 있다는 점은 그동안 여러 연구를 통해 확인되었다.[53] 그런데 여기에는 인간은 발전한다는 차원의 진화론적 상상력만이 아니라 인간을 자연적 생물의 하나로 보면서 모든 인간의 본성은 동일하다는 차원의 진화론적 상상력이 중요하게 작용하고 있다. 이를 이광수가 강조하는 정의 인간에 대입시켜 보면 모든 인간은 속사람의 요소로서 정을 지니고 있다. 다만 그것이 어떤 계기를 만나지 못해서, 즉 '인생의 불세례'를 겪지 않아서 아직 여물거나 터져 나오지 않았을 뿐이다.

『무정』에서 이광수는 모든 사람이 같다는 생각을 형식을 통해 전달한다.

> 형식은 물끄러미 이것을 보고 생각하였다. 십자가에 달린 자도 사람, 가시관을 씌우고 옆구리를 찌른 자도 사람, 그 밑에서 치맛자락으로 눈물을 씻는 자나 무심하게 우두커니 구경하고 섰는 자도 사람, 저편에서 사람을 죽여 놓고 그 죽임받은 자의 옷을 저마다 가질 양으로 제비를 뽑는 자도 사람– 모두 다 같은 사람이로다(69).

> 저 예수가 예수의 옆구리를 찌른 로마 병정도 될 수 있고, 그 로마 병정이 예수도 될 수 있을 것이다. (중략) 사람들이 악한 일을 하는 것이 마치 신관 사또 남원 부사 된 광대가 제 뜻에는 없건마는 가련한 춘향의 볼기를 때림과 같다 하면 용서하지 아니하고 어찌하리오. 그럴진대 배 학감도 그리 미워할 것은 아니요. 예수의 얼굴에

53 김현주는 같은 인용 부분에 주목하면서, 이광수의 정의 감정적 측면에 주목하면서, 이형식이 자기를 발견하는 가장 직접적인 계기로 감정 능력의 발견을 든다. 김현주, 「1910년대 '개인', '민족'의 구성과 감정의 정치학」, 『현대문학의 연구』 22호(2004), 265–268쪽.

침을 뱉고 예수를 죽여 달라 한 간악한 유태인도 그리 미워할 것은 아니로다 하였다(69).

모두 다 같은 사람이라는 인식은 이광수『무정』에서 거듭 말한 것처럼 누구나 예수 같은 성인이 될 수도 있고 예수를 죽여달라고 한 간악한 인간이 될 수도 있다는 인식이다.[54] 이처럼 인간은 누구나 변화할 수 있고,『무정』의 인물 대부분도 많은 변화를 겪는다. 그런데 여기서 주목할 것은 계몽의 대상이거나 낡은 구습에 젖은 인물들이 지식인과 선구자의 계몽적 개입이 없이도 변화한다는 점이다. 자신 내부에 잠재된 속사람이 깨어나서 참사람으로 나아가는 것이다.[55] 이런 대표적인 인물이 영채(월향)를 김현수와 배명식에게 끌려가게 하였던 기생집 주인, 즉 기생 어미 노파다. 매정하던 이 노파는 영채의 인생을 알고 나서 "영채가 불쌍하고나"라고 여기며 "영채를 꼭 안아 주자"는 감정이 생기고 마침내 "월향아, 내가 잘못하였다. 내가 잘못하였다. 월향아 참아라, 내가 죽일년이로다."라면서 참회한다. 영채의 속사람을 접하고서 "노파의 영혼은 더러운 죄 껍질을 벗어 버리고 하느님이나 부처의 맑은 모양을 분명히 보"게 된다. 이를 보고 형식은 "네 속에 졸던 영혼이 깨었구나"라고 생각한다(135).

이제 노파는 유정한 사람이 되었다. 이렇게 노파가 변한 마음의

54 대표적으로 이재선(2010)과 와다 토모니(2014), 그리고 오윤호(2015)의 연구가 그렇다.

55 이광수의 예수 죽음과 관련한 이러한 언급과 관련하여, 두 사람에게서 흥미로운 차이를 볼 수 있다. 루쉰은 예수를 죽음으로 이끈 대중의 폭력성에 주목하지만(「수감록65 폭군의 신민(暴君的臣民)」, 이광수는 사람의 변화 가능성에 주목한다.

바탕에 동정심이 있다. 이광수에게 동정심은 정의 중요한 범주에 속한다. 김동식은 이광수의 정의 개념을 네 가지로 분류한다. 이 가운데 상호주관(감정이입)적 감정으로 작용하는 정의 감정은 도덕의 토대가 되고, 이때 정은 동정의 의미를 지닌다고 지적한다.[56] 김동식의 지적처럼, 이광수는 「동정(同情)」(1914)이란 글에서 동정을 "몸과 맘을 그 사람의 처지와 경우에 두어 그 사람의 심사와 행위를 생각해 주는 것"[57]이라고 말한다. 다른 사람의 처지와 일에 공감하고 그것을 자기화시켜 공감하는 것이다. 이는 단순히 감정의 작용을 넘어서 윤리적 의미를 지닌다. 노파에게서 일어나는 정은 바로 이러한 동정의 성격을 지닌다. 이를 통해서 노파는 변화하여 새로운 사람이 되며, 중요한 것은 이를 통해 영채와 노파가 연결되고, 노파와 형식이 연결된다.

결국 정의 감정을 일깨우는 일, 속사람을 일깨우는 일은 한 개인의 감정 변화에 그치지 않는다. 정은 개인감정 차원에 국한하지 않고, 인간적 공감과 사회적 유대로 끝없이 확장하여 간다. 이런 의미에서 보자면 이광수의 정을 사회적 유대의 토대라는 차원에서 해석하는 기존의 연구 관점은 적확한 지적이다. 영채의 속사람이 노인의 속사람을 깨우고 유정한 사람으로 변화시켰듯이, 이러한 유정의 연쇄 반응 속

56 이와 관련하여 이경재는『무정』속 인물이 서구문명/전통문명, 근대/전근대 등의 이항대립을 바탕으로 전자를 지향하는 것이 아니라 둘 사이에서 혼성성을 보인다고 지적하면서, 이형식이 지닌 무정과 유정의 이중성을 지적한다. 하지만『무정』에 보이는 그러한 혼성성의 기원은 모든 인간을 동일하게 보는 데서 연유하였다고 보는 것이 타당하다고 본다. 이경재, 「이광수『무정』에 나타난 근대의 부정성에 대한 비판」,『민족문학사연구』54권(2014), 250-251쪽 참조.

57 김동식, 「1910년대 이광수 문학론과 한국 근대문학의 비민족주의적 기원들」,『비평문학』, 제45호(2012), 252쪽.

에서 유정한 세상을 기약할 수 있다. 진화론적으로 보자면, 정을 통한 개체(개인)의 변화에서 시작하여 그 점이 선이 되고, 면이 되어 종(민족)의 변화를 끌어내며, 결국 종(민족)은 진화한다. 적어도 『무정』에서 이광수는 이런 구도의 진화론적 상상력을 펼친다. 정의 상상력에서 발원하는 낙관주의다. 이광수 『무정』 속 정의 상상력의 토대가 진화론적 인식이었다는 점에서 이는 기실 도저한 진화론적 낙관주의이다.

4. 맺음말: 문학을 통한 유전병 치유하기

이광수는 진화론을 수용하면서 인간은 동물이라는 진화론적 인식을 지니게 되었다. 이를 통해 그는 인간의 동물적 DNA를 중요하게 여기게 되었고, 인간의 생물적 본능을 강조하였다. 이광수는 진화론이 가져다준 인간은 동물이라는 인식, 인간이 지닌 동물적 DNA를 통해 문화적 억압을 해체하고, 인간을 정의 인간으로 재구성하려고 했다. 이광수가 보기에 모든 인간이 지닌 정은 인간이 지닌 동물적 본능의 하나이고, 세상 모든 사람은 정의 요소를 인간의 본능처럼 지니고 있다. 마치 화엄 세계의 인간이 모두 불성(佛性)을 지니는 것과 같다. 다만 그것이 억눌려 있을 뿐이다. 누구든 부처의 가르침 같은 계몽이든 인생의 불세례든 특정 계기만 주어지면 불성을 발휘하여, 부처가 되고, 참사람이 될 수 있다. 물론 그 과정에서 제일 중요한 역할을 할 수 있는 것은 이광수가 보기에 문학이었다. 문학이 중요한 것은 이 때문이다. 이광수의 기획은 문학을 통해 무정한 전근대와 전 근대인에서 유정한 근대와 근대인으로 진화하는 것이었다.

루쉰 역시 진화론을 수용하면서 생물학적 시각으로 인간과 사회를 보는 시각을 지녔다. 그런데 루쉰은 인간이란 생물적 DNA와 더불어 문화적 DNA로 구성되어 있다는 점, 그리고 문화적 DNA는 유전되는 것으로 인식하였다. 그리고 특정 종(민족)의 문화적 DNA가 불량할 때 그것은 유전병의 형태로 전해지고, 이 문화적 유전병은 문화적 무의식의 형태로 모든 종을 감염시킨다. 여기에 예외자는 없다. 모두가 병들고 모두가 타락했다. 이런 세계에서 개체(개인)는 변화가 거의 불가능하다. 루쉰 소설 속 인물 중에 변화하거나 성장하는 사람이 없는 것은 이와 관련된다. 이런 상태에서 루쉰은 종(민족)의 진화를 이루기 위해서는 문화적 DNA를 극복하는 것이 중요하고, 이 문화적 유전에서 벗어나기 위해서는 악순환의 단절이 필요하다고 보았다. 루쉰이 생각하는 그 단절은 개체의 죽음을 동반한 희생이다. 루쉰에게는 중국인이 지닌 정신의 유전병을 고치는 것이 바로 문학이었다. 루쉰이 보기에 중국인이 지닌 문화적 질병은 유전병이어서 전근대 중국인의 병증일 뿐만 아니라 이미 근대 중국인의 병증이기도 하다. 그런 까닭에 그 병증은 이미 근대 중국과 중국인에게도 퍼져 있다. 문학을 통해 이 유전병을 치유하는 일이 근대적 과제이자 근대 극복의 과제이기도 한 것은 이 때문이다. 루쉰과 이광수에게서 발견할 수 있는 이러한 차이는 우열의 문제가 아니라 다름의 문제고, 동아시아 근대적 전환기에 등장한 근대와 근대인, 근대문학 기획의 차이다. 그리고 이러한 차이를 낳은 바탕에 두 사람 진화론적 상상력의 차이가 있었다. 그 차이가 오늘날 우리에게 주는 의미를 곰곰이 새기는 일은 이 문명적 전환기에 동아시아에서 새로운 역사와 문학, 인간을 구상하는 데 귀한 참고 자료가 될 것이다.

참고 문헌

단행본

『魯迅全集』, 北京: 人民文學出版社, 1989: 2005.

루쉰전집번역위원회 옮김, 『루쉰전집』, 서울: 그린비, 2010.

루쉰 저, 이욱연 역, 『아Q정전』, 서울: 문학동네, 2011.

루쉰 저, 이욱연 역, 『들풀』, 서울: 문학동네, 2011.

루쉰 저, 이욱연 역, 『광인일기』, 서울: 문학동네, 2014.

루쉰 저, 이욱연 역, 『고독자』, 서울: 문학동네, 2020.

K. 만하임 지음, 임석진 옮김, 『이데올로기와 유토피아』, 서울: 청아출판사, 1991.

강신주, 『망각과 자유』, 서울: 생각의 나무, 2008.

고점복, 『루쉰의 「아Q정전」 읽기』, 서울: 세창미디어, 2014.

김시준 옮김, 『루쉰소설전집-중앙일보현대문학전집 1권』, 서울: 중앙일보사, 1989.

김윤식, 『동양정신과의 감각적 만남』 서울: 고려대학교출판부, 1997.

김윤식, 『이광수와 그의 시대』, 서울: 한길사, 1986.

니체, 김정환 옮김, 『선악의 저편 도덕의 계보』, 서울: 책세상, 2002.

리디아 리우(Lydia H, Liu) 지음, 민정기 옮김, 『언어 횡단적 실천』, 서울: 소명출판, 2005.

마루오 쯔네키 저, 유병태 역, 『노신』, 서울: 제이앤씨, 2006.

미야지마 히로시, 『나의 한국사 공부』, 서울: 너머북스, 2015.

미조구찌 유조 등 저, 동국대동양사연구실 역, 『중국의 예치시스템』, 서울: 청계, 2001.

와다 토모미, 번역감수 방민호, 『이광수 장편소설 연구』, 서울: 예옥, 2014.
왕부인 지음, 김현정 옮김, 『중국의 노신연구』, 서울: 세종출판사, 1997.
왕후이 저, 김영문 역, 『아Q생명의 여섯 순간』, 서울: 너머북스, 2015.
왕후이 지음, 송인재 옮김, 『절망에 반항하라』, 서울: 글항아리, 2014.
요나하 준 지음, 최종길 옮김, 『중국화하는 일본』, 서울: 페이퍼로드, 2013.
이광수, 『이광수전집』, 서울: 삼중당, 1968.
이욱연, 『포스트 사회주의 시대의 중국 지성』, 서울: 서강대학교출판부, 2017.
이재선, 『이광수 문학의 지적 편력』, 서울: 서강대학교출판부, 2010.
임춘성, 『소설로 보는 현대중국』, 서울: 종로서적, 1995.
전형준, 『현대 중국문학의 이해』, 서울: 문학과지성사, 1996.
주정 지음, 홍윤기 옮김, 『루쉰평전』, 서울: 북폴리오, 2006.
陳思和 지음, 박재우 감수, 한국외대중국현대문학연구회 역, 『20세기 중국문학의 이해』, 서울: 청년사, 1995.
최영송, 『슬라보예 지젝, 이데올로기의 숭고한 대상』, 서울: 커뮤니케이션북스, 2016.
페이샤오퉁, 장영석 옮김, 『향토중국』, 서울: 비봉출판사, 2011.
하타노 세츠코, 최주한 옮김, 『무정을 읽는다』, 서울: 소명출판, 2008.
丸山昇 저, 한무희 역, 『노신평전』, 서울: 일월서각, 1982.
후지이 쇼조 지음, 백계문 옮김, 『루쉰』, 서울: 한울아카데미, 2014.
高旭東編, 『世紀末的魯迅論爭』, 北京: 東方出版社, 2001.
郜元寶, 『魯迅六講』, 上海: 上海人民出版社, 2007.
唐弢 主編, 『中國現代文學史』 1卷, 北京: 人民文學出版社, 1979.
梁漱溟, 『中國文化要義』, 『梁漱溟全集』3卷, 山東人民出版社, 1990.
毛澤東, 『毛澤東選集』第5卷, 北京: 人民出版社, 1977.
司馬長風, 『中國新文學史』(上), 香港: 昭明出版社, 1983.
王富仁, 『中國反封建思想革命的一面鏡子 -'吶喊' '彷徨'綜論』, 北京: 北京師範大學出版社, 1986.
王瑤,『中國新文學史稿』, 上海: 上海文藝出版社, 1982년 수정판.
王潤華,『魯迅小說新論』, 香港: 東大圖書公司, 1992.
汪暉,『反抗絕望』, 上海: 上海人民出版社, 1991.
汪暉,『無地彷徨』, 杭州: 浙江文藝出版社, 1994.
汪暉,『阿Q生命中的六個瞬間』, 上海: 華東師范大學出版社, 2014.
劉綬松,『中國新文學史初稿』, 北京: 人民文學出版社, 1982.
李歐梵,『李歐梵: 中西文學的徊想』, 香港: 三聯書店, 1986.
伊藤虎丸,『魯迅, 創造社與日本文學』, 北京: 北京大學出版社, 1995.
李桑牧,『魯迅小說論集』, 北京: 長江文藝出版社, 1956.
錢理群,『心靈的探尋』, 上海: 上海文藝出版社, 1987.
錢理群,『魯迅作品十五講』, 北京: 北京大學出版社, 2003.
錢理群,『走進當代的魯迅』, 北京: 北京大學出版社, 1999.
竹內好 著, 靳叢林 編譯,『從絕望開始』, 北京: 三聯書店, 2013.
中國社會科學院魯迅研究室 編,『魯迅研究學術論著資料匯編』第1-5卷, 北京: 中國文聯出版公司, 1987.
止庵編,『周作人講解魯迅』, 南京: 江蘇文藝出版社, 2012.
陳根生,『魯迅名篇問世之後』, 上海: 復旦大學出版社, 1986.
陳漱渝 主編,『說不盡的阿Q』, 北京: 中國文聯出版公社, 1997.
彭小燕,『存在主義視野下的魯迅』, 北京: 北京大學出版社, 2007.
黃霞,『'阿Q正傳的接受研究』, 重慶師范大學碩士學位論文, 2004.
『*LU XUN SELECTED WORKS*』 Vol. 1, Beijing: Foreign Language Press, 1985.
Ernst Haeckel, *The Riddle of the University*(*e-book*), Harper & Brothers Publishers, 1905.
Fredric Jameson, 「Third-World Literature in the Era of Multinational Capitalism」, Social Text, Vol. 15, Fall. 1986.
Leo Ou-fan Lee, *Voices from the Iron House-A study of LU XUN*, Indiana Univ. Press, 1987.

논문

곽수경, 「소설 「복을 비는 제사」과 영화 「복을 비는 제사」 비교 분석」, 『중국현대문학』, 12호(1997).

김동식, 「1910년대 이광수 문학론과 한국 근대문학의 비민족주의적 기원들」, 『비평문학』, 제45호(2012).

김명희, 「「노신의 복을 비는 제사」에 나타난 영혼의 문제」, 『중국현대문학』, 24호(2003).

김현주, 「1910년대 '개인', '민족'의 구성과 감정의 정치학」, 『현대문학의 연구』 22호(2004).

방민호, 「무정 독해의 국면들과 무정 유정의 사상」, 『춘원연구학보』10호(2017).

서영채, 「계몽의 불안: 루쉰과 이광수의 경우」, 『한국현대문학연구』 51호(2017).

양석원, 「욕망의 주체와 윤리적 행위」, 『안과 밖』 10권(2001.4).

양석원, 「이데올로기적 주체와 무의식적 주체−알튀세르와 라캉의 주체 이론」, 『문학과사회』.

오윤호, 「근대과학지식의 재현과 진화론적 상상력−이광수의 『무정』을 중심으로」, 『한민족문화연구』 제 52집(2015).

유명숙, 「정전논쟁: 그 허와 실」, 『안과 밖』 1996년 하반기, Vol.1(창간호).

유세종, 「루쉰 '광인일기' 절규 해석의 문제−원근법과 시각을 중심으로」, 『중국학연구』 49권(2009).

이경재, 「이광수 『무정』에 나타난 근대의 부정성에 대한 비판」, 『민족문학사연구』 54권(2014).

이보경, 「중국적 근대성의 한 테제 '아이를 구하라' 재독−우생학적 기획으로 읽기」, 『중국현대문학』 35호.

이종민, 「왜 루쉰을 다시 소환하려 하는가: 汪暉, 『阿Q生命中的六個瞬間』에 대한 반론」, 『중국현대문학』 84호(2018).

임우경, 「민족서사와 망각의 정치」, 『중국현대문학』 제27호.

전광식, 「귀향 그 철학적 의미」, 『대동철학』 제2집(1998.11).
전형준, 「김지하와 왕멍을 통한 '광인일기' 다시 읽기」, 『중국현대문학』 63호(2012).
전형준, 「루쉰 소설의 페미니즘적 해석에 대한 재검토」, 『동아문화』 제51집(2013).
진은영, 「기억과 망각의 아고니즘」, 『시대와철학』 제21권 1호(2010).
格羅里亞·戴維斯, 「阿Q問題的現代性」,『魯迅研究』月刊, 1996年 8期.
歐陽軍喜, 「以科學與理性的名義: 新文化運動中的海克爾其學說在中國的傳播」, 『學術研究』 2011年 4期.
譚桂林, 「如何評價阿Q式的革命并與汪暉先生商榷」, 『魯迅研究月刊』 2011年 第10期.
陶東風, 「本能, 革命, 情神勝利法－評汪暉『阿Q生命中的六個瞬間』」, 『文藝研究』 2015年 3期.
藤井省三, 『魯迅事典』, 東京: 三省堂, 2002.
羅崗, 「閱讀魯迅的當代意義」, 『中國自學指導』, 2004年 第3期.
梁展, 「魯迅外文藏書提要」, 『魯迅研究月刊』 2011年 第8期.
劉婉明, 「遺傳的鬼影: 勒龐學說與魯迅的身體書寫」, 『南昌大學學報(人文社會科學版)』 52卷3期(2021.6).
劉俊, 「對啓蒙者的反思和除魅－魯迅哀悼新論」, 『文藝爭鳴』 2007年 第3期.
劉淸濤, 「傷,殤之辨」, 『白城師範學院學報』 第20卷 第5期(2006).
劉禾·孟慶尌 譯, 「魯迅生命觀中的科學與宗教(下)」, 『魯迅研究月刊』 2011年 第4期.
劉鑫, 「十七年時期現代名著的電影改編問題－以『祝福』「林家鋪子」「二月」爲例」(首都師范大學碩士學位論文), 2008.
李景彬, 「也談「祝福」中的我」, 『四平師院學報(哲學社會科學版)』 1978年 第2期.
李冬木(李雅娟譯), 「魯迅與丘淺次郎」(上), 『東岳論叢』, 33卷4期(2012).
尾岐文昭, 「故鄉的二重性及希望的二重性(上)」, 『魯迅研究月刊』 1990年 6期.

卜召林,「阿Q典型新論」,『湖南師范大學社會科學學報』 1994年 5期.
薛世昌,「魯迅小說『祝福』的主題再探」,『天水師范學院學報』, 第26卷 第3期, 2006.
薛毅,「魯迅與1980年代思潮論綱」,『上海師范大學學報(哲學社會科學版)』, 第40卷 第3期(2011年 5月).
孫堯天,「跨文化語境中的'人的歷史'」,『東岳論叢』 41卷1期(2020.1).
顔素强,「魯迅小說對等級觀念的批判」,『寧德師專學報』(哲學社會科學版), 總第28期(1994年第1期).
安永興,「故鄉的思想和藝術特色」,『中國現代文學研究叢刊』 1982年 1期.
楊若蕙,「現代啓蒙主義知識分子的精神原型」,『甘肅高師學報』 第9卷 第6期 (2004).
楊燕華,「中國共産黨對辛亥革命的評價及其意義」,『上海黨史與黨建』 2002年 4月號.
梁偉峰, 許靜,「爲忘却的記念」『徐州師范大學報』(哲學社會科學版), 22卷 第3期(2011年9月).
楊矗,「『祝福』的存在主義美學闡釋」,『上海師范大學學報(哲學社會科學版)』, 第41卷第4期(2012年7月).
永井英美, 王建華譯,「論魯迅傷逝」(下),『上海魯迅研究』 14(2003).
吳曉東,「魯迅第一稱小說的複調問題」,『文學評論』 2004年 第4期.
溫儒民, 曠新年,「狂人日記: 反諷的迷宮－對該小說'序'在全篇中結構意義的探討」,『魯迅研究月刊』, 1990年 第5期.
王吉鵬, 韓艷梅, 劉洪梅編著,『中學語文中的魯迅』, 長春: 吉林人民出版社, 2000.
王兵,「反諷的信仰悖論－「祝福」新解」,『魯迅研究月刊』 2009年第7期.
王富仁,「狂人日記細讀」,『魯迅研究年刊』 1991, 1992年 合刊, 1992.
王佩東,「毛澤東論辛亥革命」,『湖南第一師范學報院 2003年 9月 第3卷 第3期.
王曉初,「兩個世界的隔膜和對立: 狂人由瘋狂到康復的記錄－'狂人日記'之我見」,『魯迅研究動態』, 1989年 11期.

李今, 「析傷逝的反諷性質」, 『文學評論』 2010年 第2期.

張海棚, 「50年來中國大陸對辛亥革命的紀念與評價」, 『當代中國史研究』 2001年 11月, 第8卷 第6期.

翟永明, 「傷逝研究綜述」, 『柳州師專學報』 第22卷 第1期(2007年 3月).

錢理群, 「『祝福』: 我的故事與祥林嫂的故事」, 『語文學習』 1993年 第7期.

錢理群, 王得後, 「近年來魯迅小說研究的新趨向」, 『中國現代文學研究叢刊』 1991年 第3期.

趙永彬, 「閏土及其家庭」, 『北京晩報』, 1993. 2. 20.

宗先鴻, 「論傷逝的創作意圖與人物原型」, 『魯迅研究月刊』 2005年 11期.

周音, 「也談'故鄉'的主題思想, 『中國現代文學研究叢刊』 1985年 1期.

支克堅, 「關於阿Q的革命問題」, 『文學評論』 1979年 第4期.

支克堅, 「阿Q正傳與新文學的現實主義問題」, 『文學評論』 1981年 第3期.

陳國恩, 「論魯迅啓蒙主義觀的轉變—從「祝福」說起」, 『南京師范大學文學院學報』 2007年12月 第4期.

崔紹懷, 「21世紀初期「祝福」研究綜論」, 『哈爾濱師範大學社會科學學報』, 2014年 第3期(總第22期).

何雲貴, 「近年來傷逝研究綜述」, 『魯迅研究月刊』 1997年 9期.

學國, 「評支克堅等的阿Q典型觀」, 『華中師院學報』 1983年 第6期.

丸尾常喜, 「飜譯與讀解－魯迅文學在日本學者」, 한국중국현대문학회 주최 제3회 중국현대문학국제학술대회 자료집 『루쉰의 문학과 사상』 (1993).

丸尾常喜著, 金賢貞譯, 「彷徨時期的魯迅」, 『魯迅研究』 1999年 第6期.

원논문 게재 정보

「광인일기」 해석의 몇 가지 문제, 중국현대문학, 10호, 1996.

魯迅의 소설 창작과 기억의 서사－소설 「고향」의 경우, 중국현대문학, 12

호, 1997.
시대와 정전-루쉰의 아Q정전의 경우, 중국현대문학, 39호, 2006.
「아Q정전」속 등급질서와 혁명-왕후이의 「아Q정전」해석에 대한 비판적 검토를 겸하여」, 중국현대문학, 86호, 2018.
루쉰의 「애도」와 기억과 망각의 서사, 중국어문학지, 50권, 2015.
미신과 실존-루쉰의 「복을 비는 제사」 재해석, 중국문화연구, 47호, 2020.
한중 근대문학의 두 개의 진화론과 주체론-루쉰과 이광수의 경우, 중국현대문학, 100호, 2022.

찾아보기

인명

ㅁ

ㅂ

ㅅ

ㅇ

ㅈ

ㅊ

ㅋ

ㅌ

ㅍ

ㅎ

개념

ㄱ

ㄴ

작품명 외